苏州本土品牌企业发展报告
信用企业卷

主编/魏文斌 洪海

苏州大学出版社

图书在版编目(CIP)数据

苏州本土品牌企业发展报告. 信用企业卷 / 魏文斌, 洪海主编. —苏州:苏州大学出版社,2016.11
ISBN 978-7-5672-1938-0

Ⅰ. ①苏… Ⅱ. ①魏… ②洪… Ⅲ. ①企业管理-品牌战略-研究报告-苏州②企业信用-研究报告-苏州 Ⅳ. ①F279.275.33

中国版本图书馆 CIP 数据核字(2016)第 294630 号

书　　名:	苏州本土品牌企业发展报告·信用企业卷
主　　编:	魏文斌　洪　海
责任编辑:	王　亮
装帧设计:	吴　钰
出版发行:	苏州大学出版社(Soochow University Press)
社　　址:	苏州市十梓街1号　邮编:215006
印　　刷:	苏州工业园区美柯乐制版印务有限责任公司
网　　址:	www.sudapress.com
邮购热线:	0512-67480030
销售热线:	0512-65225020
开　　本:	787 mm×1 092 mm　1/16　印张 22.25　字数 402 千
版　　次:	2016 年 12 月第 1 版
印　　次:	2016 年 12 月第 1 次印刷
书　　号:	ISBN 978-7-5672-1938-0
定　　价:	60.00 元

凡购本社图书发现印装错误,请与本社联系调换。服务热线:0512-65225020

《苏州本土品牌企业发展报告·信用企业卷》编委会

名誉主编： 刘海东　朱雪明
主　　编： 魏文斌　洪　海
参　　编：（按姓氏笔画排序）

丁迎斌　王　峰　王金鑫　王艳新　王雄伟　王智亮
井道权　印　刚　刘书军　孙　军　孙小青　孙百昌
杨　洁　杨玉兵　杨军赛　李青霞　李歆怡　吴　瑜
吴仲强　位　凯　张　倩　张欣欣　张艳波　陆建华
陈丽娟　陈根升　林淳才　周　洁　柳一虹　胡　勇
胡　菊　袁　骅　徐　铮　徐蓉蓉　殷玲玲　曹　政
曹长凯　彭良峰　蒋　晶　雷星星

前　言

　　市场经济就是信用经济,信用是市场经济机制正常运转的重要基础。企业作为市场经济中最为重要的主体,是社会信用体系建设的基础和重要内容。为推进企业诚信建设,规范企业合同行为,引导企业诚信履约、守法经营,国家工商行政管理总局积极开展"守合同重信用"(以下简称"守重")企业公示活动,于2001年12月正式公布了第一批520家"守重"企业。2016年6月,国家工商行政管理总局向社会公示了2014—2015年度"守重"企业共6 023家,其中,2014—2015年度首次公示的"守重"企业1 959家,已在2012—2013年度公示、申请继续公示的"守重"企业4 064家。其中,江苏上榜企业654家,占10.86%,这是江苏省国家级"守重"企业数量连续三届全国第一。而在江苏上榜企业中,苏州市新增24家2014—2015年度首次公示的"守重"企业,国家级"守重"企业数量领先于江苏省其他地区。

　　"守重"企业公示活动是工商部门开展的旨在推进企业诚信建设的行政指导活动,"守重"企业公示工作已成为工商部门推进企业信用建设的"金字招牌",是社会诚信体系建设的重要组成部分,具有很强的公信力和影响力。苏州早在2002年就由苏州市人民政府命名100家第一批"守重"企业,"守重"企业公示活动起步早、质量高,社会影响不断深入。广大企业近年来不断加强合同管理及诚信建设,积极开展各级"守重"企业公示活动。截止到2015年度,苏州市共有市级"守重"企业1 582家,省级"守重"企业308家,国家级"守重"企业63家。通过"守重"公示活动,各级"守重"企业的合同法律意识和诚信意识有了明显增强,内部管理逐步规范,产生了良好的宣传推动和示范效应,对于创造良好的诚信守法经营氛围、推进社会诚信体系建设、促进苏州区域经济健康有序发展起到了积极的推动作用。但应看到,苏州市"守重"企业信用建设和信用管理还存在组织协调体制机制有待健全、企业信用建设意识有待加强、信用市场监督机制不够完善等诸多问题,因此,加强对苏州市"守重"企业的信用研究不仅对企业自身的健康发展,而且对苏州优化区域信用环境、规范市场秩序、进一步推进社会信用体系建设等都有着重要的现实意义。

苏州市市场监督管理学会(原为"苏州市工商行政管理学会")和苏州大学MBA中心于2012年6月合作成立了"企业案例研究基地",以"研究本土品牌企业,促进企业持续成长"为宗旨,确定了以苏州本土品牌企业为研究对象,已编写出版了系列研究报告:《苏州本土品牌企业发展报告·驰名商标卷》《苏州本土品牌企业发展报告·老字号卷》和《苏州本土品牌企业发展报告·上市公司卷》。图书出版后得到了国家工商行政管理总局、江苏省工商行政管理局、苏州市政府有关部门领导和有关本土品牌企业高管的肯定,取得了良好的社会效益。今年,课题组选择了以苏州"守重"企业发展为研究课题,获得了苏州大学人文社会科学院立项(项目编号:AZ11000316)。课题以苏州市"守重"企业为研究样本,设计"苏州市守合同重信用企业情况"调查问卷,发放到苏州市已经公示的省级、国家级"守重"企业,并先后进行了多次实地调研,选择了盛虹集团、金陵体育、新美星、五洋集团、太仓市政、中亿丰、苏州一建等企业进行了访谈。在问卷调查中,共回收问卷311份,其中有效问卷304份,问卷有效率为97.75%,为本书的样本统计分析提供了重要的数据支持。

本书是苏州市市场监督管理学会和苏州大学MBA案例研究中心合作研究、众多人共同参与完成的集体成果。本课题在调研和编写过程中,得到了苏州工商行政管理局刘海东局长和朱雪明副局长、下属各市场监督管理局领导以及各下属市场监督管理学会的大力支持,得到了被调研企业管理人员的积极配合,得到了苏州市哲学社会科学联合会、苏州市政府政策研究室、苏州市社会信用体系建设工作办公室、苏州大学东吴商学院、苏州大学出版社等单位有关领导的关心和支持,在此一并表示感谢!

《苏州本土品牌企业发展报告·信用企业卷》作为一种学术资料性著作,力求客观介绍和分析苏州市"守重"企业发展状况,专题探讨企业信用建设问题,努力做到资料翔实,数据全面,案例典型。本书共分概述篇、地区篇、行业篇、专题篇、案例篇、相关政策法规等部分,可作为政府部门、行业协会、企业决策的参考资料,也可供研究人员、专业院校学生和社会人士阅读。当然,由于作者水平有限,以及社会信用体系建设、企业信用管理问题的复杂性和艰巨性,书中肯定存在不足甚至错误之处,敬请读者批评指正。

编 者

2016 年 8 月

目 录

概 述 篇

苏州市"守合同重信用"企业发展概述 ………………………………………… 3
苏州市社会信用体系建设工作概述 …………………………………………… 16

地 区 篇

常熟市"守重"企业发展报告 …………………………………………………… 23
张家港市"守重"企业发展报告 ………………………………………………… 27
太仓市"守重"企业发展报告 …………………………………………………… 33
昆山市"守重"企业发展报告 …………………………………………………… 40
苏州市吴江区"守重"企业发展报告 …………………………………………… 46
苏州市吴中区"守重"企业发展报告 …………………………………………… 51
苏州市相城区"守重"企业发展报告 …………………………………………… 56
苏州市高新区"守重"企业发展报告 …………………………………………… 61
苏州市姑苏区"守重"企业发展报告 …………………………………………… 67
苏州工业园区"守重"企业发展报告 …………………………………………… 73
张家港市保税区"守重"企业发展报告 ………………………………………… 77

行 业 篇

苏州市房屋建筑业"守重"企业发展报告 …………………………………… 83
苏州市建筑装饰安装业"守重"企业发展报告 ……………………………… 90
苏州市通用及专用设备制造业"守重"企业发展报告 ……………………… 99
苏州市纺织服装业"守重"企业发展报告 …………………………………… 106
苏州市综合零售批发业"守重"企业发展报告 ……………………………… 113
苏州市电子元器件制造业"守重"企业发展报告 …………………………… 120
苏州市化学原料及化学制品制造业"守重"企业发展报告 ………………… 127
苏州市医药业"守重"企业发展报告 ………………………………………… 133
苏州市计算机和通信设备制造业"守重"企业发展报告 …………………… 140
苏州市金属制品业"守重"企业发展报告 …………………………………… 147
苏州市园林绿化业"守重"企业发展报告 …………………………………… 156
苏州市市政工程业"守重"企业发展报告 …………………………………… 163

专 题 篇

企业信用研究:一个文献综述 ………………………………………………… 173
欧美国家信用建设对我国"守重"企业建设的启示 ………………………… 184

我国企业诚信体系建设的现状与对策 ················· 191

诚信与企业品牌建设 ································· 196

关于企业信用信息记录的立法思考 ··················· 202

上市企业信用建设问题研究 ························· 210

社会信用体系建设：内涵、模式与路径选择

  ——基于苏州市社会信用体系建设现状的研究 ······· 215

企业信用风险防范对策研究

  ——基于苏州市"守重"企业的调查分析 ············ 223

地方商会与企业信用建设

  ——以苏州商会为例 ··························· 233

案 例 篇

用诚信浇灌盛世彩虹

  ——盛虹集团的企业信用建设 ··················· 241

中国装备，装备世界

  ——新美星的信用管理实践 ····················· 245

与世界同步，创民族辉煌

  ——金陵体育的企业社会责任 ··················· 250

五洋集团的风险管理 ······························· 255

"守合同重信用"助推苏州一建腾飞…………………………………………… 261
诚实守信是企业成功的基石
　　——中亿丰建设集团信用管理实践…………………………………… 265
医疗器械企业质量信用追溯系统
　　——以英维康(苏州)公司为例…………………………………………… 269

附录一　苏州市守合同重信用企业情况调查问卷………………………… 274
附录二　相关政策法规……………………………………………………… 279
　　社会信用体系建设规划纲要(2014—2020年)………………………… 279
　　企业信息公示暂行条例…………………………………………………… 294
　　工商总局关于"守合同重信用"企业公示工作的若干意见……………… 298
　　工商总局"守合同重信用"企业信用标准体系…………………………… 302
　　江苏省守合同重信用企业公示办法……………………………………… 304
　　苏州市社会信用体系建设规划(2014—2020年)……………………… 308
附录三　苏州市"守合同重信用"企业认定大事记………………………… 324
附录四　苏州市"守合同重信用"企业名单(省级和国家级)……………… 326

概述篇

苏州市"守合同重信用"企业发展概述

一、苏州市"守合同重信用"企业建设历程

2006年2月,国家工商总局发布了《关于深入开展守合同重信用活动的若干意见》的通知,作为企业信用体系建设的重要组成部分,进一步规范了守合同重信用活动。2014年,国务院下发了《国务院关于印发社会信用体系建设规划纲要(2014—2020年)的通知》(国发〔2014〕21号)。随后,国家工商总局《关于守合同重信用企业公示工作的若干意见》发布,进一步推进守合同重信用(以下简称"守重")企业公示工作,并提出在全系统范围内统一"守重"企业信用标准体系,对于"守重"企业在品牌提升、社会认可、享受优惠政策等各方面都具有深远的意义。为深入推进江苏省企业诚信工程建设,2004年5月,江苏省工商局印发了《江苏省工商行政管理系统企业信用分类监管实施办法》。为推进全省社会信用体系建设,建立健全企业信用管理机制,2008年3月,江苏省工商局发布《江苏重合同守信用企业管理办法》。随着行政审批制度改革的不断深入和政府职能的逐步转变,国家工商总局于2012年起对全国"守合同重信用"企业的命名工作作了重大改革,由原来的命名方式改为向社会公示的方式。2013年10月,江苏省工商局重新制定了《江苏省守合同重信用企业公示办法》。

2012年5月,苏州市政府印发了《关于进一步加强我市社会信用体系建设的实施意见》,提出立足于苏州现状,借鉴国内外信用体系建设的主要模式与趋势,制订苏州市信用体系建设规划和实施方案。2014年,苏州市政府第26次常务会议讨论通过《苏州市注册资本登记制度改革实施方案》,加快推进注册资本登记制度改革。通过改革监管制度,进一步转变监管方式,强化信用监管,促进协同监管,提高监管效能;通过加强市场主体信息公示,进一步扩大社会监督,促进社会共治,激发各类市场主体创造活力,增强全市经济发展内生动力。2015年1月,苏州市政府正式出台了《苏州市社会信用体系建设规划(2014—2020年)》和《苏州市社会信用体系建设2014—2016年行动计划》,标志着苏州市社会信用体系建设完成顶层设计,全面进入系统、有序的组织实施阶段。2016年5月,苏州市发布《苏州市法治政府建设2016—2020年规划》,提出将加大法治市场建设力度,并于2016年底前完成清理工作;健全完善社会信用体系建设,构筑覆盖全社会的守信激励和失信惩戒机制,2017年基本建成覆盖全社会的信用信息系统。

根据国家工商总局2015年对全国企业信用信息公示系统2013年、2014年企业年报公示抽查报告,至2015年底,苏州全市仅有4.14万户企业被列入经营异常目录,比江苏全省平均值低了7.5个百分点。在2016年5月10日的江苏省年度信用建设工作交流会上,苏州市获得2015年度江苏省信用建设考核一等奖。

二、苏州市"守合同重信用"企业发展现状

截止到2015年12月31日,苏州市共有371家被认定为国家级或者省级的"守合同重信用"企业,其中有63家国家级"守合同重信用"企业。课题组对苏州市所有国家级及省级的"守合同重信用"企业发放了调查问卷,并于2016年6月底前回收了311份调查问卷,其中有效问卷304份,问卷有效率为97.77%。

1. 苏州市"守合同重信用"企业地区分布情况

在回收的304份有效问卷中,从图1苏州市"守重"企业地区分布情况来看,常熟"守重"企业最多,有47家,占总数的15.46%;其次为吴江区,有45家,占总数的14.80%;高新区有12家,占总数的3.95%;工业园区有23家,占总数的7.57%;姑苏区有30家,占总数的9.87%;昆山市有25家,占总数的8.22%;太仓市有19家,占总数的6.25%;吴中区有28家,占总数的9.21%;相城区有34家,占总数的11.18%;张家港保税区有11家,占总数的3.62%;张家港市有30家,占总数的9.87%。

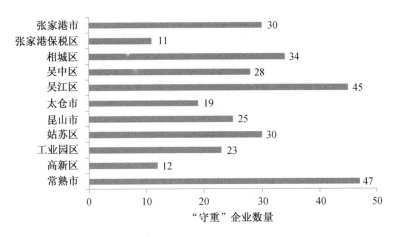

图 1　苏州市 304 家"守重"企业地区分布情况

2. 苏州市"守合同重信用"企业行业分布情况

参考国家标准《国民经济行业分类》(GB/T 4754—2011),对苏州市 304 家"守重"企业进行了行业分类,其中最多的为制造业企业,有 156 家,占比达到了 51.32%;其次为建筑业,有 85 家,占比达到 27.96%;第三位为批发和零售业,有 15 家,占比 4.93%;排在第四位的是房地产业,有 11 家,占比达到 3.62%;其他行业"守重"企业也有分布,总占比在 12.17%。从表 1 可见,苏州市"守重"企业行业虽然各行业都有涉及,但是分布仍然存在明显的不均衡现象。见表 1。

表 1　苏州市"守重"企业行业分布情况

行业分类	名称	企业数量	占比
A	农、林、牧、渔业	1	0.33%
C	制造业	156	51.32%
D	电力、热力、燃气及水生产和供应业	4	1.32%
E	建筑业	85	27.96%
F	批发和零售业	15	4.93%
G	交通运输、仓储和邮政业	1	0.33%
H	住宿和餐饮业	1	0.33%
I	信息传输、软件和信息技术服务业	4	1.32%
J	金融业	1	0.33%
K	房地产业	11	3.62%

续表

行业分类	名称	企业数量	占比
L	租赁和商务服务业	6	1.97%
M	科学研究和技术服务业	9	2.96%
N	水利、环境和公共设施管理业	3	0.99%
O	居民服务、修理和其他服务业	4	1.32%
Z	综合	3	0.99%
合计		304	100.00%

3. 苏州市"守合同重信用"企业类型情况

在本次课题组回收的304份有效问卷中,有集体企业17家,占比5.59%;民营企业249家,占比81.91%;国有企业和外商投资企业各9家,分别占比2.96%;其他类型的企业有20家,占比6.58%。从图2中,可以很明显得出在"守重"企业中,民营企业占了大部分,其次是集体企业,这也表明越来越多的民营企业重视公司的信用建设,通过提高企业的声誉以获得企业的长足发展。

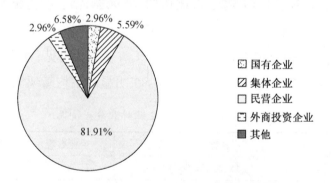

图2 苏州市"守重"企业性质情况

本次课题组回收的有效问卷中,苏州市"守重"企业有25家是上市公司,占比8.22%;非上市公司有279家,占比91.78%。见表2。

表2 苏州市"守重"企业公司类型情况

公司类型	企业数量	占比
上市公司	25	8.22%
非上市公司	279	91.78%
合计	304	100.00%

三、苏州市"守重"企业的《企业信息公示暂行条例》实施情况

1. 对《企业信息公示暂行条例》的了解程度

本次调查回收的有效问卷中,对《企业信息公示暂行条例》非常了解的"守重"企业有50家,占比16.45%;比较了解的有136家,占比44.74%;有109家企业听说过但不太了解,占比35.86%;有9家企业没有听说过该条例,占比2.96%。从图3中可以看出,有一半以上的被调查企业对《企业信息公示暂行条例》比较了解或者非常了解,但是仍有30%以上的企业不是很了解,甚至还有企业没有听说过。

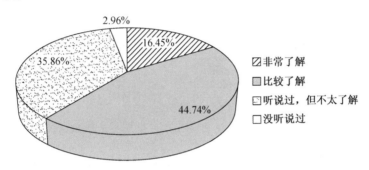

图3 "守重"企业对《企业信息公示暂行条例》的了解程度

2. 对企业信用信息公示系统的了解程度

在本次课题调查中,23.36%的"守重"企业对企业信用信息公示系统非常了解,有71家;161家企业对企业信用信息公示系统比较了解,占比52.96%;22.04%的企业对企业信用信息公示系统听说过,但是不太了解;还有5家企业对企业信用信息公示系统没有听说过,占比1.64%。见表3。

表3 "守重"企业对企业信用信息公示系统的了解程度

了解程度	企业数量	占比
非常了解	71	23.36%
比较了解	161	52.96%
听说过,但不太了解	67	22.04%
没听说过	5	1.64%
合计	304	100.00%

3. 企业信用信息公示系统使用情况

在本次课题问卷调查中,有135家企业在与其他企业进行交易前会经常查

询企业信用信息公示系统,占比达到44.41%;138家企业在交易前会偶尔查询企业信用信息公示系统,占比45.39%;25家企业知道该系统但从没有查询过,占比达到8.22%;还有6家企业不知道该系统,占比1.97%。见图4。通过分析发现,在交易前使用该系统的企业占比达到了89.8%;和表3相比可知,企业可能不是很了解企业信用信息公示系统,但是它们在与其他企业交易前还是愿意在系统上进行查询。

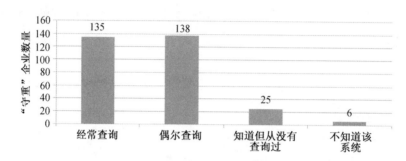

图4 "守重"企业使用企业信用信息公示系统情况

就304家"守重"企业对"经营异常名录制度"的了解情况而言,非常了解的有21家,占比6.91%;比较了解的有139家,占比45.72%;一般了解的有74家,占比24.34%;较少了解的有50家,占比16.45%;还有20家企业表示对"经营异常名录制度"完全不了解,占比6.58%。从表4中可以发现,52.63%的"守重"企业对"经营异常名录制度"比较了解甚至是非常了解,但是仍有23.03%的"守重"企业对"经营异常名录制度"较少了解或者完全不了解。

表4 "守重"企业对"经营异常名录制度"的了解情况

了解程度	企业数量	占比
非常了解	21	6.91%
比较了解	139	45.72%
一般	74	24.34%
较少了解	50	16.45%
不了解	20	6.58%
合计	304	100.00%

就304家"守重"企业对"严重违法企业名单制度"的了解情况而言,有129家"守重"企业表示对"严重违法企业名单制度"一般了解,占比42.43%;有102

家"守重"企业表示对"严重违法企业名单制度"比较了解,占比33.55%;非常了解该制度的企业有24家,占比7.89%;对"严重违法企业名单制度"较少了解的企业有35家,占比11.51%;剩下的14家"守重"企业表示对"严重违法企业名单制度"完全不了解,占比4.61%。见图5。

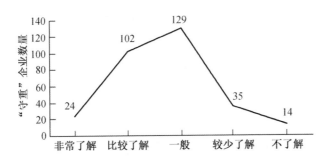

图5 "守重"企业对"严重违法企业名单制度"的了解情况

四、苏州市"守合同重信用"企业发展存在的问题

1. 苏州市"守重"企业在地区分布上存在不均衡

在苏州市所辖的10个县级市(区)中,常熟市和吴江区的"守重"企业数量最多,都超过了40家,两地的"守重"企业数量占到总数量的30.26%,其次是张家港(张家港市及张家港保税区)和相城区,"守重"企业也分别超过了总数的10%,以上4个县级市(区)共拥有的"守重"企业数量占到总数量的54.93%。而苏州其他6个市(区)的"守重"企业数量明显较少,尤其是太仓市和高新区,分别仅有19家、12家"守重"企业,分别占总数量的6.25%、3.95%。近年来,苏州社会信用体系建设工作在苏州市政府领导大力推进下取得了明显的成效,但是各个地区的发展仍不均衡,各地"守重"企业的发展存在明显的差异。

2. 苏州市"守重"企业在行业结构上失衡

苏州市"守重"企业中有51.32%属于制造业,虽然苏州市的制造业在经济中占据了重要的地位,其"守重"企业的数量相对其他行业也较多,但是制造业的"守重"企业占比超过了总数的一半,这显然出现了行业结构的失衡。其次,建筑业"守重"企业的数量占到了总数量的27.96%,排在了第二;信息传输、软件和信息技术服务业,房地产业,租赁和商务服务业,科学研究和技术服务业,以及居民服务、修理和其他服务业的"守重"企业占比都在2%以下。这显然不太符合苏州市《十二五规划》中提出的将服务业尤其是现代服务业置于战略高度进行发展,形成制造业和现代服务业双轮驱动,相互促进、共同提高的新格局。从本次课题调查中发现,经过5年的发展,苏州产业转型虽然取得一定的新成就,但是这一目标并没有完全实现,苏州的行业结构还需要进一步优化。

3. 苏州市"守重"企业的信用管理制度不够完善

虽然"守重"企业和公司高层管理人员都非常重视信用管理,但是企业的信用管理制度方面仍存在欠缺。就企业对新的交易客户的内部信用评级制度而言,在课题的问卷调查中发现,28.95%的企业认为本企业的内部信用评级制度是非常完善的,60.53%的企业认为是很完善的,还有10.53%的"守重"企业的内部信用评级制度是存在缺陷的。对于客户不符合赊销条件的情况仍有不明确规定或者没有规定的企业占比8.55%。有40.79%的企业没有要求重大交易的客户提供第三方信用服务机构的评估。随着《企业信息公示暂行条例》等新条例的实施,企业在交易管理制度方面并没有进行相应幅度调整的比例达到了46.71%,其中一般调整的达到35.53%,较少调整的占比8.22%,无调整的占比达到2.96%。对于"经营异常名录制度",有47.37%的"守重"企业不是很了解该制度,其中16.45%是较少了解,不了解的占到6.58%。本次课题调查的对象是苏州市所有的国家级或者省级的"守重"企业,其在信用管理方面已有一定的成就,但是还是有部分企业在信用管理制度方面并不是很完善,尤其是新客户管理和重大交易的客户管理方面,这将会给企业埋下潜在的信用风险。

4. 苏州市"守重"企业对资源整合利用的效率有待提高

当前国家正在积极倡导"全国一张网"的建设,2015年11月,国务院专门印发了《关于"先照后证"改革后加强事中事后监管的意见》,提出了大力建设企业信用信息公示"全国一张网",2016年底前,初步实现工商部门、审批部门、行业主管部门及其他部门之间的信息实时传递和无障碍交换。对于企业而言,不仅有了更加优化的社会诚信环境,也更加便于企业查询信用信息。而在实现"一张网"的目标之前,企业对于各方面的资源利用率存在明显的差异。针对企业重要信息(如股权转让、行政处罚等)应自形成之日起多少个工作日内向社会公示,43.09%的企业并不清楚;对于"严重违法企业名单制度",58.55%的企业不是很了解,甚至有4.61%的调查企业完全不了解。除了工商部门的"企业信用信息公示系统"外,"守重"企业对其他部门的企业信用信息公示平台的了解度也有较大差异,85.53%的企业对中国人民银行的征信平台比较了解,70.72%的企业对人民法院的诉讼或失信被执行人信息平台比较了解,对于交通部门的公路建设市场信用信息平台、商务部和国资委的全国行业信用公共服务平台、海关的企业进出口信用信息公示平台、相关行业协会的信用信息平台的了解度则都低于45%,还有2.63%的"守重"企业则完全不了解这些信用信息公示平台。

五、促进苏州市"守合同重信用"企业发展的总体建议

(一)政府层面

1. 继续发挥政府作用,健全信用法规体系

目前,苏州市各级政府部门首先应把信用建设工作放在突出地位,继续加强对企业、公民等的宣传教育,不断提高其对信用的认识并最终形成社会信用体系,在全社会中营造信用氛围。政府作为社会的服务机构,可以加强对企业的信用体系建设的指导及培训,引导企业诚信经营及提高产品附加值,促进企业的转型升级,使其主动承担社会责任,实现企业的可持续发展。特别是一些信用体系建设还不够完善的地区,对于政府需要着重发展的服务业(如金融保险、旅游、教育等现代服务业)等行业,政府应根据行业的特点,引导企业建立相应的信用管理制度和信用管理部门,促进企业诚信经营。对于公司的管理层,应对其进行针对性的信用培训以及相关的条例和系统等方面的讲解,不断加强公司管理层诚信经营的意识以及对相应资源的了解,推动企业使用法律维护自己的权益并做好企业信用风险防范。政府应做好对企业信用实施的监督和跟踪评估工作,随机抽查企业的信用信息公示情况,并在企业信用信息公示平台上进行实时更新。对于发现的问题,相关政府部门要及时提出整改措施,并加强对相关企业的宣传教育,促进企业诚信文化建设。

同时,政府应健全信用法规,尽快制定《企业信用体系建设管理办法》,对企业信用标准体系、评价体系、风险防范体系、信息披露体系、监督管理体系等的建设进行系统规范,提升企业整体信用水平。苏州市政府应健全企业信用配套制度,加快推进《苏州市商事主体信用信息公示办法》《苏州市食品安全信用信息管理办法》等信用制度建设,规范企业信用信息征集和应用,推动形成系统性、全方位的信用法规体系。

2. 完善市场监督体系,强化信用监管

从本次课题调查发现,85%的"守重"企业需要信用管理咨询服务,社会中

介服务组织应提供企业咨询、培训等服务,帮助企业建立客户信用档案、赊销客户的授信、应收账款催收等一系列信用管理制度,提高企业防范赊销风险的能力。目前,苏州市场上的第三方信用服务组织并不是很多,政府应加紧制定第三方信用服务机构及从业人员的基本行为准则和业务规范,并引导企业与第三方信用服务机构合作,逐步建立信用治理的配套服务机制,规范市场的信用制度。第三方信用服务机构自身也需要不断加强业务实力,培养一支熟悉业务及市场的信用服务人才队伍,尤其是加强高端信用服务市场的人才培养。

对于相关的行业组织,政府应制定相关的信用服务市场的管理制度,并鼓励行业协会开展信用评级,加强同业的监督和自律,完善行业信用服务规范,从多层面提高企业诚信意识,促进企业诚信自律。

公民是社会信用体系建设中的重要环节,政府应不断推动公民个人信用体系的建立,树立全民诚信、全员治理的观念及风气,公民也应主动监督企业的诚信行为,最终在社会信用体系中形成一个良性监督体系。

在市场经济发展过程中,信用是连接市场交易、市场投资以及政府监管的一个重要纽带,也是市场交易和投资的基础。我国正在进行商事制度改革,放宽市场准入,降低了创业准入的制度性成本,这也意味着国家全面肯定每一个社会个体的自由营商权,商事主体可以根据价格信号和竞争规律开展经营活动。这样一种市场运行机制,就需要社会个体按照自我责任的要求,更加独立自主地从事经营活动,对自己的行为负责,也对交易对手和社会公众负责。由此,信用成为市场经济运行的重要基础,也是对市场主体至关重要的制约机制。但是,基于现实社会中的信息不对称、机会主义行为、道德风险等市场失灵行为,就要求有相应的信用披露和信息发现机制,从而降低交易双方的信息搜索成本,使社会能够对交易主体的诚信状况形成一种无形的评价。事实上,放宽市场准入对市场主体诚信经营的要求更高,对社会监督和信用监管的要求也更高,因此,随着商事制度改革的深化,根据国家社会信用体系建设的总体要求,加强对市场主体的信用监管成为市场监管的核心内容。在政府放松市场准入管制之后,唯有借助于信用机制,强化信用监管,才能真正促进企业诚信经营,提高交易效率,实现交易安全。

3. 加强企业信用治理协同机制建设

在国家法律框架内,政府应立足实际,区分企业信用信息中的公开信息与商业机密、个人信用信息中的公开信息和个人隐私的界限,可制定相应的信用公开、信用管理、信用惩戒奖励以及信用审查等方面的规章和条例,推动各行业协会建立和实施信用管理方面的制度和方法,对国家机密、企业的商业秘密和公民个人隐私给予有效的保护,形成规范完整的社会信用管理标准体系。

对于诚信模范个人和单位,应加强宣传和表彰,实行相应政策方面的优惠措施及奖励等,不断营造社会守信的氛围。对于失信的个人和单位,要采取严格的惩戒措施,并将其信息录入信用档案中,在媒体等平台上进行公布,使其受到社会的谴责,在银行贷款、补贴等方面也将受到惩戒。

在逐步完善的相关法律法规体系基础上,政府相关部门之间应明确各自部门的权责以及牵头部门,建立横向和纵向联动的机制。政府作为主要的监管主导机构,在权责一致、公开透明及平等协作的基础上,应完善企业信息的收集、存储及披露、监督等方面的工作。政府相关部门之间也应形成双向循环的沟通渠道,促使各部门之间达成高效、统一的协同合作机制,建立信用信息与报告的共享制度。

在信用信息的管理机制上,政府应建立失信企业"黑名单"管理机制,以及守信激励和失信惩戒机制。相关职能部门应围绕城市运行、安全生产、食品药品、产品质量、价格管理等重点领域,建立失信企业"黑名单"认定、修复和披露制度,同步反映法人失信行为与法定代表人、主要责任人的个人信用状况。对诚实守信企业实行优先办理、简化程序等"绿色通道"政策,在财政资金补助、政府采购等活动中,优先选择信用状况较好的市场主体。另外,应建立行业"黑名单"制度和市场退出机制,使企业一处失信、处处受限,增大违法经营成本。

(二)企业层面

1. 完善信用管理制度

首先,企业应设立专门的信用管理部门和人员,在交易前对客户的资信状况、信用额度等进行审查,销售部门、财务部门等也要通力协作和参与,使交易保质保量保时地完成;管理部门要对客户信用进行随时的动态更新,及时根据相关的政策规定调整信用管理制度,形成规范化、专业化的管理。其次,企业高层管理人员也要重视信用管理的定制和实施,明确各部门在信用管理中的职责和权力,并指定相关的负责人,加强企业内部员工的信用管理和培训,确保员工有一定的信用知识并掌握公司信用政策和程序,从而引导员工和整个企业诚信经营,树立良好的诚实守信的企业形象。

在信用风险管理方面,信用管理部门要根据客户的信用和财务状况等制定合理的赊销和结算方式;不同级别的管理人员应有不同的审批权限;面对重大交易客户和新客户时可以让第三方评估机构参与进来,从而规避不必要的信用风险;应收账款的人员、岗位、责任要明确落实;对于信用销售业务,要遵守严格的财务监督管理制度。在交易的整个环节中,应明确企业承担风险的范围,让企业在一个相对安全的环境中实现绩效目标。

2. 增强资源利用率

目前,除了工商部门的企业信用信息公示系统外,中国人民银行的征信平台、交通部门的公路建设市场信用信息平台、商务部和国资委的全国行业信用公共服务平台、海关的企业进出口信用信息公示平台、人民法院的诉讼或失信被执行人信息平台、相关行业协会的信用信息平台以及第三方信用服务机构等都可以提供相关的企业信用信息,企业在交易前以及交易的过程中,应从多方面对客户进行考察,尤其是对重大交易客户和新客户的交易,应将各方面的信用信息进行整合。

企业信用管理系统的建立和完善是一个长期的系统性工程,信用管理部门应随时将从各方面获得的信用信息更新进企业的信用管理系统,同时,企业的信用管理系统应与企业内部相关的系统实现链接,以便信用管理系统使用者更全面地了解客户的信用信息,并且该系统应对各部门实现共享。企业信用管理系统作为一套有效的信用防范体系不仅可以帮助企业规避交易过程中的商业风险,同时将促进企业在诚信经营中获得盈利和成长,并实现可持续发展。

3. 主动承担社会责任

在信用管理过程中,首先,企业要诚信经营,保质保量地提供产品,不断利用新技术提高产品品质。在交易过程中应始终秉持诚信的理念,企业也将由此获得客户良好的信誉度并树立良好的品牌形象。

其次,企业应根据相关的条例规定,在不涉及企业商业秘密的前提下,主动公示其信用信息;及时公布企业年度报告;对于企业的重要信息(如股权转让、行政处罚等)应在规定时限内向社会公示;对照"经营异常名录制度""严重违法企业名单制度"等进行及时改进;努力争做企业信用建设的示范企业,带动行业及社会依法守信。

企业作为社会信用体系的重要组成部门,也应主动实施监督管理的权利。对于客户失信行为,应根据相关法律法规维护自身权益。在企业内部,企业应形成诚信的企业文化,将员工的诚信行为列入员工考评中,奖励诚信行为,严惩失信行为,从制度、行为和物质等方面营造诚信经营的企业文化氛围,让企业在诚信中获得持续成长和健康发展。

参考文献:

[1] 林钧跃.第三代企业信用管理理论及其特点[J].征信,2014(1):28-31.

[2] 万斌.浅谈中小企业信用管理建设[J].现代经济信息,2015(23):78.

[3] 林海松.工商企业管理与企业信用管理体系的构建研究[J].管理观察,2015(12):69-70.

[4] 马宁.我国企业信用管理现状与策略探析[J].企业导报,2015(17):71,59.

[5] 杨欣宇,代静.加快推进社会信用体系建设研究[J].新经济,2016(18):105-106.

[6] 邓礼全.信用管理信息系统研究[J].中国管理信息化,2016(13):94-95.

[7] 李静,陈军飞,孙湛清.制造业上市公司信用风险评估研究[J].武汉理工大学学报(信息与管理工程版),2016(3):289-292.

[8] 苑春,闫琳.公开信用体系下企业间知识共享行为分析[J].兰州大学学报(社会科学版),2016(2):164-169.

[9] 汪宇瀚.构建信用价值链初探[J].征信,2016(1):22-25.

[10] 赵中星,施新玲.行政管理体制改革背景下企业信用监管研究[J].经济研究导刊,2016(18):22-23,54.

[11] 韦子唯.基于信用价值的公司法理念再思考——以公司信用构成要素为视角[J].学术研究,2016(6):74-78.

[12] 王静.我国社会信用管理体系可持续发展模式与路径研究[J].经济问题,2016(8):19-25.

(魏文斌、洪　海、胡　菊)

苏州市社会信用体系建设工作概述

近年来,苏州市委、市政府抓社会信用工作力度不断加大,积极推进社会信用体系建设工作,覆盖苏州大市企业和个人的公共信用信息系统已初步建成,以其为重要支撑的信息应用项目陆续上线。2015 年,信用信息数据归集成效明显,累计达到 5 100 多万条。2016 年 1 月,苏州市公共信用服务大厅正式启用。2016 年 4 月,苏州市获批创建国家信用建设示范城市。2016 年 6 月,国家信息中心发布了 5 月份《全国城市信用监测月报》,苏州市以 86.11 分的信用得分,在全国 36 个副省级以上城市和 259 个地级市中排名第三。

一、苏州市社会信用体系建设状况

1. 组织机制普遍建立

苏州市信用体系建设工作起步于 2003 年,2010 年职能移交至经信委。2012 年 5 月,苏州市及时调整市社会信用体系建设领导小组,在全省率先成立了由市长担任组长,市政府各部门主要领导担任成员的组织架构。2012 年 11 月,市经信委设立信用办,配备专职工作人员,承担领导小组办公室的具体工作。2012 年年底设立市公共信用信息中心,具体承担和运行全市信用信息基础数据库和服务平台工作。下辖各市(区)均成立了领导小组,信用职能部门、人员和专项资金到位。苏州市政府通过召开领导小组会议,下发年度工作要点和任务分解表,签订责任书,将信用工作列入市级机关部门绩效考核等,督促各地、各部门强力推进,狠抓落实。

2. 制度环境逐步完善

2012年，苏州市政府印发了《关于加快推进社会信用体系建设的实施意见》。2014年底在全省率先编制发布《社会信用体系建设规划（2014—2020年）》和《社会信用体系建设2014—2016年行动计划》，出台《公共信用信息归集和使用管理办法》《行政管理中使用信用产品实施办法》《自然人失信惩戒办法》《社会法人失信惩戒办法》等文件。各市（区）政府先后出台了信用体系建设相关实施意见或行动计划，各有关部门在部门信用体系建设等方面制定实施超过30项制度文件。目前，苏州市已基本形成了具有信用数据归集、信用信息查询管理、失信惩戒和守信激励、信用信息和信用产品应用、考核推进等功能的较为完整的社会信用管理制度体系。

3. 平台建设日臻完善

苏州市公共信用信息平台于2013年4月启动实施，当年下半年完成系统开发并进行数据归集，2014年6月通过验收，市、区两级平台实现无缝对接，在全省率先建成涵盖企业和个人的信用数据库。"诚信苏州"网站自2013年7月上线以来，发布信息超过1万条，访问量累计达70万余次。微信公众号自2015年8月开通，推送信息500多篇。实施信息归集"提质扩面"工程，通过"召开专题会议、细化任务落实"、"探索'三清单'、扩大归集范围"、"加强数据比对、提高数据质量"、"上门信用培训、普及信用业务"、"整合市民信用'桂花分'产品应用"、"落实行政许可和行政处罚七天'双公示'工作"、"规范涉审服务中介机构管理"等措施，大力提高数据归集质量和效率。截至2016年6月，企业库归集50家部门，涵盖36万家工商户、56万纳税户，共计2 600万条信息；个人库归集22家部门，覆盖全市1 300万人口，共计2 500万条信息。

4. 联动应用全面推开

在全市20多项行政管理事项中推行"信用承诺"，30多项行政管理事项中推行"信用核查"，8项行政管理事项中推行第三方"信用报告"。2015年，全市累计出具信用核查报告5 744份、信用查询报告314份，使用第三方信用报告1 400多份。苏州市政府与蚂蚁金服签署战略合作协议，推出融汇"数据＋模型＋场景"的市民信用评价产品"桂花分"。推动住建、旅游、商务、安监等部门不断完善行业信用数据平台，配合检验检疫、地税、国税等6家单位承担省级部门在苏探索信用联动监管工作的试点任务。围绕环保、税务、安全监管等重点领域,深化应用服务,联合开展绿色信贷示范应用、"政税银"信用合作应用、企业安全生产差别化授信等跨部门联动项目。先行先试成立苏州市企业信用征信公司,依托市信用平台,为金融机构对中小微企业开展信贷工作提供保障。

5. 服务社会初见成效

苏州市公共信用服务大厅自2016年1月22日正式对外服务以来,已累计出具企业信用查询报告732份,信用审查报告44份(涉及企业近5 045家),提供个人"桂花分"查询801次。"诚信苏州"网站和微信公众号上线服务,实现指尖查询,提供网上信用查询133万余次。以七天"双公示"为抓手全面推进政务公开,目前已归集行政许可和行政处罚等信息212万余条,并在"诚信苏州"网集中公示。规范管理信用建设专项资金,将专项资金增加至700万元,并将企业信用咨询和辅导纳入政府购买服务目录,鼓励信用服务机构参与到企业信用贯标、示范创建和辅导验收等各个环节,培育本地信用服务市场。目前,全市备案的信用服务机构已达35家。切实做好人才培训,举办第五届助理信用管理师国家职业资格培训班,共120余人参加培训,全市累计379人获得资格证书。

6. 宣传教育各具特色

以"诚信宣传周"活动为抓手,在全市开展形式多样的诚信宣传活动。积极协调各地各部门共同开展诚信宣传,持续开展"诚信守法先进企业""诚信老字号"等评选工作,促进企业依法决策,诚实经营。在全市户外电子大屏和各大商场楼宇电视上公布失信被执行人名单,营造强大的宣传效果和舆论压力。通过在商贸圈召开诚信建设推进会、举办诚信书画宣传展,开展餐饮和电商行业"诚信经营户、示范村"评选、创建观前诚信经营一条街等活动,倡导诚信道德规范,促进行业健康发展。组织召开社会信用体系建设专家论坛和"互联网+社会信用体系"高峰论坛,邀请多位信用领域专家对地方信用体系建设模式和未来趋势展开探讨。

二、推进苏州市社会信用体系建设工作的举措

下一步,苏州市将以创建国家信用建设示范城市为契机,以全覆盖的信用信息系统为依托,以高质量的信息共享和应用为基础,以高效率的重点领域联动奖惩为关键,以多层次的示范试点为引领,不折不扣完成各项任务。重点做好以下几个方面工作:

1. 加强组织推进

强化工作督查考核,继续联合苏州市政府督查室对重点工作开展专题督察,督查和考核情况进行全市通报。修订《部门信用工作考核办法》,组织开展年度工作考核,结果纳入市级机关部门绩效考核。加强诚信社会宣传,组织各地区、各部门和新闻媒体、金融机构、社团组织、广大企业等大力开展丰富多彩的诚信文化宣传教育活动,推进诚信文化进学校、进机关、进企业、进社区。

2. 提高数据质效

持续做好数据提质扩面工作,实现行政许可、行政处罚等信用信息归集部门达到成员单位95%以上。编制信息归集和服务情况季报,定期通报各地、各部门数据归集数量和质量,年底对信息归集情况进行考核。推动市信用平台与金融信用基础数据库的对接,推进双向数据交换共享,深化金融领域信息服务。加快推进存量代码转换,推进在行政管理事项中记录、使用和报送统一社会信用代码,并将新发放的信用代码在"诚信苏州"网站进行公示。

3. 推进信用信息应用

推动各部门在行政审批和监管工作中实施事前信用承诺制度,将信用承诺书上网公示。拓展信用信息审查的应用领域,在专项资金扶持、行政审批、评优评先等领域应用信用审查,鼓励行政相对人使用由公共信用服务大厅出具的信用查询报告。推动第三方信用报告在招标投标、政府采购、财政资金申请、企业贷款授信等工作中的全面使用。推动各部门基于市平台开发部门和行业信用信息系统和信用监管联动平台。贯彻落实国家和省、市七天"双公示"工作部署,认真做好行政许可和行政处罚等信用信息的归集、处理、公示、上报和考核等工作。加强公共信用服务大厅管理,指导各地开设对外服务窗口,扩大信用信息服务覆盖面。

4. 推动信用联动惩戒

贯彻落实国务院《关于建立完善守信联合激励和失信联合惩戒制度加快推进社会诚信建设的指导意见》要求,运用信用激励和约束手段,以失信被执行人惩戒、重大税收违法案件当事人惩戒、失信企业协同监管、绿色信贷、知识产权、安全监管等领域为重点,推动信用联动惩戒制度应用到行政管理全过程。完善"红黑名单"社会公示制度,推出诚实守信和违法失信典型,发挥正反典型宣传教育作用,营造诚实守信的良好发展环境。

5. 培育信用人才和市场

探索信用信息向第三方服务机构开放,积极扩大信用产品供给,培育发展信用服务市场。支持苏州市企业征信服务有限公司等本地综合服务机构发展,面向金融机构和政府部门提供信用服务。建设大数据信用服务产业园,吸引征信产业链相关企业集聚发展,培育打造大数据征信产业链。加强人才队伍建设,在继续做好(助理)企业信用管理师培训工作的基础上,举办首期企业信用管理师(中级)培训班。

6. 争创信用试点示范

以市、县两级均衡推进跨部门联动监管和市民生活信用平台建设为主要突破方向,不断积极创新,铸造品牌,做好国家信用建设示范城市创建工作。加强对各市区信用工作的分类指导,在全市总体推进的同时积极鼓励培育亮点和特色,指导有条件的地方将信用工作向社区延伸,积极争创省级示范市(区)。推进企业诚信示范建设,实施"万企贯标、百企示范"工程,继续做好企业信用管理贯标示范创建工作。

(苏州市社会信用体系建设工作办公室)

地区篇

常熟市"守重"企业发展报告

一、常熟市"守重"企业简况及复查情况

截至 2015 年度,常熟市有国家级"守重"企业 11 家,省级"守重"企业 51 家,苏州市级"守重"企业 168 家,常熟市级"守重"企业 628 家。

2016 年,常熟市对市级"守重"企业开展复查工作,需要复查的企业总计 723 家。到完成复查时统计,达到条件通过复查的企业为 628 家。根据基层复查工作小结汇总的情况来看,企业不通过复查的原因有:一是企业认为"守重"企业这个荣誉对企业平时的经营活动没有多大帮助;二是企业认为"守重"企业得了荣誉还要参加"守重"企业协会,还要每年交会费,出于节约企业成本考虑不愿加入该行列;三是企业在复查当年受到某个行政单位一项行政处罚,受复查办法中一票否决制影响,被取消"守重"企业称号;四是企业经营不善或行业不景气,企业正常经营已经难以为继;五是企业认为现在"守重"企业这个荣誉的含金量相比其他种类的荣誉不高,于是自动放弃。

二、常熟市"守重"企业存在问题的原因

"守重"企业认定工作作为一项引导企业提高经营管理综合水平的激励措施,设立之初主要是为了让企业引入现代管理体制,营造良好的社会竞争秩序。常熟市"守重"企业从创设到目前为止存在信用意识相对淡漠、管理不够规范、激励机制不够完善等诸多问题,其成因主要有:

1. 现代管理意识没有到位

企业申创"守重"企业之初,一般企业经营状况都比较稳定且增长平稳,企业经营业主或企业整体需要社会、政府等层面的认可,因此迫切希望获得县级、市级各层次的奖项,体现企业的社会价值。但是各项奖项的设定,一般都是对企业综合管理水平、整体管理能力的认定,需要企业管理水平和能力上升到一定程度,积累到相当水准。大多数中小微企业申创"守重"企业时都是家族式经营或根本就是小作坊,缺乏完善的管理体系。提出申请后,由相关部门给予一定辅导,帮助初步建立合同专业管理体系,明确各部门相关审查把关责任,完善合同管理相关制度,企业在申请的"守重"荣誉验收时,基本达到了各项申报要求,顺利拿到"守重"奖牌,也在一定意义上改善了企业的经营体制。但是拿到奖牌后,企业管理的不规范常态、企业经营的趋利本性、人员意识的不匹配本质,导致对合同管理行为的科学性认识开始逐渐倒退,多年消磨之后,合同管理形同虚设,合同行为基本趋无,意识恢复到原有状态。

2. 科学管理体制没有建立

"守重"企业荣誉的创设要求企业内部管理达到的条件,并非是凭空嵌入原有企业管理机制之中的,而是总结得出的合同管理方面的有效管理措施,是原则性的条款,企业创设时需要将之与企业原有的管理制度融合,制定出适合自身管理的具体制度、程序和机制。但是往往众多企业在着手创建科学管理体制时仅是人为机械照搬,纸上谈兵,没有切实体会到合理机制的好处,怎么可能去坚持它呢?首先,合理的合同审查机制,在初步确定客户信誉级别、实行分类管理、防范经营风险方面是一种科学的管理程序;其次,在合同的分段把关上,合同采用完善格式还简化订单,需要销售、生产、审查、结算各部门前后各负其责,才能对整个合同行为科学把关,防止管理漏洞;再次,合同执行前后环节安排科学,责任明确,分工合理,才能严防虎头蛇尾,顾此失彼。企业往往对推销产品、增加业务重视有加,而对之后完成交易、执行合同拖三拉四,有余款不催,有余货不结,不按法律进行,结果造成无人管,管不好,尾大不掉,最终成为长期未收的应收款,甚至超过了追索时效,成为坏账。因此,可以说对于每个企业而言,合同管理的科学设置过程,也是将守法经营、依法维护自身权益结合到企业原有的管理体制之中的过程,终级目标是变合理经营为守法主动维权。

3. 荣誉激励机制没有有效运行

当前,对"守重"企业荣誉使用比较有实效的情况有,建筑企业及部分政府的招标中,将"守重"企业荣誉分级列为加分项目,引起相关企业积极争创;有的地方政府在对"守重"要求评定办法中,将申请获得较高级别"守重"企业荣誉明文纳入奖励范围,包括直接奖金、税收优惠、投资政策等,但是落实的少;企业经营到一定层次后,为展示企业综合形象,在做整体品牌宣传时需要用政府、社会的奖牌包装门面。但是国家层面没有将"守重"企业荣誉列入国家信用体系建设的有机组成部分,而是一直单列出现,未能与信用信息公示系统结合,体现不出其正面作用。例如,现在以各省为基础建立信用信息公示系统,将各级年报信息及其他执法执行、登记变动、违法不良信息等纳入其中,但是各级正规荣誉信息不作收集,不起正面作用;其他银行信用授信评定也不采信此类信息,作为一个孤立的奖项要起到推动企业改善经营的效果是不现实的。

三、加强常熟市"守重"企业创建的建议

"守重"企业作为创建诚信体系的一项重要推动激励措施,设定之初根本出发点是好的,只是未能针对经营发展形势的不断变化而进一步完善。在国家着重加强信用建设、社会迫切需要诚信经营的今天,合理调整诚信体系建设措施、引导"守重"企业创建十分必要。要达到这一效果,需要从几方面加强体系建设:

1. 加强信用信息资源的整合,形成共享氛围

加快建设地方诚信网络、信息库、应用平台,实现信用信息的互联互通、共建共享。提高信用管理和服务的信息化水平,健全联合惩戒的信用机制,建立健全守信激励和失信惩戒机制,加强对企事业单位个人的信用监管,加强信用产品在金融、政府采购奖励、评优等领域的应用。将"守重"企业的评定办法进一步完善标准、提高门槛、细致审核,让"守重"企业荣誉作为诚信体系中奖励应用的一项重要项目,提高奖项含金量。

2. 注重对"守重"企业规范合同意识的培养,形成社会共识

帮助企业建立合同执行规范,审查企业合同签订行为等日常工作,通过修订、推行行业合同示范文本,规范企业合同文本条款设置等,推动企业诚信体系建设,开展守信经营;通过对农产品销售、商品专卖、热点服务、房产销售等行业的合同专项整治,规范合同示范文本,打击合同违法行为,引导社会合同规范使用意识,营造合同守法氛围。

3. 强化对具体申创"守重"企业对象的培养和条件把关,起好典型引领

对每个现有或即将申创的"守重"企业,细化工作、严格要求、培养意识、规范培训、完备条件,让每个"守重"企业获得该项荣誉前后的对比效果成为典型,引领周边或一定区域内的企业争相完善企业合同管理体系,营造诚信经营氛围,采取诚信经营行为,最终根本性改变当前随意失信、"老赖"遍地、人人厌恶但无可奈何的经营环境。

(杨玉兵)

张家港市"守重"企业发展报告

一、张家港市"守重"企业概况

诚信是一个社会的基石,也是一个企业的支柱,守合同重信用是社会诚信的重要体现,也是一个企业立足和发展的重要手段。"守合同重信用"企业(以下简称"守重"企业)公示活动的开展,不仅有利于宣传企业诚信守约的良好形象,增强企业的法律意识、信用意识和自律能力,而且为诚信城市的创建奠定了基础。

截至 2016 年 6 月,张家港市共有苏州市级"守重"企业 180 家,省级"守重"企业 40 家,国家级"守重"企业 5 家(见表)。

张家港市国家级"守重"企业名单表

序号	企业名称	"守重"级别	所属行业
1	江苏金陵体育器材股份有限公司	国家级	文教、工美、体育和娱乐用品制造业
2	江苏永钢集团有限公司	国家级	金属制品业
3	张家港市乐万家房地产调剂有限公司	国家级	房地产中介服务
4	长江润发机械股份有限公司	国家级	专用设备制造业
5	苏州祥盛建设工程有限公司	国家级	市政设施管理

二、张家港市"守重"企业创建情况

作为"守重"企业培育发展的牵头部门,张家港市场监督管理局(原张家港市工商局)认真履行工商职能,加大培育发展力度,以企业信用管理协会为平台,

全面打造"诚信张家港"形象,主要做了以下工作:

1. 强化组织领导,健全组织网络

成立培育发展"守重"企业工作领导小组,由局长任组长,分管局长任副组长,统一领导、组织、协调全市"守重"企业培育发展工作。通过制订计划、落实责任、加强考核、激励发展等措施,将"守重"企业的培育发展工作逐一落到实处。同时,积极向市政府汇报,争取政府支持,使培育发展"守重"企业工作由部门拉动变为政府推动,将发展"守重"企业和企业信用评价纳入政府诚信城市创建工作。

2. 强化舆论宣传,营造良好氛围

充分运用工商职能,加大宣传力度。充分利用年初企业年检机会召开企业负责人动员大会,积极宣传争创"守重"企业重要意义,做到"守重"企业发展与企业年检工作有机结合。充分利用报纸、电视、政务广场、宣传橱窗等平台,全方位加大企业信用建设宣传力度。充分利用私营企业协会网络,在广大私营企业中开展争创"百家守重企业"活动,增强企业争创"守重"企业的愿望。将发展"守重"企业的意义、标准、程序等内容统一编印成宣传册,与开展"千名工商干部进万家企业"活动有机结合,送法上门。通过宣传发动,使广大企业的信用意识明显提高。

3. 强化协会建设,搭建争创平台

强化协会建设,充分发挥协会作用,积极打造企业信用品牌,坚持发展会员与争创"守重"企业同步,坚持提高质量与发展数量并举,严格把关,不盲目求进。在发展会员和"守重"企业的过程中,精心编制宣传提纲,通过广播、有线电视、宣传橱窗、上门发送资料等形式广泛宣传,引导企业增强信用观念,争创诚信企业品牌,增强自觉参与意识。强化部门联合,按照积极、稳妥的原则,以辖区内企业台账为基础,以年检资料为参考,认真筛选,把经营状况好、信誉程度高的规模型、成长型企业确定为发展对象,并初步制定名册,全面开展信用征信和认定工作,广泛听取银行和税务、法院、质监、海关等部门的意见,通过各部门的信用资源整合,做到成熟一个,发展一个。强化内部人员认识,努力将发展会员和"守重"企业工作做深做透,做到"不与老板见面不发展,企业不自愿不发展,宣传解释工作不到位不发展,存有不良信用行为不发展"。同时,严格纪律,对乱收费和变相"吃拿卡要"行为,追究相关人员和领导责任,使协会真正成为发展壮大"守重"企业队伍的源泉和动力,成为企业与政府沟通的桥梁。

4. 强化信用评价,确保"守重"企业质量

发展"守重"企业,信用评价是保证。具体做到"三个一"。一是开展了一次企业信用评价知识培训。专门聘请苏州工商局信用办主任和上海立信咨询评估有限公司专家前来授课,对"守重"企业信用管理人员进行培训。二是创新设计了一套企业信用评价表式。提出了信用评价"三个自愿",即自愿申报、自愿评价、自愿缴费,并由企业法人代表签字、盖章,充分反映了企业自愿争创"守重"企业的意愿。三是召开了一次企业信用评价工作现场会。为将"守重"企业认定和企业信用评价真正落到实处,对各分局"守重"企业发展和信用评价工作进行了一次讲评,通报情况。同时,对信用评价工作做到限时限量,并且确保企业信用评价质量。

5. 强化信用监管,规范"守重"企业发展

具体把好"三个环节",实行"六项机制"。"三个环节"是:① 把好准入环节。按照《江苏省守合同重信用企业认定管理办法》,申请苏州市级"守重"企业必须满三个会计年度,必须经济效益好,合同履约率高,信誉程度好,坚决不降低标准。② 把好初审环节。对企业申报苏州市级"守重"企业的材料逐项审查,按照评价体系中的要求统一评价,对低于70分的不予通过。③ 把好征信环节。在向税务、金融、质监、海关等部门对企业信用征信时,郑重发出征信函、征信表,逐个部门分别征信,对有不良信誉和不良信用记录的企业一律实行清退。

"六项机制"是:① 实行企业守信激励机制。凡是被评为苏州市政府命名的"守重"企业,实行重点帮扶,可享受免于年检、免于日常检查及提供优质服务等待遇,调动和激发广大企业争创"守重"企业的热情。② 实行企业信用预警机制。对有轻微违章违规行为的企业实行警示制度,在日常工作和企业数据库中进行相关风险预警提示。③ 实行企业失信惩戒机制。对列入重点监管企业范围的失信企业进行重点监管,加大对其进行日常监督管理的次数和力度;在办理注册登记和年检时进行重点审查,对其对外投资、增加经营范围给予一定的限制;对严重失信企业吊销其营业执照,并发布吊销公告,对典型案例进行曝光。④ 实行企业信用自律机制。通过教育引导和信用激励惩戒措施的实施,建立企业内部的信用管理机制。充分发挥行业协会的作用,进行行业内信用自我评价。⑤ 实行市场主体淘汰机制。对注销、吊销营业执照的企业实行事后回查,重点

核查其在注销、吊销营业执照后是否已经停止经营活动。对吊销营业执照有清算义务的投资人、法定代表人依法进行限制,限制其对外投资,在一定时限和一定范围内限制其市场准入,逐步推行"黑名单"库制度,将负主要责任的相关人员列入"黑名单"库,适时对社会进行公示。⑥实行企业信用联动机制。与法院携手协作成立信用联动领导小组,开通"求助热线",将法院审判的法律效果直接转化为构建社会信用机制的助推力。

三、张家港市"守重"企业创建活动存在的问题

尽管张家港市"守重"企业创建取得了一定成效,但总体来看企业的参与度呈逐年下降态势。从苏州市命名的市级"守重"企业中可看出,张家港市"守重"企业所占比例从2004年最高的23.84%逐年下降至2015年的3.9%。分析其原因,主要是"守重"企业创建活动存在以下不足:

第一,"守重"企业创建活动仍然是一项评比,而非国际通行的评价。作为评比,"守合同重信用"活动就是设定一些标准,企业申报,工商部门从中选优,授予荣誉称号。这实际上与在全社会倡导树立良好的诚信守约意识这一初衷不相一致,也同时导致该荣誉运用较为狭窄。

第二,"守重"企业创建活动由市政府有关部门,主要是工商部门包办,企业参与的积极性未得到充分发掘。现行的"守合同重信用"活动,从培育、发展对象,到考核、认定,基本上由工商部门一手操办,而企业只是被动地参与,做一些工商部门要求做的事情,积极性没有得到充分的发挥。

第三,"守重"企业创建活动宣传不够,缺乏适度包装。"守重"活动开展30年来,成为工商部门的一项日常工作,取得了较好的工作效果和社会效应。但由于宣传不够,造成企业对此项活动并不了解,参与面远远不够。获得"守重"企业称号的企业仅占全市企业数5%不到。

第四,"守重"企业创建活动的考核方法基本上仍以定性分析、手工操作为主,科技含量较低。考核缺少定量分析,以定性分析、手工操作为主,使得考核过程中人为因素增多,随意性增强。

四、张家港市推进"守重"企业创建的建议

随着市场经济的发展,"守重"企业认定活动也应从政府一手包办逐步向评

价社会化,培育、辅导市场化转变。对此,建议从以下几个方面着手:

1. 评价社会化

"守重"企业评价体系应该是:由政府部门(工商部门)规制、指导、监督,企业自愿参加,行业协会推荐,中介机构提供咨询、辅导、评估等服务,企业合同信用自律组织评价、公布,各单位各司其职,形成一个完整的评价体系。

(1) 工商部门行使规制、指导、监督职能。首先,工商部门要制定《"守合同重信用"企业认定管理办法》,对整个活动进行规制和管理,确定认定活动的原则、所采用的方法及程序、参加活动的对象、基本条件和认定标准。可以尝试取消过去市级"守重"企业,区、县级"守重"企业的等级制,代之以根据综合评价指数分级,实行等级认定制度。其次,工商部门要指导、督促合同信用自律组织依据规则考核、评价、推荐"守重"企业。第三,工商部门要对合同信用自律组织推荐的"守重"企业中符合条件的进行认定,实施监督管理。同时,要监督信用评估公司等中介组织。信用评估公司等中介组织从事"守重"企业培育业务前,须经工商部门认可并授权。

(2) 行业协会行使推荐权。在"守重"企业认定活动中,行业协会应充分发挥行业自律组织的作用,引导会员创建"守重"企业,并向合同信用自律组织积极推荐符合条件的会员。

(3) 合同信用自律组织组织考核、评价。合同信用促进会等企业合同自律性组织在"守重"企业认定活动中负责受理企业的自主申报和行业协会的推荐,组织考核,开展评价;根据工商部门的认定,将认定结果向社会公告;并以各种形式开展表彰、宣传。合同信用自律组织的负责人由该区域内"守重"企业中的骨干单位的相关人员担任,工商部门不再派人担任此类自律组织的会长、副会长。

(4) 信用评估公司等中介组织提供有偿服务。经工商部门认可并予授权,信用评估公司等中介组织可以从事"守重"企业培育业务,即应拟争创"守重"企业的要求,为拟争创"守重"企业有偿提供咨询、辅导、培训等服务,参与"守重"企业的培育。

2. 培育、辅导市场化

一个企业的信用是否良好,属资信评估的范畴,主要是依靠准确的数据处理,而不是原来所采取的定性考核。对企业信用的评价可以通过市场化方式运作,也就是由资信评估公司等市场中介组织进行市场化的评价。当然,这不是由一两家资信评估公司就能够完成的,而应该与国际接轨,培育发展一个资信评估业来完成。

"守重"企业活动中,资信评估公司等中介组织对企业信用作出的评价应当包括企业的基本情况、合同管理情况、合同履约能力、合同履约情况、社会信誉情况等,最主要的是要做到全面、客观、公正、科学。

(1) 全面。即"守重"企业评价应从单纯考核履约率转变为信用综合评价,全面反映一个企业的信用状况。

(2) 客观。即考核从定性分析转变为定量分析,以定量分析为主,定性分析作为定量分析的重要参考。此类评价,更多的是依据客观标准、客观数据对企业的信用情况作出评价,而不是依据主观看法。

(3) 公正。对"守重"企业作出的评价应建立在企业自身提供的客观数据之上,这些数据不是工商部门或哪个行业协会、中介组织专门要求提供的。这些数据多数在企业的三表中就有,是能够得到相互印证并保持平衡,经得起检验的。建立在客观数据基础上的评价,可以保证其公正性。

(4) 科学。"守重"企业评价中的定量分析部分,应通过构建数学模型,经过大量的调研工作,收集大量的客观数据,并经过有效论证,保证其科学性。转变政府职能,建立新型的"守重"企业评价体系,为建立企业信用体系提供精确数据、有效信息、科学决策依据。

随着当前商事登记改革的不断推进和企业信息公示平台的不断完善,"守重"企业的认定将逐步融入社会诚信体系之中,届时"一处失信、处处受限"的机制将促使企业自觉加入到"守合同重信用"活动之中,社会诚信体系将更加完善。

(柳一虹)

太仓市"守重"企业发展报告

一、太仓市"守重"企业基本情况及创新做法

(一) 太仓市"守重"企业基本情况

1. 太仓市"守重"企业数量

截至 2016 年 6 月,太仓市拥有被太仓市人民政府认定的"守重"企业 435 家,被苏州市人民政府认定的"守重"企业 151 家,被江苏省工商行政管理局及国家工商总局认定的"守重"企业共 22 家,其中 4 家国家级"守重"企业是:江苏五洋集团有限公司、太仓市市政工程有限公司、太仓市开林油漆有限公司、太仓市明辉装饰装潢有限公司。

2. 太仓市培育"守重"企业做法

太仓市市场监督管理局每年通过举办企业学习培训班,以授课、座谈等多种形式组织企业学习《合同法》《江苏省合同监督管理办法》等法律法规,提升企业对合同法律法规的认识,使其了解企业合同日常管理情况并给予行政指导,规范企业合同管理。每年年初,该局会列出辖区内有意向争创"守重"企业的名单及需要复查的企业名单,上门走访并指导企业做好"守重"企业的申报和复查工作。

(二) 太仓市探索"守重"企业融资做法

2010 年年底,原苏州市太仓工商行政管理局(现太仓市市场监督管理局)提出以"信用"换"贷款"的想法,并与中国人民银行太仓支行联合出台《太仓市"守合同重信用"企业融资服务实施意见》,创新推出了"守重"企业信用融资举措。

1. 以"信用"换贷款的主要做法

为了让这一做法真正发挥作用,主管部门在探索实践"守重"企业信用融资

过程中,立足服务职能,精心谋划部署。突出了四项重点工作:

(1) 加强综合评估。以国家、省级"守重"企业为龙头,加强评估,树立标杆,引导市级以下企业积极参与、接受评估。健全筛选推荐机制,科学、动态、持续地发布优秀守信企业名录,为政银企对接平台提供基础信息。

(2) 推进银企对接。加强征信管理,在征信系统内对"守重"企业进行分级分层单独标识,及时将有关企业征信及评估情况传递给银行;通过多种途径及时向相关企业传递银行产品、融资方式、合作意向等信息;根据需求情况组织好相应的融资合作对接会,推进银企双方合作。

(3) 创新融资模式。按照慎重而积极的原则,鼓励和推动银行创新对"守重"企业的融资方式,商业银行在坚持自主经营原则、全面风险评估的基础上,选择合作企业试点发放信用贷款,并加强管理与监测,及时发现问题,总结经验。在此基础上以点带面,稳步推进全市"守重"企业贷款发放的推行工作,支持广大中小企业发展。

(4) 建立工作机制。根据工作实际,建立信息报告、通报、反馈制度。工商部门负责收集企业相关资料,组织实施企业综合评估工作,及时将企业经营、守法、信用等有关情况通报、反馈给银行。人民银行负责协调各商业银行积极参与,指导银行制定相应的实施细则,引导银行实施贷款发放操作。三方定期联系,通报工作进度,及时反馈信息。加强对贷款企业的监测管理,追踪还贷情况。

2. 以"信用"换贷款的授信签约

该意见明确规定各大商业银行对各级"守重"企业优先发放贷款,信用授信额度为:国家级 2 500 万元以内、省级 1 500 万元以内、苏州市级 1 000 万元以内、太仓市级 500 万元以内,此举在全国范围内走在了前面。经过与金融机构反复调研,该局选出了首批 12 家信誉良好、有代表性且确实有融资需求的"守重"企业作为试点,并在 2011 年 5 月 31 日苏州市"守重"企业信用贷款授信签约现场会上进行了现场授信签约仪式。太仓兰燕、浦源化工等 12 家企业无须任何抵押、担保,仅凭"守合同重信用"称号就获得了中国银行太仓支行授信额度共计 1.1 亿元。《中国工商报》刊登了该局的创新做法,《苏州日报》、苏州电视台对这一创新举措进行了深度报道,太仓电视台、《太仓日报》等媒体也多次进行了跟踪报道,在社会上引起了强烈的反响。

3. 以"信用"换贷款的实施意义

（1）擦亮"守合同重信用"的金字招牌，有力推动了社会诚信体系建设。命名"守合同重信用"企业是各级人民政府对企业诚信经营行为的一种肯定，并且得到市场认可，成为企业参与市场竞争的金字招牌。这些企业都是经过层层筛选，通过重重考核才能获得"守合同重信用"企业命名，并且一旦发生信用问题就会被撤销命名，可谓来之不易。为这些有着优良信誉的企业提供额外的信用贷款，既是对企业的帮助，也是对企业诚信经营的认可，可以说为企业树立了标杆，发挥了良好的示范作用，让"守合同重信用"企业这块牌子更加响亮，倡导诚实守信的社会风尚，鼓励企业加强合同和信用管理，营造诚信守约、依法经营的良好市场氛围和全社会的良好信用环境，从而有效推进社会诚信体系建设，促进经济社会和谐发展。

（2）促进金融产品多样化发展，为企业开辟了一条新的融资渠道。出于维护资金安全的考虑，银行将一笔钱发放给企业，通常需要对方提供一个值得信赖的保证。因此，常常会出现"银行要求的抵押，中小企业拿不出；中小企业提供的抵押，银行不愿意要"的现象，成为制约许多企业发展的瓶颈。利用"守合同重信用"资质为企业融资这一创新举措的推出，在传统融资方式的基础上，开辟了靠企业信用本身获取贷款的新途径，使得金融产品向更加多样化的方向发展，有效解决了银企之间的矛盾，缓解了企业的融资压力。

（3）拓展了服务职能，有效促进企业转型升级。企业是经济发展的动力之源，也是社会财富的主要创造者。企业稳则全局稳，企业兴则全局兴，企业赢则全局赢。而资金是企业经济活动的第一推动力、持续推动力。实施"守合同重信用"企业信用融资服务，是工商部门拓展服务职能的有力体现，在当前这样一个经济转型升级期，帮助一大批诚实守信、合法经营的企业解决了融资难题，促使企业顺利发展、做大做强，进而推动全市经济不断发展。

二、太仓市"守重"企业存在的问题

（一）企业重视程度不够，"守重"企业占比仍较低

"守重"企业是由各级人民政府及工商行政管理机关授予企业的一种信用荣誉称号，但从企业重视程度和争创积极性来看，企业的重视程度仍然不够，争创积极性不高，"守重"企业占比偏低。以太仓为例，各级"守重"企业有600家

左右,而全市市场主体超过6.7万家(其中企业约2.4万家、个体工商户约4.3万家),"守重"企业占全市市场主体总量的比例不足1%。从对部分市场主体的走访调研了解到,相当部分市场主体对合同和信用重视不够,对"守重"企业的理解有偏差,争创"守重"企业的积极性和主动性不高。有些市场主体错误地认为,合同再完善、订得再天衣无缝、合同管理水准再高,没有关系仍难以获得业务,没有业务企业很难发展,企业内部仍然充斥着计划经济时代的"靠指标凭关系"的观念,没有树立以质量和信誉获得市场青睐的理念。有些市场主体错误地认为应当以利润最大化为最高目标,信用和合同都是小事。有些市场主体错误地认为"守重"企业仅是无关紧要的一个称号,平时无须对合同过多关注,出点钱就可以拿到牌子。

(二) 政府支持力度不足,"守重"企业优惠政策较少

各地工商部门(市场监管部门)对培育"守重"企业进行了一些有益的探索,出台了一系列的支持政策,太仓以"信用"换贷款的探索即是其中之一。但总体来看,各级政府和部门对"守重"企业的政策支持力度不够,相应政策的延续性不强,也间接造成了企业争创的主动性不高。以太仓为例,实施"守重"企业以"信用"换贷款服务,可以帮助一大批诚实守信、合法经营的企业解决融资难题,促使企业顺利发展、做大做强,进而推动全市经济的不断发展。该项政策非常好,但"守重"企业信用贷款授信签约现场会开完后即没了下文,并未形成延续性的政策。此外,由于现行法律法规的限制,"守重"企业并不能在招投标方面享受到优惠(根据《中华人民共和国政府采购法实施条例》第二十五条第(四)项规定,"以特定行政区域或者特定行业的业绩、奖项作为加分条件或者中标、成交条件"属于"以不合理的条件对供应商实行差别待遇或者歧视待遇",而绝大多数"守重"企业是国家级以下,所以无法享受到招投标加分项)。

(三) 合同违法成本不高,合同监管面临尴尬

以格式合同监管为例,现在损害消费者合法权益的"霸王条款"仍然屡禁不止,原因在于违法成本较低,监管上存在难度。一是条款涉及法律原则性强,监管人员定性难度大。《合同法》《网络交易管理办法》《合同违法行为监督处理办法》等法律法规对格式合同条款作出了禁止性规定,但条款的规定均较抽象,仅有原则性的规定,涉及个案时是否属于格式合同"霸王条款"需要由市场监管人员判定,而单靠市场监管人员很难斟酌判定。二是日常监管依赖投诉举报,主动

发现案源难度大。在广泛适用的格式合同中有不少条款是"霸王条款",但因监管部门是合同以外的第三方,除依靠消费者的投诉举报外,很难在监管中发现格式合同"霸王条款"违法行为。三是改革导致监管重心转移,投入监管精力难度大。市场监管体制改革后,监管重心主要放在特种设备安全监管、食品安全监管等方面,合同监管的职责则相对弱化。上述三方面原因导致合同监管面临尴尬,对"守重"企业的发展也不利。

(四) 信用体系仍不完善,信用建设仍任重道远

党的十八大提出"加强政务诚信、商务诚信、社会诚信和司法公信建设",党的十八届三中全会提出"建立健全社会征信体系,褒扬诚信,惩戒失信"。《社会信用体系建设规划纲要(2014—2020年)》(国发〔2014〕21号)对社会信用体系建设总体思路、重点领域诚信建设等都作了详细规定。《关于建立完善守信联合激励和失信联合惩戒制度 加快推进社会诚信建设的指导意见》(国发〔2016〕33号),对健全褒扬和激励诚信行为机制、健全约束和惩戒失信行为机制等作了详细规定。上述党的十八大、十八届三中全会及国家政策方面的规定,体现了国家对信用建设越来越重视。但我国社会信用体系建设发展仍然任重道远,社会成员信用记录严重缺失,守信激励和失信惩戒机制尚不健全,履约践诺、诚实守信的社会氛围尚未形成。

三、太仓市促进"守重"企业发展的对策建议

(一) 完善激励机制,激发争创热情

1. 进行物质奖励

建议各级工商(市场监管)部门高度重视"守重"企业的培育,要推动各级人民政府及时制定出台扶持"守重"企业的相关物质奖励政策,可规定对各级"守重"企业分别给予一定金额的物质奖励,以激发企业争创的积极性和主动性,扶持信用良好的企业做多做大做强,为"守重"企业持续健康发展注入一支"推进剂"。

2. 实施政策优惠

建议各级工商(市场监管)部门将"守重"企业争创与行政许可审批登记等其他职能有机融合,为"守重"企业提供捆绑式政策优惠,提升各类企业争创"守重"企业的热情,如可为"守重"企业提供窗口绿色通道服务,将"守重"企业作为

争创知名、著名、驰名商标和品牌等的重点培育对象,定期走访"守重"企业以帮助解决企业需求等。

3. 联合扶持发展

建议各级工商(市场监管)部门更多地将"守重"企业与其他政府部门的涉企评比表彰有效接轨,在不与法律法规相抵触的前提下,将"守重"企业作为其他部门考核评比的先决条件之一,让"守重"企业在土地征用、信贷额度、担保抵押、税收、工程招标、政府采购、规划建设等方面享受到优惠,各部门联合扶持"守重"企业发展。

(二)完善监管机制,提升执法效能

1. 探索随机抽查模式

建议各级工商(市场监管)部门创新监管模式,及时制订合同监管随机抽查的实施方案,明确对合同随机抽查的人员安排、抽查频率、抽查方式等,做到分行业、分时段、分区域开展随机抽查,对抽查中发现的问题及时予以纠正或严厉查处,防范因抽查不到位让经营者产生侥幸心理,提高监管执法成效。

2. 运用信息公示手段

建议各级工商(市场监管)部门对检查中发现的各类企业合同违法问题、合同行政处罚的案件信息等"失信信息"及时在全国市场主体信用信息公示系统中予以公示,让社会公众及时了解相关情况,并与其他行政部门的监管信息互联共享,让各类企业"一处违法,处处受限",提高各类企业的违法成本。

3. 健全有奖举报制度

建议各级工商(市场监管)部门健全有奖举报制度,积极研究制定有奖举报实施细则,明确举报奖励发放、举报人信息保密、投诉举报受理、诉转案等细节,调动广大社会公众参与监督合同违法行为的积极性、主动性,弥补监管部门因人员少等造成的无法全方位监管的缺陷,形成社会共治的良好局面。

(三)完善宣传机制,营造良好氛围

1. 加大政策宣传力度

建议各级工商(市场监管)部门加大对"守重"企业政策的宣传力度,利用报纸、电视台等媒体和政府网站宣传合同法律法规及"守重"企业相关政策,让社会和企业知晓合同法律法规、"守重"企业的评审条件、获评企业可享受的优惠政策,提升企业合同管理水平,营造良好的争创氛围。

2. 发布合同消费预警

建议各级工商(市场监管)部门定期发布合同消费预警,通过表彰合同守信先进典型、曝光合同失信负面典型、揭露合同"潜规则"、发布合同警示等形式,让企业提前知晓辖区企业合同履行情况,通过预警分析维护自身合法权益不受侵害。

3. 扩展媒体宣传渠道

建议工商(市场监管)部门重视和加强对新兴媒体的应用,充分利用诸如微博、微信等新兴媒体特有的传播速度快、传播范围广、传播影响力大的优势,对"守重"企业创建进行宣传,提升宣传的效果。

(王艳新)

昆山市"守重"企业发展报告

近年来,昆山市高度重视社会信用体系建设,以健全组织机构为基础,以完善信用制度为保障,以征信系统建设为关键,以推广信用信息应用为重点,以守信激励和失信惩戒为手段,扎实推进社会信用体系建设各项工作,努力建立与全市经济社会发展相适应的诚信环境,助推经济社会持续健康发展。截至2015年度,昆山市共有国家级"守重"企业3家,省级"守重"企业33家,昆山市市级"守重"企业56家。

一、昆山市省级以上"守重"企业总体概况

截至2015年度,昆山市共有省级以上"守重"企业33家(其中国家级"守重"企业3家),分别为:昆山商厦股份有限公司、昆山生隆科技发展有限公司、昆山市城市建设综合开发总公司、昆山市星球装饰有限责任公司、振华建设集团有限公司、江苏中大建设集团有限公司、昆山市华新电路板有限公司(国家级)、江苏城南建设集团有限公司(国家级)、裕腾建设集团有限公司、昆山市望族房产开发有限公司、正中路桥建设发展有限公司(国家级)、昆山市金都建设有限公司、昆山市华鼎装饰有限公司、昆山市水利建筑安装工程有限公司、昆山利通天然气有限公司、通力电梯有限公司、昆山小小恐龙儿童用品有限公司、昆山樱花涂料科技有限公司、昆山市华特装饰工程有限公司、江苏振昆建设集团有限公司、昆山昆众汽车销售服务有限公司、江苏五环建设有限公司、江苏凯宫机械股份有限公司、优德精密工业(昆山)股份有限公司、昆山市鹿通路桥工程有限公司、昆山市天工建设工程有限公司、新江建设集团有限公司、海光环境建设集团有限公司、昆山市城市生态森林公园有限公司、昆山市振通建设工程有限公司、江苏自勤建设发展有限公司、好孩子儿童用品有限公司、昆山市开源环境建设有限公司。

按企业注册地分,昆山市高新区省级"守重"企业最多,为15家,其次为昆山开发区,为7家。此外,千灯3家,周市3家,花桥2家,淀山湖、巴城、陆家各1家。

按企业所属国民经济行业分,其中房地产、建筑装饰企业占大头,共22家,占比达67%;其次为制造业,共6家,占比达18%。

二、昆山市"守重"企业发展的特点

1. 省级"守重"企业中房地产、建筑装饰企业约占七成

在昆山市33家省级"守重"企业中,22家为房地产、建筑装饰企业,占比达67%。资金是企业运营的血液,没有外部资金注入,单靠企业自身积累,发展速度缓慢,甚至会错失良机。一方面,一些规模小、抵押物少、实力相对薄弱的中小型企业融资渠道比较单一,融资难度相对较大,急需资金无门路。个别企业为了生存与发展不得不转向民间借贷,但其昂贵的成本又使企业难以承受。另一方面,企业的一些无形资产却待字闺中,难变融资的渠道。如何能把这类无形资产变为融资渠道,是政府部门急需为企业解决的难题。

房地产、建筑装饰行业对资金的要求比较高,在当今这个"信用能换真金白银"的时代,企业自然更加注重自身的信用建设。"守重"企业在向金融部门申请融资时可获得一定额度的信用贷款,为企业融资开辟了新渠道,有效盘活了企业的无形资产,缓解了市场主体融资难问题。

2. "昆山服务"让"诚信"成为企业名片

近几年来,昆山市积极实施信用贯标样板工程,聘请实力强、信誉好的征信信用管理公司为贯标提供专业咨询,帮助企业提高信用意识;通过开展"十企示范、百企贯标"工作,引导企业加强信用管理。鼓励企业设立信用管理部门,制定信用管理制度,购买信用产品和信用服务,把诚信经营作为企业文化的重要内容。树"守重"标杆促行业发展,在行业内推行"守合同重信用"评选,将有利于整个行业的发展。截至2016年6月底,已累计通过信用贯标企业408家,苏州市级贯标示范企业33家,36人通过助理信用管理师国家资格考试,信用贯标、示范企业数量居全省县级市首位。这些企业在本地区或同行业内信用管理基础完

善,信用程度高,履行法定义务、约定义务和社会义务的能力强,发展趋势乐观,其信用状况在本地区或同行业更将起到示范带头作用,有利于昆山企业走出去,走得更远。2016年5月26日,昆山交通发展控股有限公司成为昆山市第三家获得 AA+信用等级的企业,企业资本融资成本将下降30%左右。

与此同时,昆山市还将行政管理引入事中事后信用监管,市场监督管理局联合法院、发改委、经信委、公安局、环保局、海关、地税局等35个部门建立起事中事后监管和红黑名单公示相关制度,明确守信激励、失信惩戒具体措施,实现信息通报、诚信记录共享,将评级结果与银行贷款、守信企业评定挂钩,实现了资源整合和管理联动,推进事中事后监管制度化、规范化、程序化,有效打破"信息孤岛"。

三、昆山市"守重"企业发展中面临的问题

1. 在信用管理过程中最困难的环节为收回贷款

在苏州市"守合同重信用"企业情况调查中,昆山市共有22家企业参与了问卷调查,调查结果显示,16家企业在"信用管理过程中最困难的环节"选项中都选了"收回贷款"。这就要求市场监管部门联合其他部门加强监管。要广泛征集企业信用信息,建立科学的信用评价体系,并对失信企业进行联合惩戒,给企业经济和名誉带来双重处罚。不仅要公开披露失信信息,通过影响企业名誉或限制企业相关行为来督促企业自觉守信,还要加大对违法失信行为的处罚力度,提高企业的违法失信成本,增加监管的威慑力,形成对企业有效的约束和监督,倒逼企业严格自律。"企业信用信息公示系统"对企业的帮助很大,参与问卷调查的22家企业全都表示了该系统对企业有非常重要的帮助,因此,有必要继续完善该系统,让企业能更受其惠。

随着市场经济的发展,要利用大数据资源,实现"互联网+"背景下的智慧监管,消除不同部门数据库之间的障碍,整合各类监管资源,强化社会共治,发挥企业自治、行业自律、社会监管功能,形成"一处违法,处处受限"的联合约束惩戒机制。另外,可开展大数据智能关联分析,逐步建立市场主体监管风险动态评估机制,通过整合日常监管、抽查抽检、网络定向监测、违法失信、投诉举报等相关信息,主动发现违法违规线索,分析掌握重点、热点、难点领域违法活动特性,及时根据市场主体监管动态信用风险等级实施针对性的监管,营造公平竞争的

市场环境。

2. 对企业信用管理专业化服务的了解匮乏

在参与问卷调查的 22 家企业中,有 17 家企业在"一系列的信用服务机构为其提供企业信用管理专业化服务,比较了解的"9 个选项中,都只选了两三个选项;有 12 家企业在"贵公司对重大交易的客户是否要求提供第三方信用服务机构评估"选项中选了"否";9 家企业在"贵公司是否设有从事信用管理工作的专职人员和部门"选项中选了"没有";8 家企业在"贵公司对新的交易客户是否建立完善的内部信用评级制度"选项中选了"不完善"或"没有";16 家企业在"贵公司对重大交易的客户是否要求提供第三方信用服务机构评估"选项中选了"没有"或"不清楚";22 家企业在"信用管理咨询服务就是由专业机构通过咨询、培训等服务,帮助企业建立起客户信用档案、赊销客户的授信、应收账款催收等一系列信用管理制度,提高企业防范赊销风险的能力。您认为,贵公司有没有这类服务需求"选项中选了"非常需要";22 家企业在"您认为'企业信用信息公示系统'对维护企业合法权益的作用有多大"选项中选了"作用很大";22 家企业在"您认为企业信息公示制度是否有助于改进企业的信用状况,从而促进企业诚信经营"选项中选了"非常有帮助"。

一方面是企业对自身诚信建设的缺失明显,另一方面是企业对诚信服务的需求强烈,面对这样的矛盾,市场监督管理部门要联合各部门加强对"诚信建设"的建设和宣传。当前我国社会信用建设已经取得了一系列重要的成就,但同时也要看到,我们社会信用的水平和质量与当前社会经济发展的需求还有一定差距,与广大人民群众对于信用的渴望和质量的要求还有一定差距。随着市场经济的发展,相信中国一定会发展出适合中国国情的市场信用和商业社会信用。

四、昆山市推进"守重"企业发展的几点建议

1. 构建"四位一体"的事中事后监管格局

"守合同重信用"是企业良好形象的代言,更是企业展现自身实力、做大做强的有力保证。近年来,市场监督管理部门高度重视"守重"企业的培育和发展工作,采取积极措施,努力推动"守重"企业数量增加、质量提升。信用是促使市场在资源配置中起决定性作用的关键,信息公开是重要的现代监管手段。昆山市市场监管局联合其他部门将"老赖"企业和个人的信息进行常态性发布,限制

其在金融机构贷款或办理信用卡,在政府采购、招标投标、行政审批、政府扶持、市场准入、资质认定等领域予以限制,挤压失信被执行人的生存和活动空间,构建以信息公开、信用约束为措施的信用监管模式,让守信者享受到各领域的奖励和优惠,让失信者付出经济和声誉的代价。

同时,构建以随机抽查、重点检查为主要方式的日常检测模式,构建以大数据分析和问题导向为依托的风险管理模式,构建以信息互通、执法协作为核心的部门协同模式,努力形成"四位一体"的事中事后监管格局。

2. 构建以互动合作、多元参与为重点的社会共治模式

推进社会共治是有效解决市场经济秩序、城市环境秩序、社会管理秩序中那些交织混杂突出问题的有力抓手,也是缓解市场监管部门资源不足的必然选择。

通过社会组织引导自律。要依托个体私营经济协会不断壮大行业协会、区域协会、地方商会组织,通过制定行业标准、经营准则、承接措施等方式,充分拓展自我调节功能,促进其与政府监管职能的良性互动与互补。通过向会计事务所、大数据公司等专业机构购买服务,逐步将企业财务审计、网络违法行为监控、前瞻性风险预警、重要活动策划执行等服务职能交由专业机构承接。

3. 加快企业信用体系建设法治化步伐

企业信用体系建设作为依法治国的一项重要内容,其法治化的实现将成为今后我国社会经济发展中一项十分重要的任务。推进信用监管是一个庞大的系统工程,需要一系列法律、法规的配合。《企业信息公示暂行条例》的贯彻落实只有在相关法律法规的配合下,才能更好地发挥监管效能。企业信用体系建设实现法治化,目前还面临许多问题,最重要的是立法方面尚未形成完整体系。由于企业信用体系本身所具有的特殊性,制定专门的企业信用体系建设纲要无疑有助于更好地指导企业信用体系建设,具有更直接的针对性和可操作性。

信用法律法规的出台和完善,是社会信用体系建设的强力保障。目前应注意出台和完善四个方面的法律法规。一是与信用交易有关的法律法规,以保证信用交易的公正性和公平性;二是与信用信息公开和保护有关的法律法规,以促进信用信息的公开,保护个人隐私、商业机密和国家机密;三是与信用服务机构业务活动有关的法律法规,以保障和监督信用服务机构收集、加工和传播信息;四是与对失信行为惩罚有关的法律法规,目的在于加大对失信行为的惩罚力度,保证信用体系的正常运行。

4. 开拓创新,进一步提升"守重"企业含金量

"守重"公示活动开展了很久,这一无形资产却一直处于待开发状态,如果能把这类无形资产变为融资途径,无疑可以对企业的融资与发展起到重要的作用。市场监管部门一方面应加大对信用企业"奖优"的研究,寻求探索信用增信融资模式这样的做法,发挥、运用"守合同重信用"这一品牌的作用和价值,让企业因诚信得实惠,因诚信获发展,重塑"信用国家"。另一方面应建立健全企业信用惩戒机制。建立合理的惩戒尺度,对不同程度的失信行为施以相应惩处;建立相关信用信息收集、反馈机制,将不良信用记录按时间长短公布于众;建立举报、申诉机制,确保信用信息真实、可靠。

5. 提高市场监管部门人员素质能力

由于长期习惯于"审批式管理",现有监管队伍的观念和能力,在责任意识、知识结构、专业能力等方面存在不匹配的问题,监管能力相对不足。因此,需要通过业务学习、交流研讨、案例分析等各类有针对性的专业培训,提高现有基层监管队伍的责任意识、业务能力和执法水平,以尽快适应企业诚信建设、事中事后监管等要求。

(徐蓉蓉)

苏州市吴江区"守重"企业发展报告

一、苏州市吴江区"守重"企业发展概况

诚信是经济发展的重要基石,建立企业信用体系,规范市场经济秩序,有利于促进区域经济的健康、有序发展。吴江区是苏州市较早开展"重守"企业活动的县(市)之一,其"守重"企业争创活动自1982年开展"守重"企业活动始就得到了当时的吴江市委、市政府的高度重视。2004年,政府专门下发了《关于在全市开展争创守合同重信用企业活动的意见》(以下简称《意见》),使吴江的企业走出了一条"以信用换取信誉,以信誉提升效益"的可喜之路。经过30多年的努力,"守重"企业队伍不断扩大,截止到2016年6月,吴江区共有苏州市市级"守重"企业182家,省级"守重"企业52家,国家级"守重"企业16家(见表)。国家级"守重"企业数量在苏州市名列前茅。

苏州市吴江区国家级"守重"企业一览表

序号	企业名称	"守重"级别	所属行业
1	江苏新民纺织科技股份有限公司	国家级	纺织业
2	江苏华佳控股集团有限公司	国家级	房屋建筑业
3	盛虹集团有限公司	国家级	棉纺织及印染加工
4	亨通集团有限公司	国家级	通信设备制造
5	康力电梯股份有限公司	国家级	专用设备制造
6	吴江市震洲喷气织造厂	国家级	机织服装制造
7	通鼎互联信息股份有限公司	国家级	电线电缆光缆及电工器材制造
8	吴江市八都建筑有限公司	国家级	房屋建筑业

续表

序号	企业名称	"守重"级别	所属行业
9	科林环保设备股份有限公司	国家级	通用设备制造
10	通鼎集团有限公司	国家级	通信设备制造
11	江苏亨通线缆科技有限公司	国家级	电线电缆光缆及电工器材制造
12	格朗富(苏州)集团有限公司	国家级	机械设备、五金产品及电子产品批发
13	吴江市固友木门厂	国家级	木制品制造
14	苏州震纶棉纺有限公司	国家级	化纤织造加工
15	吴江市明港道桥工程有限公司	国家级	铁路、道路、隧道和桥梁工程建设
16	江苏永鼎股份有限公司	国家级	通信光缆电缆设备制造

二、吴江区推进"守重"企业发展的主要做法

通过积极开展"守重"企业争创活动,吴江区已形成覆盖全区的信用管理机制,增强了企业的信用意识,创造了良好的信用环境。

1. 加大宣传辅导力度,提高争创积极性

加强"守重"企业的发展,宣传辅导必须先行。吴江区市场监督管理局通过新闻媒体、日常监管等方式多渠道加强舆论宣传,宣传"守重"企业发展目的、意义、申报条件、申报程序,增强企业参与申报的意识。其次,市场监管部门本着"早落实、早申报"的原则,主动与符合条件的企业联系,为企业提供相关政策咨询和申报服务,指导企业建立健全信用管理台账,提供合同法规咨询和信用申报服务,增强企业信用管理水平,赢得了广大企业的一致好评。同时,依托基层分局加强对辖区内"守重"企业的培训指导,使企业对于信用建设有了进一步的认识和了解,增强了企业的诚信意识和履约能力。

2. 做好征信及信用评价工作,把好"守重"质量关

"守重"称号要能成为企业信用的一张名片,最终是要提高社会的认同度,关键是要提高评价活动的客观公正性,使企业信用等级与实际信用相吻合。吴江区市场监督管理局依托长年来企业信用工作实践经验,以及在全区部门中确立的建设"企业信用体系"牵头部门的有利条件,建立了由税务、海关、法院等多个部门参与的评价协作体系,扩展了信用信息的征集面、信用等级的评定单位,全面考虑申报企业的合同管理水平、合同履约状况和企业合同社会信誉度等方

面的技术指标;并通过政府发文形式对相关部门的职能作用予以了明确,为"守重"企业的评价构筑了一个良好的工作平台,提供了有力的技术支撑。在具体实施上,一是在企业自愿申报的基础上由基层分局受理申请,结合监管实际初步剔除具有不良信誉记录的企业;二是将基层分局提交的申报名单向银行、税务、法院等部门征询意见,按照"一票否决"的原则,进一步剔除具有各部门行政处罚、强制执行等不良记录的企业;三是由区企业信用管理协会会同第三方中介机构对基本守信的申报企业进行综合测评,通过评价软件得出相应信用分值;四是将信用分值70分以上的企业通过政府网站或《吴江日报》予以公示,征询社会各界的意见,最后提交区政府予以命名表彰;五是被命名的"守重"企业有效期二年,有效期届满,由市场监管部门牵头每年对其信用状况进行继续确认,如发现企业有严重失信行为,提请区政府撤销荣誉,并在三年内不再接受其申报。

3. 构建利益导向机制,提高"守重"含金量

多年来,在开展"守重"企业争创活动中,市场监管部门积极向区委、区政府汇报,并多次与全区有关职能部门沟通,制定了一系列利益导向机制,使得"信用就是金钱"的理念在政策层面得到充分的体现,大大提高了"守重"企业牌子的含金量。2004年的《意见》明确了"守重"企业可以获得政府招投标加分、税收减免、海关优先放行等一系列优惠政策。2014年,吴江区将"守重"指标纳入了区政府扶持项目,并以区政府名义制定了《吴江区实施战略商标和企业诚信建设工作意见》,规定对国家级"守重"企业奖励30万元,对省级"守重"企业奖励5万元。2016年,吴江区对2015年度获得省级以上"守重"企业称号的企业兑现奖励35万元。

三、吴江区"守重"企业发展存在的主要问题

从宏观环境看,社会信用体系建设尚不完备。国家信用立法滞后,失信惩戒机制不健全,信用服务市场不成熟。国内许多地区依然存在地方保护主义,政府在维护市场经济秩序方面有失公正。全国企业信用信息公示平台目前公示的信息仅限于企业自报的信息和工商部门掌握的信息,尚不能全面地反映企业信用情况。同时,信用体系建设相关专业人才稀缺。国内具备信用信息采集、加工、整理、分析,以及信用评价、信用调查、失信受理、失信联合惩戒等专业知识的人才十分稀缺,只是由行政干部来开展此项工作。

从企业自身信用建设上看,还存在明显软肋。从企业自报的年度报告可以看出,目前企业信息普遍存在披露信息不规范、不系统、随意性太强、可采纳性很低的情况。企业领导的重视程度和市场经营环境经常左右提报信息的真实性。

从吴江区总体发展情况看,"守重"企业比例偏低。截至 2016 年 6 月,苏州市吴江区市场主体突破 11 万户,其中各类企业达 4.7 万余户,而全区"守重"企业只有几百户,仍有较大的发展空间。

四、进一步推进吴江区"守重"企业发展的建议

1. 加大宣传力度,完善激励机制

开展"守重"企业公示活动,目的是引导和督促企业建立科学、合理的合同管理机制,规范企业合同行为;展示企业形象,扩大"守重"企业影响;建立社会公众监督平台,降低社会公众交易风险。因此,应加大对"守重"企业的宣传力度,充分利用新闻媒体、网络、杂志刊物等渠道,广泛宣传"守合同重信用"活动的意义,拓宽影响面,提高"守重"活动的社会影响力;努力完善"守重"企业激励机制和部门间函告征信机制,积极争取各级政府及相关部门和社会组织参与进来,吸引更多的市场主体参与"守重"企业公示活动。

2. 继续加大对"守重"企业活动的激励引导

加强与政府相关部门的沟通联系,进一步加大政策扶持力度,让"守重"企业在税收、贷款、招标等方面获得实实在在的优势。提供优质服务,开设绿色通道,优先推荐"守重"企业申请著名、驰名商标等荣誉称号,切实做好国家级"守重"企业的推荐公示工作。提高各级守重协会、联络站工作者的工作热情,要定期举办工作人员培训班,增强工作能力,提高工作素养,让他们成为当地宣传"守重"活动的倡导者和引领者,实实在在为企业服务。加强守信教育和专业化人才培养,注重培养信用信息采集、加工、整理、分析以及信用等级评价、信用调查、失信惩戒等方面的专业人才,实现社会信用体系建设的可持续发展。

3. 进一步完善"守重"企业网上公示系统,统一企业信用标准体系

在目前三级递进的工作机制中,各地虽有一定自主性,但由于各省、市对"守重"企业的理解和公示标准、方式并不统一,导致向社会公示"守重"企业的方式和效果也有差别,对企业在申报辖区之外应用"守重"品牌也造成一定影响。因此在下一步工作中,应注意统一全国范围内"守重"企业公示的标准和流程,促

进全国范围的信息共享和公示应用。这对于"守重"企业在品牌提升、社会认可、享受优惠政策等方面有深远意义,也是实现社会共治的客观需求。

4. 继续加强与"守重"企业的互联互通

积极与"守重"企业或会员企业进行面对面交流,定期召开"守重"企业的交流会和座谈会,邀请各个行业的企业,尤其是第三产业的"守重"企业参加,扩大企业参与的范围,让他们感受到作为"守重"企业的荣耀。要充分利用国家和省里出台的优惠政策措施,注重服务业企业的培育,以扶持更多的服务业企业的成长。进一步扩大和提高"守重"企业的量和质,使之成为社会信用体系建设的示范标杆。

(吴 瑜)

苏州市吴中区"守重"企业发展报告

党的十八届三中全会提出,让市场在资源配置中起决定性作用,而伴随着商事制度改革的持续深入推进,越来越多规模各异的企业在市场中涌现,成为推动市场发展、激发经济活力的巨大动能。对于这些活跃于市场上的企业而言,"出生"只是企业发展的第一步,"活下来""活得好"才是企业追求的主要目标。企业这一目标的实现受诸多因素影响和制约,这其中,企业诚信度如何是一个至关重要的方面。企业诚信的概念内涵丰富,而守合同重信用则是企业诚信的重要体现,也是一个企业立足和发展的重要手段。作为维护市场经济秩序的"守护者",苏州市吴中区市场监管局深入开展行政指导,引导企业加强合同管理、恪守合同信用,帮助企业提升市场竞争力,获得更多的社会效益和经济效益,同时,推动辖区经济社会的持续、健康、快速发展。

一、苏州市吴中区"守重"企业发展现状

近年来,吴中区通过建立"政府主导、部门协作、企业参与"的"守重"企业培育发展机制,"守重"企业培育工作不断取得新突破。截至 2016 年 6 月,吴中区共拥有各类市级以上"守重"企业 257 家,其中苏州市市级"守重"企业 217 家,省级"守重"企业 16 家,国家级"守重"企业 11 家(见表),总体数量在苏州全市处于中上游水平。

苏州市吴中区国家级"守重"企业一览表

序号	企业名称	"守重"级别	所属行业
1	苏州凯达路材股份有限公司	国家级	铁路、道路、隧道和桥梁工程建筑
2	苏州宏盛苏作园林有限公司	国家级	其他未列明建筑业
3	苏州营财物业管理工程服务有限公司	国家级	物业管理
4	苏州金诚科技有限公司	国家级	专业技术服务业
5	苏州天马精细化学品股份有限公司	国家级	基础化学原料制造
6	江苏吴中集团有限公司	国家级	投资与资产管理
7	苏州市华迪净化系统有限公司	国家级	采矿、冶金、建筑专用设备制造
8	苏州太湖美药业有限公司	国家级	非金属矿物制品业
9	苏州市腾发钢结构工程有限公司	国家级	金属结构制造
10	苏州顺龙建设集团有限公司	国家级	房屋建筑业
11	江苏神王集团有限公司	国家级	金属丝绳及其制品制造

二、苏州市吴中区"守重"企业培育发展的主要做法

1. 强化教育引导，当好"宣传员"

为让吴中区内更多企业积极参与到"守重"企业的申报中来，让更多的公众了解此项工作，吴中区市场监管局加大对"守重"申报的宣传力度。通过企业大走访、日常执法巡查等行动，深入企业宣传"守重"企业申报的目的和意义、申报条件、方法步骤等内容，广泛宣讲已申报企业的成功做法和经验，提高企业对"守重"这一称号重要性的认识，提高社会公众对这一工作的认可度。同时，每年通过政府网站公布当年成功申报"守重"称号的企业名单，营造"守重"企业发展的良好舆论氛围。

2. 严格认定标准，当好"裁判员"

在"守重"企业的认定工作中，严格标准，优先选择市场信誉高、群众口碑好、合同履约率高、在地区具有一定影响力的优质企业，同时，要求企业扎实做好合同基础工作，并须经过综合审查合格后方予以上报认定。在认定中，坚持"谁审核谁负责，谁推荐谁负责"的原则，各环节落实责任，实事求是，认真审验，从严掌控，宁缺毋滥，把好"守重"企业质量关；对合同基础工作薄弱、条件尚未具备

的企业,坚决不予准入,对存在问题的"守重"企业,予以指导纠正,下达整改通知,令其限期整改。

3. 强化服务企业,当好"服务员"

在"守重"企业申报过程中,组织人员深入企业进行上门指导工作,指导企业规范填写审验、申报材料,针对企业合同签订中的要素不全以及条款内容不规范、不公平、不合理等问题,现场指出,帮助企业完善内部管理制度。认真做好"守重"企业信息采录和材料归档工作,对所有"守重"企业提交的年报材料以及培育、推荐等相关资料及时进行分类整理,确保"守重"企业查有实据、评有依据,提高"守重"企业的诚信度。

4. 强化监督管理,当好"管理员"

在对企业进行日常巡查、专项检查的基础上,加强对"守重"企业的监管力度,对已经命名的"守重"企业进行严格复查,积极开展经常性的"守重"企业回访活动,掌握企业发展动态。同时,对命名的"守重"企业不搞终身制,对照"守重"标准,认真开展复查工作,对不符合条件、严重失信、社会反响不良的企业坚决给予摘牌。

三、苏州市吴中区"守重"企业发展存在的问题

1. 企业对"守重"企业评定的积极性不高

市场监管干部在对企业进行"守重"申报宣讲、走访的过程中发现,依然有为数不少的企业不能清楚地认识到"守重"这一称号能够给企业带来的积极影响。有部分企业认为,参加"守重"企业申报评定并不能给企业带来看得见的实惠;还有部分企业认为,"守重"企业每两年进行一次复审,如果初次申报成功,两年后因企业出现经营不善等情况未能通过复审,反而有可能给交易对象留下不良印象,影响企业业务的拓展;还有极少数的企业甚至认为,如果企业申报成功,可能会制约自己企业从事不诚信行为,给企业钻市场漏洞带来障碍,不愿意给自己套上无形的"枷锁"。

2. "守重"企业的行业分布过于集中

从吴中区现有"守重"企业的行业分布来看,区内"守重"企业主要分布在第二产业,而省级以上"守重"企业则无一例外地全都分布在第二产业。省级以上"守重"企业的行业分布很不均衡,造成这一现状的主要原因在于,建筑行业的

招投标有着较为严格的资格审查制度,一般都会要求应标者拥有"守重"企业称号,这就倒逼建筑行业企业积极申报"守重"企业,从而获得参与行业竞争的"入场券"。

3. "守重"企业的区域分布不均

目前,吴中区的"守重"企业主要分布在区内中西部地区,省级以上"守重"企业的这一特征表现得更为明显,区内的省级以上"守重"企业,主要分布在木渎、开发区、高新区三个板块,而甪直板块则无一家省级以上"守重"企业。这一特征的出现主要也与区内企业的行业分布呈正相关关系,区内的第二产业企业,如园林绿化企业、房地产企业,主要分布在区内中西部地区,从某种程度上说,这些地区在获取"守重"企业资源禀赋方面具有"先天优势"。

4. 征信渠道不畅通导致认定周期长

根据规定,企业在通过申报资格审查后,各级工商和市场监管部门应将名单以书面形式向同级经信委、公安、人力资源和社会保障、建设、环保、税务、海关、法院、人民银行等相关行政执法机关征求意见,同时广泛听取社会各界的意见。此举的初衷是为最大限度地保证评选结果客观公正及这一称号的"含金量",但由于涉及部门多,且各部门间的信息相对独立,导致整个流程耗时较长,在一定程度上也影响到了企业申报的积极性。

四、苏州市吴中区"守重"企业发展工作的建议

1. 进一步开展好相关宣传工作

巩固前期在宣传引导方面所取得的成果,不断拓宽宣传方式和途径,提升企业对"守重"企业发展工作的认同度和知晓度,重点对尚未获得"守重"称号的企业开展多层次培训,从帮助企业完善合同管理制度入手,引导企业开展合同管理规范化建设。

2. 做优做强现有"守重"企业

利用"双随机"抽查、各类专项检查、企业大走访等契机,对已获"守重"称号的企业进行实地检查指导,全面了解企业发展现状、发展壮大面临的主要问题以及迫切需要市场监管部门提供的服务。同时,对符合晋级条件的"守重"企业,积极组织申报更高级别、更高层次的荣誉,不断完善和畅通"守重"企业的上升通道,扩大企业在地区的影响力。通过已获"守重"称号企业实实在在的"获得

感",激励未申报企业参与到"守重"创建申报中来。

3. 加大对薄弱行业、地区企业的"守重"申报扶持力度

选择在这类行业、这类领域中规模大、效益好、信誉高、有潜力、有影响、有代表性的企业作为"守重"企业的培育对象,帮助企业完善合同组织机构,完善企业内部合同管理制度。根据不同级别"守重"企业认定的条件、标准,指导企业完善合同管理硬、软件资料。只有不断地强化发展目标制定、加强培育指导服务、激发企业争创意识,"守重"企业的队伍才能不断壮大,"守重"企业的覆盖面才能不断扩大。

4. 发挥信息共享机制作用,提升认定工作协同性

从 2015 年底开始,省、市、区三级的信用信息监管平台在各地陆续搭建完成。通过平台,职能部门基本可以快速查询掌握到"守重"认定所需的相关信用信息。在今后的"守重"企业认定和复审工作中,工商和市场监管部门应充分发挥平台信息归集、查询便捷、数据准确的优势,缩短认定时间,提高认定效能。工商和市场监管部门还应主动收集辖区企业申请"三名"商标、争创名牌的有关情况,广泛挖掘培育对象,尝试帮助企业进行"打包"争创,提升相关申报评定的协同性。

(曹 政)

苏州市相城区"守重"企业发展报告

一、苏州市相城区省级以上"守重"企业概况

苏州地处中国经济最活跃的长三角,区位优势明显,处于外向型经济的发展前沿。在苏州大市范围内,相城区建区时间较短,工业基础较弱,后发优势明显,尤其是近年来区委区政府全面深入落实商事制度改革措施,营造良好的工商业环境,使得辖区企业数量不断递增。同时,政府的引导与市场的选择,使企业对诚信的重视度与日俱增,越来越多的企业获评各级"守重"企业。截至 2016 年 6 月,相城区共有省级"守重"企业 26 家、国家级"守重"企业 4 家(见表)。

苏州市相城区国家级"守重"企业名单

序号	企业名称	"守重"级别	所属行业
1	江苏鑫宇装饰有限公司	国家级	建筑、安全用金属制品制造
2	江苏新安电器有限公司	国家级	计算机、通信和其他电子设备制造业
3	江苏江南高纤股份有限公司	国家级	纺织业
4	苏州相亭绿化建设工程有限公司	国家级	绿化管理

相城区市场监督管理局在"守重"企业认定活动中,坚持高标准、严要求,将"守重"提升到全区市场监管工作的"四大战略"之中推进落实,始终坚持在事前、事中与事后三个环节依法行政、主动指导,推动全区"守重"企业的发展与企业诚信的建立。其具体做法一是事前多宣传。利用专项整治、格式合同备案、合规证明出具以及日常监督管理的机会,向企业普及"守重"相关知识,鼓励企业

参与"守重"申报,强化企业的"守重"意识,从而形成基数较大的潜在"守重"单位群体,为长期良性发展打下基础。二是事中多指导。在对前来咨询"守重"事宜、表达申报意愿的企业建立台账的基础上,对"守重"企业正式申报过程中,主动开展行政指导,依据企业的不同实情,结合认定标准,一对一地开展申报辅导,确保了申报工作的规范、高效,充分发挥了市场监督管理部门的行政指导职能。三是事后多评价。一方面,积极开展申报后的后评价工作,对于认定的企业做好复核,对于未能认定的企业,帮助其分析原因找好改进措施;另一方面,通过投诉举报及执法办案反馈的数据来对已认定企业做好管理,确保"守重"企业能"有进有出",动态客观反映企业的实际诚信状况。

从省级以上"守重"企业分布来看,行业分布较为广泛,覆盖电器制造、建设监理、装修装饰、玩具制造、保健品生产等行业,囊括了相城区工商业的主要类别;从获评时间上来看,省级以上"守重"企业总量呈平稳上升态势,未出现大幅波动,与市场主体数量增长、区域经济增长指标呈一定的正关联性。

二、苏州市相城区"守重"企业特点

1. "守重"企业总数量不多

截至目前,相城区有国家级"守重"企业4家、省级"守重"企业26家(其中4家为2015年新增),省级以上"守重"企业总数为30家。相较于其他县、区,相城区"守重"企业在总量上略低,这与相城区建区时间短、工业基础差有一定关系。造成总数量不大的另一原因,是相城区外来经商人口占比较大,反映在市场主体上就呈现出个体工商户比例较高,此类市场主体主要分布在家具、百货零售等行业,存在高度同质化竞争,生存周期普遍不长,加之经营者在主观上"守重"申报意识不强,导致"守重"企业的数量相对较少。

2. "守重"企业含金量较高

相城区"守重"企业含金量高体现在两个方面:一是国家级"守重"企业在省级以上守重企业中的占比合理,达到13.33%,各级获认定的"守重"企业数量呈金字塔形,梯队结构合理,为长期持续的发展打下了良好的结构性基础;二是4家国家级"守重"企业中,化纤、电器、装饰、绿化施工4个行业各一家,26家省级"守重"企业也分布较广,并未出现"守重"企业扎堆现象,反映出辖区"守重"企业在行业分布上发展均衡。

3. "守重"企业动力较单一

从获评"守重"企业所处行业来看,均是市场化程度较高、行业竞争较为激烈的企业,在企业信用信息尚不完全透明的当前,通过"守重"企业评定,相当于政府给企业诚信"背书",能有效增加企业的产品进入市场、参加各类竞投标的竞争力。目前,相城区绝大部分企业参评的内在动力归属此类,尚未普遍形成崇尚诚信、自觉诚信的内在企业文化。

4."守重"企业区域分布均匀

相城区 30 家省级以上"守重"企业在地理分布上较为平均,在全区下辖开发区、街道、乡镇中并未呈现某一区域集中获评的情形,反映出全区在守重企业评比中发展均衡,区域无短板,这也为发动地方版块形成互比互学的氛围创造了可能性。

三、苏州市相城区"守重"企业存在的问题

一是普遍对"守重"的理解有误差。公众往往以为,"守重"企业、诚信经营企业等同于无投诉举报与无违法企业,对概念与认定标准不熟悉,甚至有时存在极大偏差,导致"守重"企业认定的权威性评价下降,久而久之,影响"守重"企业存在的意义与社会评价。

二是难以将"守重"荣誉内化为企业文化。大部分企业在申报"守重"企业时,存在对照条件"依葫芦画瓢"的现象,认为满足硬性条件即可,并未深度吃透"守重"的内在意义。有的企业申报成功了就把证书牌匾挂到墙上、放到柜内,却没有以此为外部契机,内化为企业的诚实信用文化,没有滋生企业诚信的良性土壤。

三是"守重"的互认性不高。主要体现在两个方面:一方面,从地域上看,省级以下"守重"企业在跨地域竞投标过程中,存在认可度不够的情形,这与各地在实际认定过程中的评价方式不同有一定关系;另一方面,企业信用信息的综合采集与利用尚未成熟,作为信用信息的"守重"信息在其他部门容易遭受"冷遇"。

四、促进苏州市相城区"守重"企业发展的建议

从目前"守重"企业的发展来看,"守重"企业一般在同行业企业中规模较

大,生存周期长,企业产值高,而从历年申报"守重"企业的情况来看,设立久、存续长、效益好的企业更加注重"守重"企业的申报工作。基于此类企业良性循环的规律,对于相城区"守重"企业发展,提出如下建议:

1. 充分发挥政府的主导作用

政府部门作为企业信用的"背书人",在"守重"企业的参评及后续管理中,必须充分发挥主导作用。一方面要加大"守重"的宣传力度,培养企业的"守重"意识,增强公众对"守重"的了解,形成良好的企业诚信、公众推崇诚信的氛围,同时,对于获认定的企业,要利用多种形式加大宣传表扬力度,增加企业的自豪感和知名度;另一方面要加强后续管理工作,落实"守重"的退出与撤销机制,确保有进有退,维护"守重"招牌的含金量。

2. 充分重视行业的自律作用

行业协会是民间自律组织的一种,在企业的发展中具有不可替代的作用。行业协会作为同行业的"知情人",具有独特的专业性优势,这种专业性的优势应在"守重"企业的后续发展中充分发挥,一方面指导企业继续努力,另一方面协会成员间的信息交流甚至是监督有助于发挥行业的自律作用。

3. 充分尊重市场的选择作用

"守重"企业作为构建企业信用体系的重要一环,欲为市场经济带来"正能量",就需要解决好"守重"的"适用"与"效益"问题,关键在于市场的自然选择。政府部门要搭建好综合信息平台,解决"守重"信息的不对称问题,统筹汇集投诉、举报、质量抽检、招投标、黑名单等数据,通过市场反应形成"大数据",起到指引作用。

4. 充分激发企业的自主作用

鼓励企业培育诚实守信的企业文化并建立诚信风险控制机制,让企业及企业经营者在主观上崇尚诚实守信,客观上有减少甚至是杜绝过失导致不诚信的措施。同时,获评的各级"守重"企业应结合企业的实际情况,在生产经营中找准企业诚信、产品名牌与商标价值的最佳结合点,以形成企业的核心竞争力。

5. 充分利用奖励的引导作用

目前,建筑、绿化施工行业的"守重"企业在招投标过程中的"加分"因素,已使这些行业尝到甜头,申报的积极性领先于其他行业。对于其他行业来说,在整个市场尚未达到让诚信产生价值的阶段,作为过渡,参照其他方面好的做法,我们认为由政府对"守重"企业提供一定的物质奖励或在税收等方面实行优惠政策,可以有效推动"守重"企业发展。在当前依法行政、严格执法的基础上,对"守重"单位分级辅以适当的物质奖励,可以体现主流的价值取向,有利于社会良好诚信氛围的形成。

(王　峰,张艳波)

苏州市高新区"守重"企业发展报告

一、苏州市高新区"守信"企业发展基本情况

苏州市高新区经过20多年的开发建设,如今已经成为苏州经济发展的"重要一极",发挥着苏州对外开放的"窗口"、高新技术产业化的"基地"与体制机制"创新先导区"的示范作用,已经成为苏州知名的科技创业、产业发展的集聚区。在经济快速发展的进程中,高新区高度重视企业诚信建设,在国家工商总局发布的2011—2012年度"守合同重信用"企业名单中,高新区的苏州固锝电子股份有限公司榜上有名,实现了区域内国家级"守重"企业"零的突破"。截至2016年6月底,苏州市高新区"守重"企业总数达295家,其中,国家级6家,省级14家,市级71家,区级204家。省级以上"守重"企业名单见表1。

表1 苏州市高新区省级以上"守重"企业名单

序 号	名 称	备 注
1	苏州柯利达装饰股份有限公司	
2	苏州天平建设监理有限公司	
3	苏州市新昌建筑市政工程有限公司	
4	苏州天狮建设监理有限公司	
5	苏州三联建设顾问有限公司	
6	苏州东大建设监理有限公司	
7	苏州吴林园林发展有限公司	国家级
8	苏州东菱振动试验仪器有限公司	
9	苏州市双虎高分子材料有限公司	国家级

续表

序　号	名　称	备　注
10	苏州固锝电子股份有限公司	国家级
11	苏州市天灵中药饮片有限公司	
12	苏州东方水处理有限责任公司	
13	苏州建鑫建设集团有限公司	
14	苏州塑料九厂有限公司	
15	苏州市新世纪彩印有限公司	
16	星景生态建设投资(苏州)有限公司	
17	苏州正亚建设发展有限公司	
18	苏州广林建设有限责任公司	国家级
19	苏州金螳螂怡和科技股份有限公司	国家级
20	苏州建筑工程监理有限公司	国家级

开展"守重"企业评定工作,大力推进企业信用建设,是市场监管部门的重要职能之一。苏州市高新区市场监管局有针对性地开展"守重"活动和企业信用监管工作,运用企业信用监管信息,提高"守重"企业的社会知名度和含金量。对有意向的诚信经营企业,积极做好信用管理学习培训和宣传发动工作,严格各项标准,引导其走诚信经营之路,构建了区域内国家、省、市、区四级"守重"企业良好发展格局。

总体上看,苏州市高新区"守重"企业发展可以分为三个阶段:第一阶段为2012年以前,属于打好基础阶段。江苏省信用协会制定了信用体系和评定标准,苏州市高新区市场监管局以推广信用体系为契机,帮助企业建立信用管理制度,指导企业建立合同风险评价体系,促进全区企业信用管理上了一个新台阶。市、区级"守重"企业快速增长,省级"守重"企业从2002年度的2家发展到2012年的13家,为冲刺国家级"守重"企业奠定了扎实基础。第二阶段为2013—2015年,属于有所突破阶段。以苏州固锝电子股份有限公司成功创建国家级"守重"企业为标志,全区企业诚信建设实现了新突破,迈上了"国家级"新台阶。为切实发挥"守重"企业评定工作在规范市场秩序、强化企业诚信意识等方面的积极作用,2013年高新区在苏州市范围内首先打破"守重"企业终身制,创新构建"守重"企业"信用指标",依规取消了辖区内52家存在失信、违规违法行为企业的"守重"资格,实现了"守重"企业"进出有序"的动态管理。第三阶段为

2016年以后,属于新的发展阶段。该阶段"守重"企业的发展体现在两个方面,一是国家级"守重"企业加快发展,高新区内"双虎""固锝""广林""金螳螂""吴林园林"和"苏州建筑工程监理"6家企业加上了"国"字头。二是全社会对企业信用建设空前重视,利用互联网技术突破了政府部门的信息孤岛瓶颈,"高新区市场监管信息平台"上线运行,为企业信用建设与监管搭建了良好平台。

概括而言,苏州高新区省级以上"守重"企业发展特点如下:

1. 总量上,保持稳中有进

在第一阶段,经过多年的快速发展,2008年以后,高新区省级以上"守重"企业数量保持稳定态势,2009—2012年都维持在13户。第二阶段,区内省级以上"守重"企业总量增长加快,总数达到19家,比第一阶段增长46.15%。到了第三阶段,虽然总量为20户,但是级别有了提升,共有6户国家级"守重"企业,国家级的比重占30%。总体看,呈现稳中有进、稳中向好的良好态势。见表2。

表2 苏州高新区省级以上"守重"企业历年情况表

年　份	省　级	国家级	总　数
2008	12	0	12
2009	13	0	13
2010	13	0	13
2011	13	0	13
2012	13	0	13
2013	18	1	19
2014	17	2	19
2015	17	2	19
2016.6	14	6	20

2. 地域分布上,"东多西少"

2002年9月,苏州市对新区、虎丘区、相城区、吴中区等进行区划调整后,高新区区域面积有了大幅扩容,目前全区下辖浒墅关、通安、东渚3个镇和狮山、枫桥、横塘、镇湖4个街道,大体可分为东部、北部和西部三个区域。东部毗邻苏州古城区,开发早,经济总量大,将发展为商务商贸中心和现代化城区。截至2015年,省级以上"守重"企业也与经济发展相匹配,合计达13家,占68.42%。北部为前期高新区"北扩西进"发展的重点区域,将规划为先进制造业和现代物流基地,经济发展势头强劲。同时,随着城区"退二进三"战略的实施,一些有实力的公司也纷纷迁入,致使省级"守重"企业有了较快发展,总数有4家,占21.05%。西部濒临太湖,苏州科技城坐落于此,随着高新区管委会的西迁,将打造为创新发展之核、科技中心和生态之城,以"东菱震动"为代表的军民融合的高科技公司也加入到国家级"守重"企业行列,现有的2家省级以上"守重"企业占10.53%。与高新区20多年的滚动开发进程和区域经济发展总量东强西弱的态势相吻合,"守重"企业的分布也一定程度上反映了"东多西少"的特点。

3. 行业上,建筑业占鳌头

为便于分析,将截至2016年6月的20家省级以上"守重"企业划分为建筑业、制造业和服务业三个大类,其中建筑业有12家,占60%,具体为建设监理5家,房屋建筑3家,建筑装饰2家,建筑安装、市政工程建筑各1家;制造业有5家,占25%,具体分布比较分散,电子器件、合成纤维、塑料制品、医药、专业仪器仪表制造各有1家;服务业有3家,占15%,具体为投资与资产管理1家,印刷业1家,其他水利管理业1家。

二、苏州市高新区"守重"企业发展存在问题

1. 总量偏少,排名位于苏州全市中下游

根据苏州工商局2015年12月统计的省级以上"守重"企业公示的名单,苏州各县市区的省级以上"守重"企业数量达319家,苏州高新区仅有19家,占5.96%,与苏州高新区占全市近10%的经济总量相比,份额上不太相称。总数排名位列9个县市区(不含工业园区)第8位,处于全市中下游位置。

2. 规模较小,注册资本亿元以下居多

企业注册资本是衡量公司发展实力和规模的重要指标之一。截至2016年6月,高新区的"守重"企业中仅有3家公司的注册资本过亿元,分别为"固锝电子"7.28亿元,"建鑫集团"3.19亿元,"柯利达装饰"1.24亿元,其中2家是上市公司。其余超过8成的企业规模都不大,其中还有5家公司的注册资本在600万元以下。作为省级以上的"守重"企业,企业做大做强的步伐有待加快。在2016年6月的统计中,高新区没有一家"守重"企业进入"工业企业销售收入""工业企业利润总额""工业企业出口创汇额""国、地税局入库"苏州市前5名榜单。

3. 行业传统，高新技术企业数量少

随着苏州高新区开发进程的加快，作为传统国民经济重要支柱产业的建筑业呈现出蓬勃的发展势头。为积极应对建筑业诚信缺失现象比较普遍的问题，前期苏州高新区将建设、监理、装潢、装饰等行业的企业信用建设作为工作重点，培育了一批"守重"企业，致使近6成的省级以上"守重"企业花落建筑业及相关行业。而作为区域经济发展代表的科技型、创新型企业获评的数量却不多，特别是新一代信息技术、轨道交通、新能源、医疗器械、地理信息文化等5个新兴产业和电子信息、装备制造等2个主导产业以及区域内7大服务业集聚区中的企业，获评"守重"企业的比重都很低。

4. "守重"荣誉影响减弱，信用监管机制未健全

随着改革的逐步深化，政府部门简政放权的力度不断加大，获得"守重"荣誉的企业的激励作用也在弱化。比如，原规定中"守重"企业可以享受除举报及法定检查外免于各级政府部门日常巡查等便捷服务，商事制度改革后，普通企业也一样不用接受日常巡查了，而是推行了"双随机"抽查；年检制度改成年报制度后相对应的服务优惠也消失了。"守重"企业在税收中享受的优先提供税收咨询、优先办理纳税申报、优先办理减免退税、减少日常检查等红利，激励效应也在逐步趋弱。另外，认定工作中规定的企业申报、受理初审、信用评价、考核验收、认定命名、公告发证等程序也比较繁杂，信用联合激励和惩戒机制还没有完善，这些都影响了区域内"守重"企业的进一步发展。

三、苏州市高新区"守重"企业发展的对策建议

1. 制定措施，加快信用企业增量提质

随着社会的不断进步发展，人们对现代市场经济的实质是以契约为基础的信用经济的认识将更加清晰，对企业信用建设也会更加重视。面对高新区省级以上"守重"企业数量偏少、规模较小、结构不尽合理的情况与问题，政府及有关部门有必要引起充分的重视，进一步加强区域内信用企业发展的谋篇布局，明确发展目标与重点，调整和完善激励政策，针对区域内外向型经济发达、高新技术企业实力雄厚、创业创新载体众多的优势，强化行政指导和服务工作，培育和发展好一批"守重"企业，促进现有的"守重"企业提档升级，从而实现区域内省级以上"守重"企业的跨越发展。

2. 健全管理，激发信用企业内在动力

信用经济的主体是企业，提升信用企业发展水平的关键也在企业。由于目前"守重"企业认定遵循的是企业自愿参加的原则，因此要进一步激发企业加强信用建设的内在动力和强大实力。要通过多种有效途径，让企业深刻认识到，开展诚信建设与完善客户资信管理、客户授信、应收账款监控等制度，是企业有效预防和应对信用风险，保持企业健康、稳定发展的一条必由之路。建立现代企业信用管理制度应当成为企业长期发展的核心和基础，同时也是企业转型升级、增强国际竞争力的保障，可以从根本上提高企业健全管理、参与"守重"企业创建的积极性。

3. 加强宣传，优化信用企业发展环境

2015年年初，工商总局公布网购商品质量抽查结果后，引起阿里巴巴股票大跌，在全社会造成了很大反响和震动，对利用媒体打击失信行为、加强诚信建设产生了积极作用。要大力开展形式多样的宣传活动，利用现代媒体和网络平台扩大企业信用建设和守信企业、人物的传播力与影响力，提高守信企业的社会公信力，弘扬信用正能量。同时，也要发挥失信典型案例的重要警戒作用，通过对企业失信后将不能坐高铁、影响出国签证等情况的宣传报道，对失信企业产生具体直接的约束力，从而让"一处失信、处处受限"的警示效用不断体现，营造企业诚信建设良好的社会氛围。

4. 社会共治，完善企业信用监管机制

当前深入推进的商事制度改革制度设计中，将社会共治作为一项基本原则，并将企业信息公示制度放在突出位置，建设了"全国一张网"，形成了以信息公示为基础、以信用监管为核心的新型监管模式。高新区信用企业发展与管理，也要主动对接"市场监管信息平台"开通后的要求，加强部门联动，架起与企业及社会联系的桥梁，形成政府主导、部门参与、社会监督的信用监管机制，进一步增强"守重"企业发展与监管的透明度和影响力，持续降低企业遵法守信的成本，提高违法失信惩戒的力度，努力创造有利于创业创新、诚信守法的市场环境，为苏州高新区迈向全国高新区"第一方阵"做出新的努力。

（陆建华）

苏州市姑苏区"守重"企业发展报告

一、苏州市姑苏区"守重"企业概况及主要特点

截至2016年6月,苏州市姑苏区共有国家级"守重"企业11家,省级51家,市级157家。这些"守重"企业信誉度高,经济效益好,对经济社会发展起到了较好的示范带动作用。其主要特点有:

1. "守重"企业成立时间早,纳税贡献大

根据认定条件,申报市级"守重"企业必须满足2个注册会计年度,申报省级及国家级的必须满足7个注册会计年度,而且效益要好,无违规违法行为,这些企业均为成熟的纳税企业。根据资料显示,2000年及以前成立的市级"守重"企业有71家(最早的成立于1980年),2000年以后成立的市级"守重"企业有86家(最迟成立的为2012年)。2000年及以前成立的省级"守重"企业有37家(最早成立的为1980年),2000年以后成立的省级"守重"企业有14家(最迟成立的为2007年)。国家级"守重"企业成立时间全部在2000年以前。从已年报的资料显示,2015年度,姑苏区6家国家级"守重"企业共纳税4.3亿元;49家省级"守重"企业共纳税8.24亿;150家市级"守重"企业共纳税11.5亿元。这些企业不仅成立时间早,而且纳税能力强、贡献大。

2. "守重"企业规模大,营利能力强

根据已报年报企业数据统计,姑苏区"守重"企业规模普遍较大。从注册资本看,11家国家级"守重"企业共10.64亿元,51家省级"守重"企业共28.6亿元,157家(其中3家分支构)市级"守重"企业共48.9亿元。从企业规模看,年产值500万元以下的企业有57家(含3家分支构),500万元及以上的有28家,

1 000万元及以上的企业有72家。从盈利能力看,根据已参加年报企业资料显示,2015年度10家已年报的国家级"守重"企业全部盈利,净利润总额2.25亿元;49家省级"守重"企业仅2家略有亏损,其余全部盈利,净利润总额5.0亿元;150家市级"守重"企业仅16家略有亏损,其余均盈利,净利润总额8.7亿元。与2015年企业年报数据对比,处于盈利的企业占内资公司类企业总数的39%,"守重"企业盈利能力远远高于其他企业。

3. "守重"企业行业覆盖广,比重不高

市级"守重"企业有157家,仅占企业总数的3.1%,其中建筑行业、批发零售行业、租赁和商务服务业的"守重"企业数量较多,但总占比偏少,即这几个行业中被命名为市级"守重"企业的企业数量相对偏少。见表1。

表1 苏州市姑苏区市级"守重"企业与行业数占比情况

行业	数量	行业数	占比
电力、热力、燃气及水生产和供应业	1	35	2.86%
房地产业	7	1 432	0.49%
公共管理、社会保障和社会组织	1	5	20.00%
建筑业	46	4 087	1.13%
交通运输、仓储和邮政业	3	2 049	0.15%
教育	1	153	0.65%
金融业	3	519	0.58%
居民服务、修理和其他服务业	9	1 355	0.66%
科学研究和技术服务业	9	2 309	0.39%
批发和零售业	23	23 531	0.10%
水利、环境和公共设施管理业	8	162	4.94%
文化、体育和娱乐业	1	581	0.17%
信息传输、软件和信息技术服务业	3	2505	0.12%
制造业	10	2 397	0.42%
租赁和商务服务业	32	8 907	0.37%

4. "守重"企业认定数量多,现存数量少

全国"守重"企业评选活动起步于1986年,姑苏区曾有600余家企业被评为区级以上"守重"企业,受到城区"退二进三"或企业改制政策影响,大部分企业已注销或外迁。2002年3月11日以来,苏州市两年一次以政府命名先后8批次表彰市级"守重"企业,姑苏区有374家企业被评为市级"守重"企业。2014年,

苏州市工商局向市政府申请撤销部分复评不达标的"守重"企业,姑苏区先后有112家企业被摘牌。另外,受企业注销、外迁等因素影响,姑苏区市级"守重"企业数量逐渐减少。2015年,苏州市对全部市级"守重"企业开展评复,姑苏区又有10家企业因受行政处罚而被撤销市级"守重"企业荣誉,2家企业因主动放弃被摘牌。2016年,姑苏区有15家"守重"企业迁出,目前仅存157家,姑苏区市级"守重"企业虽然认定量多,但保留得少。姑苏区市级"守重"企业发展情况统计见表2。

表2 苏州市姑苏区市级"守重"企业发展情况统计表

批次	姑苏区	苏州市	比例
第一批	16	100	16%
第二批	37	365	10.1%
第三批	89	809	11%
第四批	66	753	8.8%
第五批	35	465	7.5%
第六批	30	228	13.2%
第七批	54	258	20.9%
第八批	47	205	22.9%
合计	374	3 183	11.7%

二、苏州市姑苏区"守重"企业活动开展情况

全国"守重"企业活动起步于1986年。2002年前,"守重"企业培育主要由工商部门实施,2002年后,"守重"企业得到了苏州市政府的全面支持。城区受行政区域及行政体制影响,"守重"企业活动较特殊,曾有600余家企业被评为区级以上"守重"企业,有本地培育的,也有外地迁入的,目前基本已注销、撤销称号或外迁。2002年开始,苏州市政府以政府名义先后命名表彰8批"守重"企业,至今姑苏区有市级"守重"企业157家。按时间跨度大致情况为:

一是2002年及以前。姑苏区约108家企业曾被评为"守重"企业,由于复评及政策变化,大部分企业已注销或外迁,也有少数受到行政处罚或自主放弃"守重"企业身份,目前仅苏州市城市建设开发有限公司保留"守重"企业荣誉。

二是2003年至2013年。城区"守重"企业活动由苏州市工商行政管理局、原工商沧浪分局、原金阊分局、平江分局共同实施。在"守重"企业活动实施中,业务由苏州市工商局指导,城区三个工商分局共同承担,主要由年产值500万元及以上企业申报,由苏州市工商局登记。2005年,原平江区政府曾以政府名义命名表彰100家区级"守重"企业,后因年产值500万元以上企业登记权限问题,区级"守重"企业命名表彰活动无法继续推行。

三是2013年至今。期间经历两个变化,一是原城区三个工商分局合并,二是工商登记注册权限下放。在工商登记注册权限下放前,"守重"企业培育工作仍由苏州市工商行政管理局与城区工商部门共同实施。注册权限下放后,重审企业培育工作基本由城区工商分局承担实施。2014年,苏州市工商局提请市政府撤销了112家市级"守重"企业。另外,受部分企业注销、外迁因素影响,造成现有市级"守重"企业数量大幅下降。2015年,苏州市对全部市级"守重"企业进行评复,姑苏区有10家企业因受行政处罚而被撤销市级"守重"企业荣誉,2家企业主动放弃该荣誉,有1家省级及14家市级"守重"企业迁出。

三、苏州市姑苏区"守重"企业培育及管理中存在的问题

实践证明,"守重"企业活动顺应了信用时代发展需求,为促进经济社会发展做出了积极贡献,但姑苏区"守重"企业活动还存在一些不足。

1. 缺失区级层面"守重"企业培育机制

"守重"企业分四个层面,区级、市级、省级和国家级,按照申报要求,必须逐级申报。长期以来,城区"守重"企业活动受城区工商登记权限影响,一直没有形成区域"守重"企业认定机制,也没有形成相关的配套扶持政策。从周边板块看,由于其他县区政府重视"守重"企业培育及发展,与姑苏区形成了鲜明的对照。从申报条件看,"守重"企业必须符合一定的年限、规模、效益及信用要求,不仅要成立时间早、市场信誉度好,而且要规模大、纳税高。由于城区"守重"企业培育发展机制不健全,部门之间信息不畅,在缺乏政府和社会关心与认同的情况下,不少"守重"企业外迁,或者因不重视信用管理而被撤销。据统计,2014年姑苏区被撤销的"守重"企业有112家,2015年有12家,自2015年市级"守重"企业复评后又有15家企业外迁,造成姑苏区"守重"企业生存率低且外迁突出。

2. "守重"企业总量及比重偏低

从现有国家、省、市三级"守重"企业总量看,姑苏区共有219家,而苏州市共有2 984家,姑苏区在苏州市9个板块中仅占7.3%。苏州市政府关于"守重"企业的发展规划要求"守重"企业数量发展至企业总数的6%,而姑苏区仅占

0.4%,离6%的目标要求差距较大。从行业分布上看,也存在不少问题,以建筑行业为例,目前建筑行业类企业有4 087家,市级"守重"企业占比仅有1.13%。批发零售行业及商贸服务业的企业在姑苏区企业总量中的比重较高,而这两个行中市级"守重"企业占比更低,这一问题亟须高度重视。

3. 企业对"守重"企业活动认识不足

据调查,企业对"守重"企业认知比较单一,不少企业认为"守重"企业这一荣誉仅仅可用于政府招标采购,争创"守重"企业仅仅是为了面子,只要拿到牌子就行。尽管苏州市政府曾出台政策支持"守重"企业,但从实际情况看,社会对"守重"企业的认同度还不高。据了解,部分企业仍然只是将"守重"企业当作企业的荣誉,但实际管理不足,不重视合同信用管理及年报工作。2015年,在市级"守重"企业复评中,姑苏区有10家企业因受到行政处罚而被迫摘牌,另有2家放弃复评,从而自动退出。

四、推进姑苏区"守重"企业创建活动的建议

"守重"企业创建活动的目的是推动建立企业合同管理的自我约束机制,提高合同履约率,培育诚信守约的商业道德。这一活动的开展不但有利于推动企业完善信用管理机制,防范合同风险和纠纷,提高经济效益,而且有利于营造稳定和谐的市场交易环境和社会秩序,是一项惠及企业、利在社会的实事、好事。因此,提出以下建议:

1. 建立区级"守重"企业活动机制

一是成立区级"守重"企业认定工作领导小组,将区党政办、区文明办、经科局、发改局、市场监督管理局、法院、国税、金融、地税等部门及各街道作为区级"守重"企业认定领导小组重要成员单位,定期对申报"守重"称号的企业进行信用审定及复评。各街道牵头扶持"守重"企业申报及发展工作,形成各部门齐抓共管的良好局面。二是出台《姑苏区"守重"企业发展规划》及《姑苏区"守重"企业的工作意见》,明确"守重"企业发展目标、各阶段工作内容和具体任务。三是建立工作责任制,将"守重"企业目标任务纳入全区目标责任考核体系,作为对相关部门及各街道的重要考核内容。四是建立全区"守重"企业信息平台。建立"守重"企业信息库,推动信息共享,一方面加强"守重"企业监管及服务,另一方面加强"守重"企业沟通协调,防止外迁。五是将"守重"企业与文明单位申

报、政府财税奖励挂钩,力促"守重"企业扎跟姑苏区。

2. 出台姑苏区"守重"企业活动激励性政策

一是建议由区政府召集国土、金融、税务、质监、行政中心等部门会商,对"守重"企业在土地征用、信贷额度、担保抵押、税收、行政许可相关手续审批、招投标、规划建设等方面实施加分,给予实实在在的优惠政策鼓励。二是把好招投标及政府采购入门关,凡进入招投标的企业必须是"守重"企业。三是针对国家级、省级和市级的"守重"企业,参照不同行业特点给予一定的物质奖励,让"守重"企业从中得到更多实惠。

3. 加大增量提质的工作

要增加"守重"企业在各类市场主体中的比重,尤其要加大对生产性和生活性服务业中"守重"企业的扶持力度。针对生产性和生活性服务业中"守重"企业所占比重偏低、发展偏弱的现象,要充分利用国家和省里出台的优惠政策措施,注重服务业企业的培育,以扶持和发展更多的服务业企业。进一步扩大和提高"守重"企业的质和量,使之成为姑苏区社会信用体系建设示范标杆。

4. 大力营造"守重"的社会氛围

要广泛开展依法经营和诚信宣传活动。一是大力普及信用建设基础知识,帮助企业建立信用管理制度,加强信用管理,防范信用风险,组织企业认真学习《民法通则》《合同法》等法规,努力提高企业诚信履约、守法经营的自觉性。二是要大力宣传"守重"企业典型。通过电台、电视台、报纸等新闻媒体积极宣传"守重"企业活动的重要意义,对典型企业进行广泛宣传,树立诚信经营榜样,打造诚信经营品牌,营造"守信为荣、失信为耻、无信为忧"的良好舆论氛围。三是会同行业主管部门或行业协会建立重大合同备案制度、履约备案制度,对企业所签订的重大经济合同做到事前备案审查,引导企业规避风险,监督企业诚信守约,切实提高合同履约率。四是要建立健全合同管理指导和纠纷调解机制,积极为企业解决合同签约、履约难题,化解合同纠纷,维护合同合法权益,提高企业合同信用水平。五是开辟"守重"企业"绿色通道"。对于获得"守重"称号的企业,要从政策上给予倾斜支持,在信息上给予重点帮扶,提供更多方便,让企业得到实惠。同时,对合同欺诈等违法失信行为加强监管、查处和曝光,促进激励守信、惩戒失信的市场导向和社会氛围形成。

(刘书军)

苏州工业园区"守重"企业发展报告

一、苏州工业园区"守重"企业发展概况

在商事制度改革的背景下,以信用监管为抓手,加快社会诚信体系建设具有重要意义。在惩戒失信的同时,褒扬诚信,培育更多"守重"企业,通过对企业的正向激励,营造诚实、自律、守信、互信的社会信用环境,也是社会信用体系建设的重要部分。

苏州工业园区市场监督管理局坚持把"守重"企业的认定作为加强企业信用建设的抓手,多年来不断深化宣传与培育,积极推行延伸服务,努力打造"守重"信用品牌,促进企业的健康持续发展,营造诚实守信的市场经营氛围。一是广泛宣传,鼓励参与。在组织开展"守重"活动前,利用走访、公告和联络员平台发送互动信息等形式宣传开展"守重"活动的意义、参加活动的条件、申请企业须提交的资料等,对有条件申报的重点企业进行上门服务,就合同订立、履行等问题进行专题指导。二是好中选优,确保质量。在"守重"企业认定工作中,严格把住"守重"准入关口,优先选择市场信誉度高、群众口碑好、具有一定影响力的优质企业。要求企业做到合同基础工作扎实,并须经过综合审查合格后方予以上报认定。对合同基础工作薄弱、条件尚未具备的企业,坚决不予准入,确保"守重"企业的质量。三是注重辅导,监管并重。组织园区"守重"企业定期开展诚信经营主题培训,开展《合同法》等法律法规专题培训,引导企业做好自评和自我整改,强化企业社会责任。建立并完善了信息联动机制,通过联络员平台对"守重"企业进行重点标注,及时传递法律法规及动态信息,监督"守重"企业的经营情况和商业信誉,变事后监督为事前防范,使企业保持良好的经营状态,确保良好的市场经营秩序。四是有进有退,持续发展。"守重"企业称号非终身荣誉,出了问题随时可能被"摘帽"。园区每年新培育发展一批"守重"企业的同时,加强对往年"守重"企业的复核,出现住所失联、制假售假、合同欺诈、偷税漏税等违法失信行为的企业,将无法通过"守重"审核关。完善进退机制,可保障"守重"企业的健康可持续发展。

截至2016年6月,苏州工业园区"守重"企业培育发展工作稳步推进,2015年共认定苏州工业园区2014年度"守重"企业303家,省级"守重"企业39家,国家级"守重"企业7家(见表)。

苏州工业园区国家级"守重"企业表

序号	企业名称	"守重"级别	所属行业
1	苏州市华丽美登装饰装潢有限公司	国家级	建筑装饰业
2	江南嘉捷电梯股份有限公司	国家级	专用设备制造业
3	苏州江南嘉捷机电技术研究院有限公司	国家级	研究与试验发展
4	苏州天华超净科技股份有限公司	国家级	纺织服装服饰业
5	苏州华成集团有限公司	国家级	机械设备、五金及电子产品批发
6	迪诺曼(苏州)科技服务有限公司	国家级	机动车、电子产品修理业
7	江苏苏净集团有限公司	国家级	其他专用设备制造

二、苏州工业园区"守重"企业现状与存在的问题

(一)苏州工业园区"守重"企业发展现状与特点分析

1. "守重"企业数量与迅猛发展的企业总数不相适应

商事登记制度改革以来,"大众创业、万众创新"活力被极大激发,新登记企业数量呈井喷态势,截至2016年6月,园区共有各类企业54 786家,目前认定的"守重"企业为303家,占比仅为0.5%,"守重"企业的发展跟不上企业总量的迅猛增势。

2. "守重"企业在产业结构分布上发展不均衡

近年来,苏州工业园区转型升级步伐加快,现代服务业快速发展。就园区企业的行业分布来看,服务业企业数占比83%,工业企业数占比17%。就园区"守重"企业的行业分布看,服务业"守重"企业数占所有"守重"企业数的56%;工业"守重"企业数占比44%,其中制造业"守重"企业数占比29%,建筑业"守重"企业数占比15%。服务业企业基数大,虽然服务业"守重"企业占"守重"企业总量

过半,但相对来说,"守重"企业的发展数与园区服务业的比重和园区的创新发展地位不相适应。

3. "守重"企业在企业类型分布上基本平衡

截至 2016 年 6 月,园区共有各类企业 54 786 家,其中民营企业占比 87.7%,国有(集体)企业占比 4.4%,外资企业占比 7.8%。从园区"守重"企业的类型分布看,"守重"企业这一荣誉广泛受各类企业的青睐,其中民营企业数量占比 75.7%,国有(集体)企业数量占比 10.7%,外资企业数量占比 13.6%,分布基本平衡。

(二) 苏州工业园区"守重"企业存在的问题及原因分析

1. 粗放式、手工式的评价与认定方式掣肘了"守重"企业的发展

目前,园区对"守重"企业的认定主要依靠市场监管局的工作人员对辖区内的企业进行培育、辅导,对申报的企业通过书面审核相关材料,结合日常监管信息,按照一定标准进行判定。而市场监管局的监管职能涉及市场经济的方方面面,基层在"守重"企业的发展上心有余而力不足。

2. "守重"企业获得的政策倾斜与实惠尚不广泛

"守重"企业的产业结构分布情况反映出"守重"企业这一荣誉尤其受建筑业企业的青睐,主要原因是在建筑行业招投标过程中"守重"企业能获得一定的加分。"守重"企业的发展在各行业的百花齐放还需社会各界、各行各业给予更广泛的政策倾斜与实惠。

3. 小微企业参与"守重"活动的意识有待加强

规模企业、股份公司、驰著名商标企业等在"守重"企业中的占比较高,小微企业参与"守重"活动的动力和意识明显不足。小微企业数量占据市场主体总量的比重大,小微企业诚信经营的环境直接影响着整个市场经济健康发展的大氛围,小微企业诚信经营的自律意识仍有待加强,需要重点关注。

三、促进苏州工业园区"守重"企业发展的建议

1. 发挥中介机构的作用,推进"守重"企业的认定市场化

"守重"企业的认定应形成由企业自愿参加,中介机构提供咨询辅导与评估,行业协会组织评价、公布,政府部门(工商部门和市场监管部门)规范、指导、监督,这样一个完整的评价体系。由政府部门包办的"守重"企业认定活动必须改革,应当引入第三方中介机构,使"守重"企业的认定市场化,一方面解决基层

监管力量与监管压力失衡的问题,另一方面重视发挥社会中介组织的作用,共同构建企业自治、行业自律、社会监督、政府监管的社会共治新机制,这也是商事登记制度改革的重要内容。另外,在充分发挥中介机构作用的同时,政府部门要做好对中介机构的监管与指导,在"守重"企业的评价上,与中介机构共同研究建立一套科学的评价体系,使得"守重"企业的认定更规范、更高效、更权威。

2. 发挥行政指导的作用,推进"守重"企业的发展规范化

《企业信息公示暂行条例》的出台和企业信用信息公示系统的上线,赋予政府部门市场监管工作新的职责。国家工商总局于2014年12月下发了《工商总局关于"守合同重信用"企业公示工作的若干意见》(以下简称《意见》)。《意见》进一步确立了"守重"企业公示活动是对企业合同信用信息等进行记录并向社会公示的行政指导活动,对总局开展"守重"企业公示的流程以及各地工商、市场监管部门的职责分工作了进一步明确,并对"守重"企业的动态监管、制度和机制完善等方面作出了要求。由此,政府部门一方面要加强行政指导与培育不放松,依托企业联络员平台建立与"守重"企业的紧密联系并进行分类指导,加强资讯速递、法规宣传等互动交流,继续开展专题培训,引导企业建立完善合同管理制度,提升企业的信用意识和风险防范意识,提升企业的综合竞争力。另一方面要加强信用监管,通过定向抽查、专项检查等方式做好事中事后监管,规范企业的合同行为,惩戒失信,强化企业自律,逐步形成以企业诚信促进市场诚信、以市场诚信促进社会诚信的良好态势。

3. 发挥信用平台的作用,推进"守重"企业的信息公开化

《企业信息公示暂行条例》正式施行和全国企业信用信息公示系统上线以来,政府将市场主体的各类信息提供给市场,由市场对企业的信誉和经营状况进行评价,选择是否与企业做生意,是否购买企业的商品或服务,这是改革释放的重大红利。推进"守重"企业的信息公开化和综合利用,也要积极发挥信息平台的作用,将企业的良好信息进行公示,鼓励更多的企业参与到"守重"活动中,越来越重视企业良好信誉的塑造。同时,打破政府部门间的数据壁垒,通过加强纵向条线部门和横向平行部门的信息交换,实现信用良好企业的信息共享与政策互惠,加大对"守重"企业的政策鼓励,进一步提高"守重"企业的社会影响力,使之成为社会信用体系建设的示范标杆,真正让诚实守信企业成为市场主体的主流。

(蒋 晶)

张家港市保税区"守重"企业发展报告

一、张家港市保税区"守重"企业概况及存在的问题

1. 保税区"守重"企业概况

近年来,为增强企业信用意识,提高企业市场竞争力,推进区域诚信体系建设,根据《江苏省守合同重信用企业管理办法》要求,张家港保税区工商局认真开展"守重"企业培育工作,并持续关注其成长发展。截至2016年6月,保税区内共有国家级"守重"企业3家,省级"守重"企业13家,苏州市级"守重"企业7家。其中,3家国家级"守重"企业是:张家港保税区纺织原料市场有限公司、攀华集团有限公司、齐力建设集团有限公司。

2. 保税区"守重"企业创建存在的问题

第一,张家港保税区"守重"企业创建工作开展时间不长,和先进地区相比,获得"守重"称号企业的总量不大,覆盖的行业不广,还需要在下一步的工作中推动更多数量的企业、行业参与进来。

第二,部分"守重"企业反映,在企业信用管理过程中采集到的企业信息真实性、准确性还有待进一步提高,有的失信行为信息没有得到公开,难以全面采集和掌握。守信激励和失信惩戒机制还有待真正建立和落实。

二、张家港市保税区"守合同重信用"企业的实践运用

2016年6月,齐力建设集团有限公司被国家工商总局公示为2014—2015年度"守合同重信用"企业,成为继张家港保税区纺织原料市场有限公司和攀华集团有限公司之后张家港保税区的又一家获得国家级"守合同重信用"荣誉称号的企业。齐力建设集团主要从事市政、水利水电、公路、房屋建设等工程施工业务，经常在全国范围内参加各类工程招投标，该公司一直将品牌建设、信誉建设作为企业经营发展的根本，通过强化合同和信用管理，着力打造规范经营、诚信为先的品牌形象，获得了业内的认可，已是多年的省级"守重"企业。这次获评国家级"守重"企业，该集团负责人表示："守合同重信用"是企业生存发展之本、开拓创新之基，也是公司从成立至今一直坚持和奉行的准则。"守重"企业荣誉给公司带来了切实的利益，在每年的苏州市市政公用企业综合考评中，"守重"企业称号可获得省级2分、国家级3分的加分奖励，为公司顺利进入A类企业提供了助力。在区域市场的投标中，有的明确要提供"守合同重信用"证书方可投标，有的则可以将"守重"称号作为企业信誉加分，国家级"守重"企业称号大大增加了公司的市场竞争力。这项荣誉不仅提升了企业形象，还在企业结交伙伴、拓展市场方面发挥了重要作用。

张家港保税区恒泰工程建设咨询有限公司于2015年先后获得了苏州市和江苏省"守重"企业称号。调研中了解到，在守合同方面，公司承接项目100%签订相关造价或招标代理收入性合同，且均采用示范性合同文本，所有的费用计算都严格按照合同约定进行，从未出现毁约和未执行合同的情况。在重信用方面，该企业更加深有体会。企业负责人表示："企业的诚信是一种无形资产。对于公司来说，企业竞争，除了价格上的比拼，更重要的是信誉和口碑。纵观公司的发展，就是因为公司的服务质量较好，有很多业主主动找公司做生意，请公司帮他们做造价或招标代理，就算有些与公司没有业务往来的单位，只要提到公司的名字，都会给予很高的评价，一旦他们有相关项目，首先想到的就是该公司，这就是良好的信誉和口碑给公司带来的收益。"该公司还建立了诚信经营奖惩机制，根据员工在工作中的诚信表现进行职位提拔、物质奖励和精神鼓励，对违反企业诚信经营准则而损坏企业形象、声誉和利益的行为坚决予以惩处。

三、张家港市保税区"守重"企业创建工作

（一）为"守重"企业培育营造良好环境

张家港保税区工商局坚持把环境建设作为"守重"企业培育的重要基础，主要体现在以下几个方面。

1. 抓宣传教育

定期组织企业参加合同法规培训,重点学习《合同法》和《江苏省重合同守信用企业管理办法》等相关法规和文件。针对企业经营中易触犯法规的主要情形、需注意和遵守的不同方面等,陆续编撰整理了《行业规范经营提示》《工商守法实例》《工商知识百问》等实用小册子,以案说法,提醒经营者诚信为本、守法经营,通过集中免费培训、座谈指导、送法上门等多种形式赠送到4000余家企业的负责人手中。此外还多次开展了"诚信兴商"宣传月等专题宣传活动。通过网站、地方媒体等宣传"守重"企业获评情况和发展经验,展示了"守重"企业的精神风采,扩大了"守重"认定活动的知名度和影响力。

2. 抓平台创建

根据区内商贸企业集聚在各专业市场平台这一特点,把诚信市场创建作为提升入驻企业诚信意识的重要抓手,在市场内设立工商综合服务站,指导市场完善信用管理制度,建立信用管理系统,推广标准化管理制度。江苏化工品交易中心连续三届获评"全国诚信示范市场",纺织原料市场有限公司获国家级"守重"企业公示。诚信市场形象增强了对企业入驻的吸引力,引领和带动了入驻企业守合同重信用的意识,使得这些企业的市场竞争力进一步提升。化工交易中心成为全国最大的液体化工交易中心。

3. 强化合同领域监管执法

积极开展格式合同专项整治工作,重点规范了房地产、汽车销售行业格式合同条款,就显著失当条款约谈部分房地产企业负责人。对电信、银行业格式合同进行检查清理,对50余条涉嫌不公平格式条款逐户开展行政约谈并下达整改通知。针对木材市场等合同纠纷多发实际,积极推广合同示范文本,指导市场开展合同纠纷调解工作。开展"净化网络市场环境,做文明诚信网商"主题活动,指导网络经营企业规范格式合同文本,妥善调处网络交易合同纠纷,线上线下一体化推进"守重"工作。通过强化监管,规范了合同行为,为守信企业和消费者们营造了更好的交易环境。

(二)认真做好"守重"企业辅导推荐工作

1. 坚持梯队培育

通过日常监管、走访、座谈等,了解企业合同信用工作开展情况和创建意愿,指导企业做好合同履行和信用管理工作。鼓励有条件的企业开展省、市"守重"

企业创建申报工作,根据创建工作开展情况分别纳入市、省和国家级创建梯队。经近几年来的精心培育,三级创建梯队已基本形成。

2. 坚持贴近辅导

把《江苏省守合同重信用企业公示办法》《张家港保税区企业信用(合同)管理制度》的要求传达到每一家创建申报企业,督促其把管理办法和管理制度作为企业日常管理的必备内容之一,并经常开展对负责人、管理层和业务人员的教育培训,帮助其树牢合同和诚信意识。对重点企业开展了面对面的针对性指导。

3. 坚持发展质量

对申报省、市级"守重"企业的企业申报材料及创建工作逐一检查验收,重点检查企业合同管理制度和合同档案的装订保管、合同台账的登记情况等,对存在的问题一一指出,并提出改正和完善的措施。同时要求企业对照管理办法和制度经常性开展自查自纠工作,确保成熟一个发展一个,不走过场。

(周　洁)

行业篇

苏州市房屋建筑业"守重"企业发展报告

一、苏州市房屋建筑业发展和"守重"企业概况

建筑业是国民经济的支柱行业之一。房屋建筑业是建筑业的重要组成部分,主要涉及房屋主体工程的施工活动。房屋建筑业作为我国经济发展的支柱产业,会带动建筑、建材、农林、家电、家具、金融保险、装饰装潢、中介服务等多个产业的发展,拉动力非常强,在现代社会经济生活中有着举足轻重的地位。经过十几年的发展,房屋建筑业已逐步转向规模化、品牌化和规范化运作,增长方式正由偏重速度和规模向注重效益和市场细分转变。改革开放以来,随着国民经济的快速发展和人民住房需求的日益增长,房屋建筑业快速发展。然而,近几年来,房屋建筑业也面临着经济下行压力,存在着行业总体市场需求减少、企业之间市场竞争更加激烈、市场逐步萎缩、建筑业产能过剩等一系列问题。

据国家统计局数据显示(见表1),近三年国内房地产投资增速明显减缓。2015年全年房地产开发投资95 979亿元,同比增长1.0%,其中住宅投资64 595亿元,同比增长0.4%;办公楼投资6 210亿元,同比增长10.1%;商业营业用房投资14 607亿元,同比增长1.8%。从2015年开始,国家实施去库存政策,房屋建筑业又迎来新的发展机遇。

表1 2013—2015年国内房地产市场投资规模

投资类型	2013年		2014年		2015年	
	投资额（亿元）	同比增长率（%）	投资额（亿元）	同比增长率（%）	投资额（亿元）	同比增长率（%）
房地产开发	86 013	19.8	95 036	10.5	95 979	1.0
住宅投资	58 951	19.4	64 352	9.2	64 595	0.4
办公楼投资	4 652	38.2	5 641	21.3	6 210	10.1
商业营业用房	1 1945	28.3	14 346	20.1	14 607	1.8

（数据来源：国家统计局，官网http：//www.stats.gov.cn）

房屋建筑业作为信用市场主体，渗透在国民经济的各个环节，直接和间接关系到50个行业。可以说，房屋建筑企业的信用情况和质量安全，直接关系到国民经济的发展和人民的生命安全。从近年来房屋建筑业的信用情况来看，信用缺失呼唤着信用建立，贯穿在房屋建筑业的全过程，包括招投标、签订合同、施工、竣工等。特别是房屋建筑业在快速发展中，存在着随意分包、资质挂靠、违规招标、质量不达标、拖欠工资等一系列信用问题。

本课题通过问卷形式调研了苏州地区23家房屋建筑业"守重"企业（见表2），主要从能力、意识与信用记录三个方面对企业信用做出分析，涵盖质量信用、安全信用、财务信用和社会信用等维度。

表2 苏州市房屋建筑业23家"守重"企业基本情况

企业简称	成立日期（年）	注册资本（万元）	员工人数	2015年营业收入（万元）	企业性质	是否上市	"守重"级别	银行信用评级
中亿丰	1980	30 280	1 690	611 035	民营	否	国家级	AAA
吴江八都	1989	16 800	1 924	68 107	民营	否	国家级、省级	AAA
华佳	1992	12 000	1 200	71 450	民营	否	国家级	AAA
常熟建工	1997	6 800	450	—	民营	否	省级	AAA
江苏城南	1981	11 012	2 135	120 000	民营	否	国家级	AAA
金土木	1993	30 000	520	100 000	民营	否	国家级	AAA
江苏五环	2014	16 000	32	125 286	民营	否	省级	AAA
江苏长建	2006	10 280	31	9 700	民营	否	省级	AAA
江苏振昆	1993	6 000	50	12 865	民营	否	省级	AAA
江苏中大	1998	21 000	35	76 650	民营	否	省级	AAA

续表

企业简称	成立日期(年)	注册资本(万元)	员工人数	2015年营业收入(万元)	企业性质	是否上市	"守重"级别	银行信用评级
昆山金都	2001	12 000	3 500	94 360	民营	否	省级	AAA
苏州建鑫	1994	31 888	272	169 007	民营	否	省级	AAA
苏州第五建筑	1985	13 218	616	174 802	民营	否	省级	AAA
苏州第一建筑	1980	40 880	1 280	386 775	民营	否	国家级	AAA
苏州建设	1996	10 000	400	50 958	民营	否	省级	AAA
苏州建设监理	1993	450	189	5 881	民营	否	省级	AAA
苏州怡峰	2003	2 580	202	7518	民营	否	省级	AAA
苏州顺龙	2004	12 080	—	—	民营	否	省级	AAA
鹿苑建工	2010	10 000	200	36 000	民营	否	省级	AAA
双山建筑	2001	10 000	196	67 968	民营	否	省级	AAA
兆丰建筑	1994	5 180	1 226	23 927	民营	否	省级	AAA
苏州正亚	2005	8 900	59	15 161	民营	否	N/A	AAA
振华建设	1966	8 805	352	203 257	民营	否	省级	N/A

二、苏州市房屋建筑业"守重"企业存在的问题

通过对本次回收的问卷进行统计分析发现,苏州市房屋建筑业"守重"企业在信用管理方面主要存在三个方面的问题:内部信用管理不完善、缺乏统一的信用信息平台、对《企业信息公示暂行条例》不够了解。

1. 内部信用管理不完善

从整体上看,苏州市房屋建筑业企业整体规模不是很大,有部分企业规模只有几十个人,"守重"级别除少数几家为国家级外,多数为省级(见表2)。在信用管理上,苏州市房屋建筑业企业的管理还够完善,主要表现在以下三个方面。

第一,公司高级管理层对于企业信用管理的了解和重视程度不够。一方面,有近一半的企业表示公司高级管理层对于公司信用管理的了解程度一般,其中包括一部分大型企业。另一方面,有部分企业对于信用管理的重视程度不够,直接影响到企业信用的建立和执行。

第二,企业内部信用管理制度不够健全。在调研的企业中,除少数几个企业没有专职从事信用管理的部门和人员或正在筹备中外,多数企业都设有信用管

理的专职部门和人员。然而,在实际管理中有将近半数的企业对于重大交易都没有要求资本金到位再签合同。而很多公司认为收回货款是信用管理过程中最困难的环节之一。这一现象直接反映了企业信用管理制度缺失导致的后续信用管理的问题。实际上,收回货款对于房屋建筑业十分重要,由于投资规模大、时间长,及时收回货款对于公司现金流和正常运营有着直接的影响。

第三,企业内部信用评级制度尚未建立。一方面,企业目前的信用管理基本依靠交易方提供有关身份和资质的证明来判断交易方的信用,多数企业都没有建立完善的内部信用评级制度,因而对于自身以及交易方的信用都无法做出合理的判断和管理。另一方面,企业对于引入第三方信用服务机构来帮助企业进行评估也比较谨慎。绝大多数企业表示不是很需要信用咨询服务,有6家公司没有引入第三方信用服务机构。实际上,信用管理咨询服务是企业内部信用管理的重要补充环节。专业机构提供的咨询和培训等服务,可以帮助企业建立起客户信用档案、赊销客户的授信、应收账款催收等一系列信用管理制度,提高企业防范赊销风险的能力。

2. 缺乏统一的信用信息平台

信用信息平台是企业信用管理的重要信息来源。接受调研的"守重"企业普遍认为在信用管理过程中最困难的环节就是获取客户的可靠信息。在企业内部信用管理制度尚未完善的情况下,依靠信用信息平台来评估客户或供应商的信用情况,成为企业信用管理的重要手段。而恰恰目前缺乏统一的信用信息平台。从目前情况来看,企业信用信息主要来源于政府机构、行业协会和专业机构。就政府机构提供的企业信用信息而言,企业较依赖于工商部门的企业信用信息公示系统、中国人民银行的征信平台和人民法院的诉讼或失信被执行人信息平台。而对于其他信息平台,如商务部、国资委的全国行业信用公共服务平台和交通部门的公路建设市场信用信息平台,企业了解得非常少。从行业协会来看,苏州市成立了房屋建筑业协会,有一套企业信用的评价和公示制度体系。另外,专业机构也对房屋建筑业有信用评估。然而,对于企业来说,缺乏一个统一的信用信息平台,企业只能通过单独的政府信用信息系统、行业协会的评价或专业机构的报告做出判断。而这些信息是零散的,评价标准也并不统一,在实际操作中很难得出一致的判断。

同时,受访企业表示最有助于其规避信用风险的手段是信用报告。由于信息平台的信息是零散的,缺乏统一的评价标准,因而信用报告对于企业显得格外重要。从调研情况来看,房屋建筑业缺乏统一标准的信用报告。企业只能在尚未完善的内部信用管理中做出内部的信用报告,又缺乏由政府、行业协会和专业机构给出的外部信用报告。因而,从信息平台上,企业难以最大限度地规避信用风险。

3. 对《企业信息公示暂行条例》不够了解

2014年8月7日,国务院公布《企业信息公示暂行条例》,该条例自2014年10月1日起施行。该条例最核心的内容就是确立了企业信息公示制度,并以此来促进企业诚信自律,扩大社会监督,营造公平竞争的市场环境。然而,虽然《企业信息公示暂行条例》已经颁布实施两年,通过调研结果来看,多数企业对此条例还不是很了解,一些大型企业也不例外。苏州房屋建筑业只有6家"守重"企业对企业信用信息公示系统非常了解。同时,企业对于企业信息公示的基本知识了解甚少,比如年度报告的报送日期和企业重要信息何时向社会公示等基本问题,超过半数企业都不了解。对于信用风险问题,例如经营异常名录制度和严重违法企业名单制度,苏州房屋建筑业企业也了解甚少。

另外企业对于信息公示的重要性认识不足。有6家"守重"企业表示企业信用信息公示系统对维护企业合法权益只是有些作用。更为重要的是,不少企业表示企业信息公示制度对于改进企业的信用状况,从而促进企业诚信经营作用不大。甚至有13家"守重"企业表示企业信息公示可能会侵犯到国家秘密、商业秘密或个人隐私。

三、苏州市房屋建筑业企业信用建设的建议

1. 增强公司内部信用控制能力,提升企业自律

企业内部信用管理是信用管理最为重要的环节。从调研情况来看,绝大多数企业认为信用风险管理过程中最重要的是建立行之有效的信用管理制度和体系。回收调查问卷的23家"守重"企业中有18家企业一致认为最有助于其规避信用风险的手段是增强公司内部信用控制能力。

从内部管理来看,企业管理层要充分认识信用管理的重要性,将信用管理作为企业内部管理的重要部分。一方面,加强信用管理知识和国家相关法律法规的学习,形成对内对外的信用管理制度和体系。另一方面,将信用管理应用在企

业日常管理中。具体来讲,一要设置专门负责信用管理的部门和人员;二要加强对合作客户和重要供应商的资料信息的更新和评审,如要求交易方提供有关身份和资质的证明,对重大交易要求资本金到位再签合同;三要建立完善的内部信用评级制度,建立信用名单,利用信息公示平台及时监管信用异常和违法名录。

同时,利用外部资源,加强内部信用控制能力。一方面,引入第三方信用评估机构,在要求客户提供第三方信用评估报告的同时,企业自身运用第三方信用评估机构的专业支持,加强信用管理能力,有效补充自身内部信用管理。另一方面,利用信用保险,有效转移风险,加强风险控制和处理能力。

2. 建立完善的企业信用体系,加强行业监管

完善的企业信用体系可以提高经济活动效率,打破信息不对称,减少交易费用和机会成本,营造诚实守信的企业文化,防范信用风险。

第一,引入多方评价,建立统一的信用评价体系。将企业主体、政府机构、行业协会和专业机构以及社会等信用主体结合起来,形成统一规范、量化可行的评价标准,既可以督促行业诚信自律,规范信用体系,又可以给企业提供可靠的信用来源,从而解决信用信息零散、标准不统一、难以参考的难题。

第二,实行动态评价,应用于信用管理的各个环节,特别是在招投标和事后监管上。建立每日、每周、每月、每年的动态评价指标体系,实时公示企业信用,促使企业注重信用长效管理和全方位管理。对于失信企业要进行公示,建立黑名单,以此促进企业自律和社会监督,形成企业信用管理竞争,提升全行业信用管理水平。

3. 加强政府引导和监管,形成奖惩制度

房屋建筑业资质评级是由政府主导的,政府应该承担起企业信用体系建设和监管的责任。信用管理只靠企业自律和信用体系是远远不够的,政府必须承担起引导和监管责任,形成奖惩分明的制度。

一方面,政府要从源头抓起,在企业注册登记时,工商部门可以发起建议书,建议企业建立有效的信用管理机构,防范市场交易信用风险。在企业经营过程中,政府要加强信用知识和法规的宣传,让更多企业了解信用的重要性,并对企业信用管理和建设进行科学指导。同时,转变政府监管职能,大力发展行业协会,发挥行业协会的评价、监督和管理职能。

另一方面,建立企业信用奖惩制度,更好地加强监管。在加强日常监管力度

的同时,对信用管理优秀企业进行评选和宣传,根据信用评级给予政策扶持和资金奖励,让企业信用管理实实在在地成为企业发展的助推器,形成信用越好、政府越支持、效益越好的良性循环。对于失信企业,加大惩处力度,增加其违法成本,建立黑名单,让失信企业难以生存,从而净化行业诚信管理,形成优胜劣汰。

四、总结

房屋建筑业是国民经济的重要支柱,直接关系到经济发展和民生福祉。苏州房屋建筑业的企业管理整体是良好的,但也存在着企业内部信用管理不完善、统一的信用平台体系缺失和对国家政策法规不了解的问题。建立健全苏州房屋建筑业企业信用管理制度,必须发挥企业、政府、行业协会、专业机构和市场的信用主体作用,形成以增强企业内部信用控制能力、提升企业自律为根本,以加强行业监管为基础,以奖励守信和惩戒失信为手段的多方位、多角度的信用管理体系。

参考文献:

[1] 戴若林,王孟钧.建筑市场信用系统演进机理研究[J].工程管理学报,2010(3):252-257.

[2] 任刚,车黎刚.江苏省建筑市场监督及信用体系建设探索与实践[J].工程质量,2015(8):1-3,7.

[3] 王李平.建筑企业信用管理体系构建研究[J].企业改革与管理,2016(13):16-17.

(王金鑫)

苏州市建筑装饰安装业"守重"企业发展报告

一、苏州市建筑装饰安装业"守重"企业概况

诚信是中华民族的传统美德,是中国道德文化的核心,古语云"人无忠信,不可立于世""人而无信,不知其可也"。从现代意义上看,诚信不仅是一种道德要求,一种用来评价人的尺度,更是现代企业的一个黄金原则。

随着我国社会主义市场经济的深入发展,信用的重要性日益凸显。在新形势下,如何加快推进社会信用体系建设已成为重大课题。在市场经济中,企业诚信具有经济学价值,是对企业的道德、法律等方面价值的肯定,是企业无形资产的重要组成部分。与此同时,企业信用是社会信用体系建设中的基础和核心,在市场经济运行中,企业既是信用信息的最大需求者和供应者,又是市场价格关系、供求关系、竞争关系的主体,企业的行为对市场经济秩序起着直接和重要的影响。加强企业信用建设是我国社会信用体系建设的重要组成部分,是整顿和规范市场经济秩序的治本之策。

在国务院常务会议上,李克强总理指出,在推进工商登记制度改革、改革企业年检制度、大力取消事前审批的同时,要加快实施企业信息公示制度,建立完善的社会信用体系,从主要依靠行政审批管企业,转向更多依靠建立透明诚信的市场秩序来规范企业。这是创新政府事中事后监管的重要改革举措,有利于进一步转变政府职能,推进简政放权、放管结合,营造公平竞争的市场环境,让"信用"成为社会主义市场经济体系的"基础桩"。由此可见,打造专业的企业诚信展示平台,在城市公共信息网络上对企业诚信相关信息进行公开展示,为诚实守信的企业树立"金字招牌",让诚信企业在公平竞争中不断增多壮大,是营造诚信经营的良好氛围、构建公平竞争的市场环境、推动企业良性发展的有效举措。

房屋和土木工程建筑业、建筑装饰业与建筑安装业并列为建筑业的三大组成部分。建筑装饰安装业是指为使建筑物、构筑物内外空间达到一定的环境质量要求,使用装饰装修材料,对建筑物、构筑物外表和内部进行修饰处理的工程建筑活动,它集产品、技术、艺术、劳务工程于一体,比传统的建筑业更注重艺术效果和环境效果,具有适用性、舒适性、艺术性、多样性、可变性和重复更新性等特点。2015年,全国建筑装饰行业完成工程总产值3.4万亿元,比2014年增加了2300亿元,增长幅度为7%,增长速度比2014年回落了2.3个百分点,下降幅度为24.7%,与宏观经济增长速度7%基本持平。其中公共建筑装修装饰全年完成工程总产值1.74万亿元,比2014年增加了920亿元,增长幅度为5.6%;住宅装修装饰全年完成工程总产值1.66万亿元,比2014年增加了1500亿元,增长幅度为9.2%。

苏州作为长三角地区的核心城市,建筑装饰安装业近年来发展势头迅猛,企业分布比较分散,覆盖苏州市各区县。本次调查面向苏州市建筑装饰安装业省级以上"守合同重信用"企业,共33家。这33家企业基本情况如表1所示。

表1 苏州市建筑装饰安装业受访企业基本信用情况

企业名称	注册资本（万元）	现有规模/员工数	主营业务	企业性质	是否上市	"守重"级别	银行信用评级
常熟市新苑地建筑装饰工程有限公司	1 580	46	建筑装饰	民营企业	否	省级	AAA
苏州华安普电力科技股份有限公司	3 000	272	电力设计,电力设施安装、运行、试验、检修,光伏电路建设	民营企业	否	省级	AAA
江苏华顶建设工程股份有限公司	3 000	56	机电安装、消防工程、水电安装、净化工程、智能化工程	民营企业	否	省级	AAA
江苏港城建设工程有限公司	6 000	236	建筑装饰	民营企业	否	省级	AAA
江苏嘉洋华联建筑装饰股份有限公司	8 200	269	建筑装饰	民营企业	否	省级	AAA

续表

企业名称	注册资本（万元）	现有规模/员工数	主营业务	企业性质	是否上市	"守重"级别	银行信用评级
江苏沙家浜建筑有限公司	11 028	362	建筑安装	民营企业	否	省级	AAA
苏州金螳螂怡和科技有限公司	7 330	248	建筑智能化工程、公路交通工程、安防工程的设计与施工；监控工程、电子工程、机电设备安装工程、城市及道路照明工程、防雪工程设计和施工；系统集成、计算机软件、硬件及配套系统的设计、开发、生产、安装调试及服务	民营企业	否	国家级、省级	A
昆山市华特装饰工程有限公司	1 250	146	室内外装饰工程设计、施工；建筑幕墙设计、施工；钢结构、金属门窗的工程施工	民营企业	否	省级	AAA
昆山市华鼎装饰有限公司	10 080	约200	建筑装饰设计与施工	民营企业	否	省级	AAA
昆山市水利建筑安装工程有限公司	4 000	130	水利水电施工	民营企业	否	省级	AAA
苏州苏明装饰股份有限公司	5 705	1 200	各类建筑门窗、幕墙及室内外装饰工程	民营企业	否	省级	AA
江苏苏鑫装饰（集团）公司	5 124.1	680	生产、销售油墨等	集体企业	否	省级	AAA
苏州巴洛克建筑装饰工程有限公司	1 068	70	建筑装饰装修	民营企业	否	省级	无
苏州工业设备安装集团有限公司	6 500	381	机电工程	民营企业	是	省级	AAA
苏州华瑞建筑装饰工程有限公司	1 608	236	建筑装饰	民营企业	否	省级	AAA
苏州嘉盛建设工程有限公司	30 018	689	建筑施工	民营企业	否	省级	AAA
苏州建设（集团）有限责任公司	10 000	400	建筑业	民营企业	否	省级	AAA
苏州金诚科技有限公司	1 666	316	建筑智能化工程、装修装饰工程、消防工程的设计与施工维护	民营企业	否	国家级、省级	AAA

续表

企业名称	注册资本（万元）	现有规模/员工数	主营业务	企业性质	是否上市	"守重"级别	银行信用评级
苏州金鼎建筑装饰工程有限公司	4 000	114	建筑装饰、建筑幕墙专业承包	民营企业	否	国家级、省级	AAA
苏州景原工程设计咨询监理有限公司	1 450	116	监理咨询、设计、木结构生产	民营企业	否	省级	AAA
苏州荣诚建筑安装有限公司	5 180	215	机电安装、智能化、消防、城市道路照明	民营企业	否	省级	AAA
苏州市邓尉工业设备有限公司	5 010	280	建筑安装业	民营企业	否	省级	AAA
苏州市华丽美登装饰装潢有限公司	8 000	328	建筑装修装饰、建筑幕墙、展陈工程专业施工与设计	民营企业	否	国家级	AAA
苏州市谨业园林装饰设计工程有限公司	2 000	130	建筑装修装饰工程、绿化工程、古建工程等	民营企业	否	国家级、省级	A
苏州市普华电力工程有限公司	2 350	96	送变电工程施工；路灯、城市照明、机电设备、水电、监控、消防工程的设计施工、检修、维护、试验	民营企业	否	省级	AAA
苏州市吴中区宝带建筑有限公司	850	110	建筑业	民营企业	否	省级	AA
苏州旭智设计营造有限公司	1 002	17	建筑装饰装修工程设计与施工；景观绿化工程、建筑智能化工程、多媒体系统工程、水电安装工程、暖通设备安装工程、城市照明工程、建筑幕墙工程、钢结构工程、机电设备安装工程、消防设施工程的设计与施工；提供展览展示设计施工服务；家具、艺术品、装饰材料设计与销售；标识标牌的设计制作及安装；广告设计制作；多媒体设备及计算机软硬件销售	民营企业	否	省级	无

续表

企业名称	注册资本（万元）	现有规模/员工数	主营业务	企业性质	是否上市	"守重"级别	银行信用评级
索菲装饰装潢（苏州）有限公司	1 200	342	室内外装饰装潢	民营企业	否	省级	AA
太仓市明辉装饰装潢有限公司	1 500	56	装饰装潢	民营企业	否	国家级、省级	BB
苏州广林建设有限责任公司	6 000	287	建筑装饰装修	民营企业	是	国家级、省级	AAA
江苏兴安建设集团有限公司	5 112	198	建筑安装	其他	否	省级	AAA
江苏金厦建设集团有限公司	12 500	580	房屋建筑施工	民营企业	否	省级	AAA
苏州兴亚净化工程有限公司	5 000	180	机电设备安装、净化产品和夹芯板生产	民营企业	否	省级	AAA

二、苏州市建筑装饰安装业"守重"企业信用管理现状分析

（一）信用管理情况分析

企业信用管理是现代企业管理的重要组成部分，它通过对企业经营的全过程控制，强化营销、采购、财务、法务等各个业务环节的信用风险管理和协同管理，系统地解决企业发展和信用风险控制之间的矛盾。

1. 内部信用管理体系

所有受访企业的高层管理人员都很了解信用管理，对于信用管理各企业都很重视，94%的受访企业都设有从事信用管理工作的专职人员和部门，可见，苏州市建筑装饰安装业省级以上"守合同重信用"企业的信用管理意识较强，注重内部信用管理体系的搭建与完善。

2. 交易对象准入及审核

关于一般交易审核，尤其是新的交易客户，33家受访企业无一不对新的交易客户要求提供有关身份和资质证明，大部分都能建立完善的内部信用评级制度，对客户是否符合赊销的条件也基本都有明确的制度规定，这表明建筑装饰安装业对新客户的引入流程相当规范，对合作对象的资质、基本信息审核要求严格。这对于规避交易风险、实现企业可持续发展具有重要意义。

但与此同时,对重大交易是否要求资本金到位再签合同这一问题,有将近50%的受访企业表示并无这一要求,可见建筑装饰安装业在选择交易客户时,更注重客户自身的资质,而并非资金情况。赊销或赊购是企业与客户信任关系的一种体现,有利于提升客户满意度,进而建立良好的客户关系。相比于现金交易模式,通过以赊销或赊购为主要内容的信用管理,有利于企业在交易过程中发现诚信客户、淘汰失信客户,并与重要客户建立基于战略合作的伙伴关系。

本次调查显示,有三分之二的"守重"企业对重大交易的客户都要求提供第三方信用服务机构评估,有三分之一的"守重"企业忽视第三方信用服务机构评估,可见,建筑装饰安装业的信用管理存在一定风险。持续的信用管理,可以使企业建立基于双方信任关系的供应网络和销售网络,也将成为企业可持续发展的核心竞争优势之一。

3. 信用风险管理

对于"在信用风险管理过程中认为最重要的内容"这一问题,有97%的受访企业都认为建立行之有效的信用管理制度和体系是信用风险管理过程中的一项重要因素,该选项的选择频次在所有内容中占比高达28%,其次是授信管理制度和定期复审,潜在客户评估也被普遍认为在信用风险管理过程中是重要内容。可见,制度与体系的建立是信用风险管理的首要任务,在规范的体制运作下,信用管理才成为可能。33家受访企业对"在信用风险管理过程中认为最重要的内容"这一问题的选择如表2所示。

表2 苏州市建筑装饰安装业受访企业对信用风险管理因素的认知

内容	选择频次	占比
建立行之有效的信用管理制度和体系	32	28%
潜在客户评估	16	14%
授信管理制度	19	16%
定期复审	19	16%
逾期控制手段(如延长付款期限、停止供货等)	10	9%
内部分析系统	9	8%
抵押担保	7	6%
债款追收	2	2%
风险管理工具的应用	2	2%

对于"信用管理中最困难的环节"这一问题,在被调查的"守重"企业中,有三分之一的企业认为是管理应收账款,其次是获取客户的可靠信息及收回货款,这与该行业对合作企业的持有资金不敏感有关。由于在合作准入时忽视这一点,那么在应收账款的管理上似乎需要投入更多资源。

而对于最有助规避信用风险的手段的认知,有55%的"守重"企业认为是公司内部信控能力,其次是信用报告及信用额度建议。大多数"守重"企业对信用服务行业了解得不是很全面,相对比较了解的是信用评级、征信、信用调查和信用担保,对保理、信用保险、信用管理咨询和商账追收几乎都不了解。由此看出,建筑装饰安装业企业注重公司内部的信用管理能力,对于信用管理咨询及服务相对忽视。

(二)《企业信息公示暂行条例》实施情况分析

《企业信息公示暂行条例》(以下简称《条例》)是我国信息公示法律制度的核心内容,也为贯彻落实国务院《注册资本登记制度改革方案》提供了重要配套措施。注册资本登记制度改革以"宽进严出"为内涵,《公司法》的最新修改标志着"宽进"环节的制度创新,《条例》的出台意味着"严管"环节的制度建立。

苏州市建筑装饰安装业"守重"企业对《条例》及企业信息公示系统的认知及实施情况见表3和表4。从这两组数据不难看出,苏州市建筑装饰安装业参与调研的企业,对国家法规的响应相对迅速,能够调整适应《条例》带来的市场变化。

苏州市建筑装饰安装业"守重"企业对"经营异常名录制度"比较清楚的占52%,非常了解的仅占6%;对"严重违法企业名单制度"普遍了解一般,占42%,其次是比较了解,占36%,非常了解的仅占6%;受访企业所了解的企业信用信息公示平台前三位分别是中国人民银行的征信平台、人民法院的诉讼或失信被执行人信息平台、相关行业协会的信用信息平台。

可见,该行业对《企业信息公示暂行条例》及企业信息公示系统的了解程度还不够,执行效力有待提高。

表3　苏州市建筑装饰安装业受访企业对《条例》的认知及实施情况

项目	实施情况	项目	实施情况
对《条例》的了解程度	58%非常了解或比较了解	专人负责公示	91%
对公示系统的了解程度	70%非常了解或比较了解	报送年报	97%
交易前查询公示情况	42%经常查询、52%偶尔查询、6%从未查询		

表4　苏州市建筑装饰安装业受访企业对企业信息公示的认知及实施情况

项　目	实施情况	项　目	实施情况
对"企业的重要信息应自形成之日起多少个工作日内向社会公示"的了解	64%	认为信息公示有必要	100%
通过该系统公示过行政处罚或许可信息	24%	认为该系统侵犯隐私	64%
工商部门抽查情况	33%	认为该系统有助于改善企业信用	97%
认为该系统维护企业权益	94%		

三、苏州市建筑装饰安装业"守重"企业信用管理存在的问题

1. 对企业信用管理的认识不够深入

尽管苏州市建筑装饰安装业企业普遍认为企业信用体系建设给企业经营发展带来多项促进作用,包括帮助企业完善制度、规范流程及管理,加强内部信控能力,有利于企业融资、维系客户、提高承接业务量,降低交易成本、实现企业盈利,树立企业形象、赢得社会效益,但该行业对企业信用体系的认知不够全面与深入,仅仅具备信用管理意识,尤其对于《条例》及企业信息公示系统的各项细节认识不到位。

2. 内部信用体系及机制的建立有待完善

一方面,苏州市建筑装饰安装业企业大多设有专业部门或人员从事信用管理工作,也建立了相应的信用管理机制,但内部信用体系不够完善,在对抗信用风险时无法真正发挥作用。例如,对于交易对象的资金审核存在漏洞,应收账款难以回收,不利于企业的长期发展;对社会信用服务知之甚少,未建立第三方信用评估体系,缺乏行之有效的信用保障。

另一方面,政府对于各企业信用情况的信息掌握不够全面,更新时效性有待提高,数据的开放共享程度低,社会普遍信用体系建设力度要加强。

3. 企业信用管理执行力仍需提高

随着《条例》的出台及企业信息公示系统的推广,苏州市建筑装饰安装业中并非所有"守重"企业都迅速做出响应,部分企业执行力较弱,相关规定并未及时落实。

四、苏州市建筑装饰安装业"守重"企业发展的建议

1. 加强宣传覆盖,提高普遍认知

政府要持续加大信用管理宣传力度,提高社会认知,建立标杆企业,树立信用企业形象,加强舆论导向;企业自身应提高全体工作人员的信用管理意识,从基层到领导,开展相关培训与指导。

2. 完善组织架构,建立信用管理长效机制

企业要理清信用体系架构,构建完善的信用管理机制,加强内部管理,严明信用流程,把握准入、审核、考评、退出各细节,开展闭环管理。

3. 加快信用平台建设,实现信息共享

政府应加快信用数据及信息搜集及整理,加快平台建设,对信息及时处理与更新,保证信息及数据的真实有效,并长期开放共享。这样做一是可以对不诚信企业起到震慑作用,二是方便企业开展信息查询。

4. 建立健全信用评价体系,加强信用奖惩力度

政府可根据行业细分建立信用评价机制,推广信用评级成果,做到制度保证、有效监管、积极推动。对评价高的诚信企业给予奖励和政策便利,如予以贷款、投标机会等,对不守信的企业加强处罚力度,实现信用管控。

参考文献:

[1] 王忠厚.企业信用监管理论与实务[M].北京:中国工商出版社,2003.

[2] 邝真,于竞博.建筑企业信用管理的缺失与改进[J].经营管理者,2013(17):62.

[3] 任刚.江苏省建筑市场信用体系建设及信息化应用[J].中国建设信息化,2014(23):65-67.

[4] 任世玮.建筑市场信用机制与制度建设研究[J].价值工程,2016(7):73-75.

(李歆怡)

苏州市通用及专用设备制造业"守重"企业发展报告

一、苏州市通用及专用设备制造业"守重"企业概况

设备制造业是为国民经济发展和国防建设提供生产技术装备的基础性产业,是国民经济发展特别是工业发展的基础。设备制造业又分为通用设备制造业和专用设备制造业,而通用设备制造业是设备制造业中的基础性产业,为工业行业提供动力、传动、基础加工、起重运输、热处理等基础设备,钢铁铸件、锻件等初级产品和轴承、齿轮、紧固件、弹簧、密封件等基础零部件,行业产品应用领域广泛。专用设备制造业是指专用于一个行业的设备制造业,包括矿山、冶金、建筑专用设备制造业,化工、木材、非金属加工专用设备制造业,食品、饮料、烟草及饲料生产专用设备制造业,印刷、制药、日化生产专用设备制造业,纺织、服装和皮革工业专用设备制造业,电子和电工机械专用设备制造业,农、林、牧、渔专用机械制造业,医疗仪器设备及器械制造业,环保、社会公共安全及其他专用设备制造业等。

本次苏州市通用及专用设备制造业"守重"企业问卷调查共收回有效问卷21份,这21家"守重"企业的基本情况如表1所示。从21份调查问卷来看,苏州市通用及专用设备制造业"守重"企业以民营企业为主(18家),且大多数没有上市(15家),"守重"级别以省级为主(17家),企业的银行信用等级有18家为AAA,占比85.7%。

表1 苏州市通用及专用设备制造业"守重"企业基本情况

企业名称	企业性质	是否上市	"守重"级别	信用评级
张家港市江南锅炉压力容器有限公司	股份制企业	是	省级	AAA
苏净集团	国有企业	否	省级	AAA
常熟市鼓风机有限公司	民营企业	否	省级	AAA
格朗富(苏州)集团有限公司	民营企业	否	省级	AAA
江南嘉捷电梯股份有限公司	民营企业	是	省级、国家级	AAA
江苏凯宫机械股份有限公司	民营企业	否	省级	AA
康力电梯股份有限公司	民营企业	是	省级、国家级	AAA
苏州科达液压电梯有限公司	民营企业	否	省级	AAA
科林环保装备股份有限公司	民营企业	是	省级、国家级	AAA
苏州纽康特液压升降机械有限公司	民营企业	否	省级	AA
苏州富士电梯有限公司	外商投资企业	否	省级	AAA
苏州江南嘉捷机电技术研究院有限公司	民营企业	否	国家级	AAA
苏州市东山冶金机械厂	民营企业	否	省级	AAA
苏州制氧机股份有限公司	民营企业	否	省级	AA
江苏海狮机械集团有限公司	民营企业	否	省级	AAA
张家港华菱医疗设备股份公司	民营企业	是	省级	AAA
江苏华宇飞凌包装科技有限公司	民营企业	否	省级	AAA
张家港市天江精密模具制造有限公司	民营企业	否	省级	AAA
苏州天沃科技股份有限公司	民营企业	是	省级	AAA
江苏天翔电气有限公司	民营企业	否	省级	AAA
长江润发(张家港)浦钢有限公司	民营企业	否	省级	AAA

二、苏州市通用设备和专用设备制造业企业信用管理现状分析

信用管理属于风险管理的范畴,企业信用管理必须根据坚实的信用政策,必须建立在企业信用体系之上。从组成要素来看,企业信用体系的正常运作至少应包括三方面内容:一是企业信用管理体系相关的法律、规章的建立和执行,包括信用信息采集、使用的法律规范和违规行为的惩罚机制的建立和完善;二是征信(信用调查)资料的开放和征信企业合法地市场化运作;三是政府或民间机构

对信用交易和征信企业的管理。

在信用决策与管理应收账款的过程中,需要仔细考虑许多不同的营业因素,信用决策必须依据客观的及无形的客户信用及财务状况,也应考察受信者的市场地位及销售量,产量及现金余额水平也是信用管理必须注意的因素。

企业高层管理人员必须对企业信用管理相当地了解和重视,从而规避因赊销产生的风险,增加赊销成功的概率。在被调查的21家"守重"企业当中,有18家企业设有专职部门和人员负责信用管理工作,3家正在筹备中。对于新客户,有20家企业都能做到要求客户提供相关的身份和资质证明,并建立有相当完善的内部信用评级制度。调查结果显示,对于重大交易客户,有14家企业能够做到要求客户提供第三方信用服务机构的评估,占比66.7%。但是有近一半的企业对重大交易没有要求资本金到位就签合同,这存在一定的风险,而且有超过一半的企业对于客户符不符合赊销条件没有明确的制度规定。

信用风险管理是指通过制定信息政策,指导和协调各机构业务活动,对从客户资信调查、付款方式的选择、信用限额的确定到款项回收等环节实行的全面监督和控制,以保障应收款项的安全及时回收。

21家"守重"企业在调查问卷中对"信用风险管理过程中最重要的因素"这一问题的回答情况见图1。

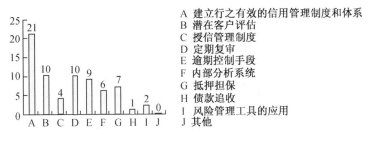

图1　21家"守重"企业认为信用风险管理过程中最重要的因素

从图1中可以看出,排在前三位的是A、B、D三项,分别为建立行之有效的信用管理制度和体系、潜在客户评估、定期复审。所有接受调研的企业都选择了"建立行之有效的信用管理制度和体系"这一选项,可见信用管理制度和体系对于信用风险管理尤其重要。

企业信用体系建设是一项复杂的系统工程,它是指在政府的推动下,通过社会各方的密切配合和信用中介机构的市场化运作,逐步建立和完善适应市场经济发展要求的、符合国际标准和我国实际的、涉及企业信用的一系列法律法规、评价技术、组织形式以及相应的管理制度等。企业信用体系的关键环节是企业信用数据库,它动态地记录了企业在经济交往中的信用信息。企业信用体系的作用在于约束企业的失信行为,督促企业在市场上进行公平竞争。

21家"守重"企业在调查问卷中对"信用管理中最困难的环节"这一问题的回答情况见图2。

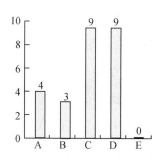

图2　21家"守重"企业认为信用管理中最困难的环节

从图2中可以看出,管理应收账款和收回货款是信用管理中最困难的环节。信用是社会经济发展的必然产物,是市场竞争中最宝贵的无形资产,是一种建立在信任基础上的,不用立即付款就可获取资金、物资、服务等的能力。只要是从事商业活动的企业,就有可能出现逾期应收账款。企业必须认真分析每笔应收账款逾期的原因,找到最佳处理对策,并马上实施追收。处理逾期应收账款最忌讳的就是拖延,很多本来能够收回的账款,随着时间的流逝变为坏账。

对于信用的风险管理要有相应手段规避风险,而不是任由其发展,从调查情况看,增加公司内部信控能力是最行之有效的手段之一,调查情况如图3所示。

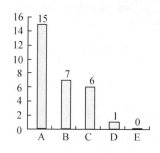

图3　21家"守重"企业认为有助于规避信用风险的手段

信用服务机构是市场经济发展的产物,是信用体系建设的基础,从业务性质上划分,我国目前的信用服务机构主要有信用报告机构、信用调查机构、信用评级评估机构、信用咨询服务机构和信用管理培训机构等。本次被调查的21家"守重"企业对信用服务行业的了解情况如图4所示,涉及的信用服务行业主要为征信、信用调查、信用评级、信用担保,并且90%的"守重"企业表示需要专业的信用管理咨询服务企业提供咨询、培训服务,帮助企业建立起一套关于客户信用档案、赊销客户的授信、应收账款催收等的信用管理制度。

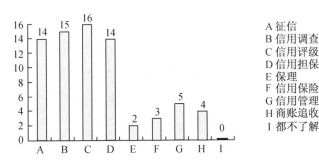

图4 21家"守重"企业对信用服务行业内容的了解情况

三、苏州市通用设备和专用设备制造业企业《条例》执行情况

《企业信息公示暂行条例》自2014年10月1日起实施,企业交易或合作前,可通过"全国企业信用信息公示系统"一键查询到对方的"家底"。企业如果未如期公示年报或信息不实将被列入"黑名单",政府采购将对"黑名单"企业进行限制或禁入。《企业信息公示暂行条例》对深入推进商事登记改革、构筑"宽进严管"的事后监管体系、加快社会诚信体系建设具有十分重要的意义。本次问卷调查情况如表2、表3所示。

表2 苏州市通用设备和专用设备制造业企业对《条例》了解情况

一般情况	实施比率	一般情况	实施比率
对《条例》的了解程度	66.7%企业很了解	专人负责公示	76%
对公示系统的了解程度	80%企业很了解	报送年报	95%
交易前查询公示	90%		

表3　苏州市通用设备和专用设备制造业企业对《条例》的执行情况

实际操作	实施比率	实际操作	实施比率
交易制度调整	95%	对经营异常名录的了解程度	71%
公示过行政处罚或许可	19%	对违法名单的了解程度	71%
工商部门抽查情况	33%		

在21家被调研的"守重"企业中,有13家认为"企业信用信息公示系统"对维护企业合法权益的作用很大,8家企业认为有些作用,所有企业都认为企业信息公示是有必要的,但是有50%的企业又顾虑信息公示会侵犯到国家秘密、商业秘密或个人隐私。50%的企业认为企业信息公示制度非常有助于改进企业的信用状况,从而促进企业诚信经营,而另外50%认为该制度有一点作用,从此看出,政府需要加强公示制度的宣传和推进,使企业更加了解"经营异常名录制度"和"严重违法企业名单制度"。

除了"企业信用信息公示系统"外,企业还可以通过其他很多公示平台查询相关企业的信用信息。通过调研发现,各企业主要通过中国人民银行的征信平台和人民法院的诉讼或失信被执行人信息平台查询相关企业的信用信息,如图5所示。

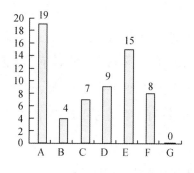

A　中国人民银行的征信平台
B　交通部门的公路建设市场信用信息平台
C　商务部、国资委的"全国行业信用公共服务平台"
D　海关的企业进出口信用信息公示平台
E　人民法院的诉讼或失信被执行人信息平台
F　相关行业协会的信用信息平台
G　以上都了解

图5　21家"守重"企业对企业信用信息公示平台的了解情况

四、苏州市通用及专用设备制造业企业信用建设的不足和改进建议

由于企业经营性质的差异,各企业在建立客户信用档案、对客户进行授信管理等方面存在一定的差距。总体而言,企业可以通过公共平台更好地认识和了解企业信用体系建设,同时有效利用"企业信用信息公示系统",将不良信用企业拉进黑名单。

企业可以在商账的追缴方面变事后的讨要为事前的风险管控,建议对失信情况严重的单位和个人应建立相应的考核评价和问责机制。同时企业应加强信用管理部门职能的建设,建立内部信用信息考评机制,成立专门的信用部门或工作小组,在一定程度上减少对第三方信用评级机构的依赖,从而减少成本。

政府主管部门应该协调相关政府部门掌握的征信数据,依法进行整合,并通过合法途径向征信市场开放,同时建立、健全严格的监管制度,对信用服务行业进行统一监管,加大监管、审查力度。各级政府要充分认识到信用体系建设的重要性和紧迫性,建立省、市、县各级信用体系建设的组织体系,明确信用管理机构,配备相应的工作人员,建立信用信息数据管理和审核制度,加强业务协调和责任落实;同时,健全法制,取缔地方保护主义对失信行为的纵容。

政府可通过多途径、多方式对不良信用企业进行曝光,早日淘汰不良信用企业,保护信用良好的企业有序发展。还应完善行业信用记录,推进行业信用建设,加快信贷征信体系建设,建立金融业统一征信平台,并按照级别给予奖励和政策便利。同时,要强化信用管理机构,加强对社会信用体系建设工作的领导,培育信用服务市场,稳妥有序对外开放。另外,要多深入企业基层,了解企业在经营管理当中的困难,给予制度及政策方面的指导。

参考文献:

[1] 章政,田侃,杜丽群.中国信用发展报告(2014—2015)[M].北京:社会科学文献出版社,2015.

[2] 韩金鸽.浅析专用设备制造企业中应收账款的信用决策[J].管理观察,2014(14):107-109.

[3] 董碧英.我国中小企业信用体系建设存在问题及对策[J].市场论坛,2015(2):47-48.

(杨军赛)

苏州市纺织服装业"守重"企业发展报告

一、引言

纺织服装业在我国有着十分悠久的历史,是国民经济中的重要构成部分。在纺织服装业的发展给社会带来巨大福利的同时,由于当前阶段大部分企业的非公益性以及其内部管理机制的局限性,企业的信用问题成为当前社会的热点问题。党的十八大要求要深入开展道德领域突出问题专项教育和治理,并提出了"加强政务诚信、商务诚信、社会诚信和司法公信建设"的战略任务。随后,在国务院印发的《社会信用体系建设规划纲要(2014—2020年)》中明确了社会信用体系建设的目标:到2020年,社会信用基础性法律法规和标准体系基本建立,以信用信息资源共享为基础的覆盖全社会的征信系统基本建成,信用监管体制基本健全,信用服务市场体系比较完善,守信激励和失信惩戒机制全面发挥作用。政务诚信、商务诚信、社会诚信和司法公信建设取得明显进展,市场和社会满意度大幅提高。全社会诚信意识普遍增强,经济社会发展信用环境明显改善,经济社会秩序显著好转。同时,在江苏省《省政府关于印发江苏省社会信用体系建设规划纲要(2015—2020年)》的通知中指出,要在2020年前健全其社会信用地方性规章制度和标准体系,完善地区各方协同推进的工作机制。建成以"一网三库一平台"为主体的覆盖全社会的信用信息系统,创建3个以上国家、省级信用建设示范城市,20个以上县级试点地区,并培育200家左右信用管理省级示范企业等。

企业信用也是社会信用的一部分,依托社会信用建设的大平台,企业信用体系的建设也逐步完善。而社会信用体系是社会主义市场经济体制和社会治理体制的重要构成部分,该体系以记录社会主体信用状况为基础,以揭示社会主体信用优劣为手段,起到警示社会主体信用风险,整合全社会力量褒扬诚信、惩戒失信,以提高全社会的诚信意识和信用水平的作用。

本文通过分析所调查的苏州市23家纺织服装业"守重"企业情况及这些企业对《企业信息公示暂行条例》的实施情况,提出企业信用建设的建议。

二、苏州市纺织服装业"守重"企业概况及信用管理情况

1. 苏州市纺织业"守重"企业基本情况

本课题通过问卷调研了苏州地区23家纺织服装业"守重"企业,基本情况见下表。

苏州市纺织服装业23家"守重"企业基本情况

企业简称	成立年份	注册资本(万元)	员工人数	2015年营业收入(万元)	企业性质	是否上市	"守重"级别	银行信用评级
澳丰毛纺	2000	988(美元)	350	—	外资	否	省级	AAA
港洋实业	1998	10 705	125	20 470	民营	否	省级	AAA
澳洋纺织	2000	10 000	2 803	106 330	民营	是	省级	AAA
金利织带	1992	5 000	564	7 340	民营	否	省级	AAA
巨桥毛纺	1990	5 000	2 500	22 648	民营	否	省级	AAA
凯兰针织	1995	1 580	156	—	民营	否	省级	AAA
常熟棉纺织	1979	2 800	269	5 800	民营	否	省级	AAA
梦兰集团	1994	48 800	1 200	—	民营	否	国家级	AAA
宝鼎服装	1997	2 000	46	4 600	民营	否	省级	AAA
银鹿服饰	2001	580	166	5 559	民营	否	省级	AAA
协大申泰	1997	350	130	1 430	民营	否	省级	AAA
雅鹿控股	2008	22 515	1 616	37 604	民营	否	省级	AAA
恒宇纺织	2002	8 600	250	11 275	民营	否	省级	AAA
群英针织	2001	3 680	269	—	民营	否	省级	AAA
耀星玻纤	1999	2 000	165	7 600	民营	否	省级	AAA
盛虹集团	1998	60 000	9 339	233 140	民营	否	国家级、省级	AAA

续表

企业简称	成立年份	注册资本（万元）	员工人数	2015年营业收入（万元）	企业性质	是否上市	"守重"级别	银行信用评级
新泰针织	1995	1 038	236	—	民营	否	省级	AAA
震纶棉纺	2008	50 000	530	36 758	民营	否	省级	AAA
祥盛纺织	1999	720（美元）	480	—	外资	否	—	AAA
震洲织造	2006	8 576	1 000	77 027	民营	否	国家级、省级	AAA
宏福纺织	2003	2 500	484	300	民营	否	省级	AA
江南高纤	1996	80 208	1 360	149 000	民营	是	省级	AAA
波司登	1981	48 000	970	218 000	民营	是	国家级、省级	AAA

本次问卷调查的苏州市纺织服装业"守重"企业以民营企业为主，占比86.96%，集体企业和外资企业分别占比为8.7%和4.35%。调查企业中的上市公司的比重为13.04%，大多为非上市企业。被调查的"守重"企业中，银行信用评级为"AAA"的企业占比为95.65%，只有1家企业的银行信用评级为"AA"。

2. 苏州市纺织服装业"守重"企业信用管理情况

本次问卷调查显示，苏州市纺织服装业"守重"企业对公司信用管理的了解程度较高，有30.43%的企业"非常了解"和65.22%的企业"很了解"。同时，被调查企业对信用管理的重视程度也较高，有30.43%的企业"非常重视"和60.87%的企业"很重视"。绝大多数被调查企业均设有从事信用管理工作的专职人员和部门，见图1。

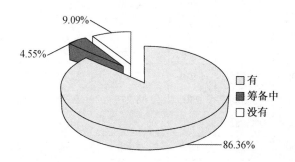

图1 "守重"企业中设有从事信用管理工作的专职人员和部门的情况

本次被调查企业均对新的交易客户要求提供有关身份和资质证明，而对重大交易是否要求资本金到位再签合同的调查企业构成为:"有"的为39.13%,"无"的为52.17%,"不清楚"的为8.7%。被调查企业中对新交易客户建立非常完善的内部信用评级制度的占比为8.7%,82.61%的企业为"很完善"。有60.87%的企业对客户赊销的条件有着非常明确的制度规定,34.78%的企业为"很明确"。在面对重大交易客户时,52.17%的企业会对客户要求提供第三方信用服务机构评估。

由以上数据可知,各企业对信用管理均较为重视。同时,在信用风险管理上,企业中管理人员认为最重要的构成因素按照比重顺序排名前四项为:(1)建立行之有效的信用管理制度和体系;(2)定期复审;(3)内部分析系统;(4)债款追收。企业中的管理人员认为在信用管理过程中最困难的环节的比重排序为:(1)获取客户可靠信息;(2)管理应收账款;(3)收回货款;(4)给予合适的付款条件和信用额度。管理人员认为公司内部的信控能力及信用报送和信用额度建议等最有助于公司规避信用风险。调查企业中管理人员对信用服务行业均有所了解,且86.96%的企业对信用管理咨询服务的需求感知较为强烈。

三、企业对《企业信息公示暂行条例》的实施情况

为规范市场秩序,《企业信息公示暂行条例》对企业在生产过程中的资料报送、信息公开等做出了明确的规定。调查数据显示了受访企业对于该条例及"企业信用信息公示系统"的知悉和遵守情况。

本次问卷调查显示,被调查的苏州市纺织服装业"守重"企业中,69.56%的企业管理人员对《企业信息公示暂行条例》较为了解,但也有13.04%的企业表示未曾听说,而13.04%的企业管理人员对"企业信用信息公示系统"未曾听说(见图2),这说明该条例及系统的宣传力度还需要进一步加大。

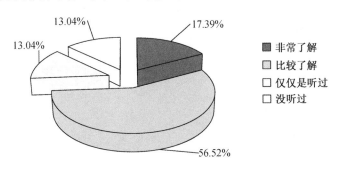

图2 "守重"企业对"企业信用信息公示系统"的了解程度

调查数据显示,82.61%的企业使用过"企业信用信息公示系统"查询相关企业的诚信信息,也有4.35%的企业对此系统很陌生;69.57%的受访企业中有专门负责企业信用公示的部门或人员。但仅有4.35%的企业管理人员对"经营异常名录制度"非常了解,而47.82%的企业管理人员了解不充分。另外,仅有8.7%的企业管理人员对"严重违法企业名单制度"非常了解,而69.26%的企业管理人员对此了解不充分。这说明,企业内部管理人员需要进一步深入了解现存的信用制度。

有91.3%的"守重"企业会向工商部门报送企业年度报告,且所调查的企业均会根据新条例的实施对交易管理制度进行相应调整。但也有21.74%的企业管理人员对年度报告的报送日期并不清楚,43.48%的企业对企业的重要信息向社会公示的时间限制不清楚。以上的两项时间指标表明部分企业对于报送时间或公示时间的掌握情况并不理想。

绝大多数企业管理人员对于"企业信用信息公示系统"在维护企业合法权益上的作用感知较为强烈(见图3),并认为在当前的信用环境下,有必要实施企业信息的公示(见图4)。企业管理人员均认为企业信息公示制度对于改进企业的信用状况有帮助,且对其他的企业信用信息公示平台均有所了解。

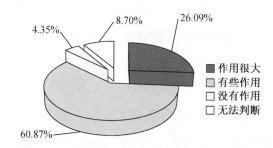

图3 "守重"企业对公示系统的维权作用感知情况

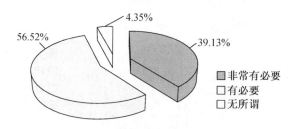

图4 "守重"企业对公示制实施的必要性感知情况

调查数据还显示,使用"企业信用信息公示系统"向社会公示过行政处罚或行政许可信息的企业较少(26.09%),而且只有39.13%的受访企业被工商部门随机抽查过其信息公示情况。这说明,政府部门对于本文中的相关企业的行政管理力度有待加强。

四、总结及建议

(1)企业信用体系的建设能够给企业的发展带来很多的促进作用,如:① 企业信用体系的建设对强化企业自身管理提出更高要求,从而促进制度完善,提高企业的法制观念,规范其内部管理,促使企业规范诚信运作,为企业合法经营、健康发展保驾护航;② 企业信用体系可以公开披露企业不良记录,各方均可以快速了解客户及合作对象的信用记录,使得企业拥有优质的客户;③ 企业信用体系建设能够提升企业外部形象,同时激发全体员工的诚信意识,给企业自身打广告;④ 企业信用体系建设能够提高企业的市场竞争能力,且各方能够同时抵御市场风险;等等。

(2)在"守重"企业信用体系建设过程中,还存在着较多不足。① 政策法律的制定和落实方面存在不足。根据调查显示,企业对于企业信用体系是否与企业股权人信用挂钩、是否会有漏洞和相应的跟踪机制、公平公正上是否完善等问题较为关注,并建议尽量减少地方保护主义,建议尽快出台相关详细法律法规。对此,笔者认为企业信用体系建设是一个漫长和重要的进程,应深入了解企业信息,及时关注和公示信用信息,加大宣传力度,促进企业信用体系建设的早日完善。② 社会担保和评价体系尚不完善,应尽快完善社会担保和评价体系。③ 部分"守重"企业较为注重企业生产经营和利润,对信用信息的了解较少,因此企业应充分认识到信用产品的重要性,以改善自身信用管理和维护方面的不足,继续加强企业自身诚信建设;等等。

(3)地方政府在企业信用体系建设方面应更有效地发挥监督管理作用。首先,应进一步健全信用监管体系,及时、有效、全面地发布信用信息。政府所制定出的完善的监督管理办法,是加强企业信用体系建设的前提,对此,可借鉴国际经验,立足国内发展实际,对本区域企业信用体系现状进行分析,制订出合理的规划及方案,以更好地规范市场秩序和企业发展。具体建议为:① 强化地方政府的监管和社会监督,建立守信激励和失信惩戒机制;② 加强对信用服务机构的监管;③ 加大与企业对接的力度,多开展一些接地气的培育企业信用建设的活动,提高企业信用建设的意识;等等。

参考文献:

[1] 赵媛媛,陆茵.纺织服装企业信用评价工作正式启动[J].纺织服装周刊,2010(10):10.

[2] 法磊.服装企业的诚信建设刻不容缓[J].中国纤检,2012(8):70-71.

[3] 石海娥,秦岭.常熟服装城管委会:打造市场诚信体系[J].光彩,2015(10):20.

(李青霞)

苏州市综合零售批发业"守重"企业发展报告

一、前言

综合零售批发业是社会化大生产过程中的重要环节,是决定经济运行速度、质量和效益的引导性力量。随着我国市场经济的发展,综合零售批发业现已成为我国市场化程度最高、竞争最为激烈的行业之一。

我国综合零售批发行业的发展总体经历了封闭期、转型期和拓展期等一系列阶段。20世纪80年代初期,计划经济占主导地位,综合零售批发市场处于单一业态的小规模发展阶段,商品较为稀缺,供不应求,卖方占据了市场的主导地位,消费模式以统一分配为主,国有企业成为当时综合零售批发行业的主要企业。从20世纪90年代开始,伴随经济体制的改进和完善,市场经济逐步占据社会主义经济体制的主导地位。零售行业进入转型阶段,外资和民营企业进入中国市场,尤其是世界各国的大型零售连锁企业,依托其规模优势和成熟化的市场运作经验,在中国不断开拓市场,获取较高的市场份额。零售行业的发展带动了消费的持续增长,消费需求的多样化和消费的快捷便利推动了行业的发展,促进了市场繁荣。近年,随着信息技术的普及和流通领域的成熟完善,我国的综合零售批发业已呈现百货、超市、购物中心、电子商务等多业态协同发展态势。

目前,从宏观经济走势来看,居民收入水平整体上处于较快上升阶段。从长远来看,我国居民消费无论是在总量上还是结构上都有相当大的发展空间,这为我国批发零售行业的发展提供了良好的中长期宏观环境。然而,由于综合批发零售业行业门槛低,企业素质薄弱、良莠不齐;产品市场价格波动剧烈,容易引起产品滞销或严重亏损等行业问题,这需要各级政府、金融机构、客户认真评价综合零售批发业企业信用,维护消费者合法权益,促进综合零售批发行业的健康发展。

二、苏州市综合零售批发业"守重"企业发展概况

苏州市作为我国改革开放最前沿、经济最具活力的城市之一,综合零售批发业发展水平较高,如表1所示,近三年苏州市综合零售批发业零售额增长速度始终快于地区生产总值增速,2015年占苏州地区生产总值已达到26.8%。

表1　2013—2015年度苏州市综合零售批发业发展概况

年度	地区生产总值		综合零售批发业零售额		综合零售批发业在地区生产总值中占比
	金额(万亿元)	增长率	金额(亿元)	增长率	
2013年	1.30	9.6%	3 197.2	13%	24.6%
2014年	1.35	8.0%	3 581	12%	26.5%
2015年	1.45	7.5%	3 887.2	8.6%	26.8%

苏州市综合零售批发类企业以民营为主,仅个别企业为原国有商场转制为混合所有制企业,本地综合零售批发业企业暂无上市公司。本文选取了苏州市11家综合零售批发业"守重"企业(详见表2)为调查对象,对苏州市综合零售批发业企业信用发展存在的问题进行分析。

表2　苏州市典型综合零售批发业企业

序号	公司名称	成立年份	注册资本(万元)	员工人数	主营业务
1	常熟市农业生产资料有限公司	1980	1 178	100	农业生产资料批发零售
2	昆山商厦股份有限公司	1988	6 760	2 700	百货批发零售
3	苏州恒发进出口有限责任公司	1988	1 000	58	消费品贸易
4	常熟市南方厨房设备有限责任公司	1993	1 080	169	厨房设备批发零售
5	苏州市龙凤金店有限公司	1993	10 100	105	金饰批发零售
6	苏州人民商场股份有限公司	1994	4 000	350	百货批发零售
7	苏州长发商厦有限责任公司	1994	2 000	—	百货批发零售
8	张家港市国际购物中心有限责任公司	1995	500	210	百货批发零售

续表

序号	公司名称	成立年份	注册资本（万元）	员工人数	主营业务
9	张家港市商业大厦有限责任公司	1999	750	500	百货批发零售
10	江苏栋国进出口有限公司	2003	2 000	30	纺织产品贸易
11	江苏国泰华亿实业有限公司	2009	1 200	12	油脂油料批发零售

1. 苏州市综合零售批发业"守重"企业信用认知情况

诚实守信是市场经济的基石。市场经济本质上是一种信用经济，是建立在契约基础上的信用经济。作为市场主体的企业若对企业信用无认知，缺乏信用，市场公平竞争的环节将被破坏，市场经济的可持续发展也将受到制约。企业对企业信用的认知水平反映了市场的成熟程度和社会的文明程度。苏州市综合零售批发类"守重"企业对信用认知的特点如下：

（1）企业信用能够在高层管理人员中被宣贯到位，各公司高层管理人员均了解公司信用管理程度，80%以上的企业在公司管理体系建设中配备有专职从事信用管理工作的人员和部门。

（2）企业能够意识到建立行之有效的信用管理制度和体系是企业信用环境培育的关键，银行授信管理制度及相关定期复审制度是企业信用发展的重要推手。

（3）企业普遍对自身信用重视程度较高，所调研企业均获评过省级及以上"守合同重信用"企业称号；银行亦对这些企业信用评级相对较好，所调研的企业多数被评为"AAA"级信用等级，仅1家被评为"AA"级信用等级。

（4）企业内部信用风险管控能力较强，普遍能够有效运用企业内部分析系统规避信用风险。

（5）企业对信用评级、信用担保、银行征信等银行提供的信用专业化服务了解较多并运用熟练（见图1）。

（6）企业日常经营过程中，已将企业信用纳入到日常管理范畴，如对待新的交易客户要求必须提供身份和资质证明，针对赊销等风险交易建立有明确的管理制度等。

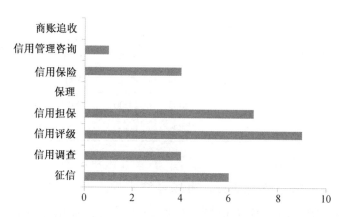

图 1　苏州市综合零售批发业 11 家"守重"企业对信用专业化服务的选用频率

2. 苏州市综合零售批发业"守重"企业实施信用信息管控情况

为转变企业信用监管理念、创新监管方式、加强事后监管,国务院于 2014 年颁布《企业信息公示暂行条例》,以立法方式,通过运用信息公示、社会监督等手段保障公平竞争,强化对企业的信用约束,保护交易相对人和债权人利益,保证交易安全,维护市场秩序,并以此促进企业诚信自律,扩大社会监督,营造公平竞争的市场环境。为进一步推动企业信用发展,近年,各级政府已逐步完善企业信息公示配套手段,建立起了"企业信用信息公示系统"。与此同时,针对企业负面信用信息公示,建立了"经营异常名录制度"和"严重违法企业名单制度"。国家信用体系建设的完善,也推动了苏州市综合零售批发业类企业信用发展,企业日常经营过程中需要按照法规要求从事企业信用信息披露工作,同时也从信用信息公示中获得实实在在的利益。苏州市综合零售批发业在实施信用信息管控法规方面具有以下几个特点:

(1) 企业普遍了解"企业信用信息公示系统"并在其中开展企业信用信息日常登记工作,会根据交易需要,在"企业信用信息公示系统"中查询相关企业信用信息。

(2) 企业充分相信"企业信用信息公示系统"中所登记信息的真实可靠性,相信其可在维护企业合法权益方面发挥作用。

(3) 企业非常熟悉企业年度报告报送制度要求,能够按照要求及时向工商部门报送企业年度报告。

(4) 企业普遍意识到:在当前信用环境下,国家推行的企业信息公示制度非常有必要,这有助于促进企业保持并改善企业信用状况,促进企业诚信经营。

三、苏州市综合零售批发业"守重"企业存在的问题

从本质上来讲,综合零售批发业具有以下属性:行业门槛低,企业素质薄弱、良莠不齐;行业内企业普遍规模偏小,经营稳定性差;企业的抗风险能力弱;企业经营不规范,报表欠真实,不能反映企业的真实财务状况;企业信息透明度低等。这些行业属性为综合零售批发企业信用发展带来负面影响。苏州市综合零售批发业"守重"企业在信用风险管控方面和实施《企业信息公示暂行条例》方面均存在薄弱环节。

1. 企业信用风险管控方面的薄弱环节

(1)企业信用信息利用渠道主要集中于工商部门的"企业信用信息公示系统"、中国人民银行的征信平台和人民法院的诉讼或失信被执行人信息平台。很少有企业选用信用调查、信用保险、保理、信用管理咨询等专业化服务。这反映了企业对保险公司和其他信用管理咨询机构提供的信用管理专业化服务了解不多,也不信赖。

(2)在信用管理过程中,企业难以获得客户的可靠信息,由此难以对潜在客户进行有效评估,无法恰当选用风险管理工具。

(3)企业日常经营过程中,对于企业信用风险管控方式运用尚不成熟,如对待重大交易事项,仅55%的企业对客户资本金到位情况进行确认;仅55%的企业要求客户提供第三方信用服务机构评估报告。

2. 实施《企业信息公示暂行条例》方面的薄弱环节

(1)有近一半的综合零售批发业企业不太了解《企业信息公示暂行条例》内容。企业对信用信息公示制度的了解主要来源于政府管理部门要求企业按期披露企业信用信息。

(2)企业面对信用信息公示制度存在矛盾心理,一方面需要有公正的企业信用信息提供渠道,另一方面担心自身的企业秘密在信息公示过程中被泄露。

(3)企业进行信用信息披露主动性和及时性不够。尚有部分企业没有专门设置负责企业信用信息公示的部门或人员;很少有企业根据条例的实施主动相应调整企业内部交易管理制度;企业对股权转让、行政处罚等重要企业信息进行披露的意识有待提高,披露及时性有待进一步改善。

(4)日常经营过程中,大多数企业未能熟练掌握"经营异常名录制度"和"严重违法企业名单制度"的运用。

四、苏州市综合零售批发业"守重"企业信用体系建设的建议

近年来,在国家企业信用体系建立并完善的过程中,苏州市综合零售批发业"守重"企业信用得到了一定发展。但从本次调研来看,苏州市综合零售批发业"守重"企业在信用风险管控方面和实施《企业信息公示暂行条例》方面均存在薄弱环节。

为推动苏州市综合零售批发业企业诚信经营,维护消费者合法权益,推动综合零售批发业整体健康发展,尚需要进一步完善企业信用体系建设,还需要完善企业信用约束机制并提高信用约束机制的有效性同时,应推动第三方企业信用专业服务机构发展。

1. 进一步完善企业信用体系建设

(1) 针对苏州市综合零售批发业企业对《企业信息公示暂行条例》尚了解不够的情况,政府部门需加强企业信用法规的宣贯,建议按行业特点组织开展针对性免费企业信用普法教育活动。

(2) 按照行业特点调研企业信用信息需求,扩大企业信用信息披露范围。与此同时,通过调研在保守企业机密和企业信用信息完备、公正披露之间寻求平衡点。

2. 进一步完善企业信用约束机制

(1) 从本次调研样本来看,工商部门随机抽查综合零售批发业企业信用信息公示情况频度不高。建议工商管理部门能根据行业特点调整抽查频度。

(2) 整合企业信用信息公示系统,加强政府各部门之间的信息联通,方便企业信用信息的利用,并努力形成企业"一处违法、处处受限"的信用约束机制,为全社会对企业信用状况进行评价和监督提供制度保障。

(3) 建立并完善企业诚信激励约束机制,促进企业信息披露的主动性、完备性和及时性,以争当"诚信企业"为基础,建立完备的企业信用档案,促进企业诚信自律,营造公平竞争的市场环境。

3. 推动第三方企业信用专业服务机构发展

(1) 鼓励银行提供更便利、更快捷的企业信用信息咨询服务。由于银行掌管着企业信贷数据,权威性较高,其发布的企业征信、信用评级信息以及出具的信用担保已获得市场的广泛认可。

(2) 规范信用管理咨询机构的信用调查、信用管理咨询服务行为,促进这类机构的合法合规经营,发挥其在公平、公正方面的专业作用。

(3)推动保险业在综合零售批发领域的深入发展,提供可选择的、具备行业特点的企业信用风险管理工具。

参考文献:

[1] 我国零售行业发展概况、法规政策及行业竞争的基本状况[R/OL].中国产业信息网,http://www.chyxx.com/industry/201407/267153.html.

[2] 中国零售业发展状况及问题解析[R/OL].中国产业洞察网,http://www.51report.com/free/14778.html.

[3] 苏州市统计局国家统计局苏州调查队.2013年苏州市国民经济和社会发展统计公报[R].2014.

[4] 苏州市统计局国家统计局苏州调查队.2014年苏州市国民经济和社会发展统计公报[R].2015.

[5] 苏州市统计局国家统计局苏州调查队.2015年苏州市国民经济和社会发展统计公报[R].2016.

[6] 邱涛.零售企业服务管理要点:以"诚信"拓市场"服务"树品牌[J].产业与科技论坛,2013(12):227-228.

[7] 骆彬.网络零售企业竞争中的诚信问题研究[J].商场现代化,2014(21):47-48.

(殷玲玲)

苏州市电子元器件制造业"守重"企业发展报告

一、苏州市电子元器件制造业"守重"企业发展概况

电子元器件是电子元件和电子器件的总称,是由若干零件构成的。电子元器件处于电子信息产业链上游,是通信、计算机、网络、数字音视频等系统和终端产品发展的基础,对电子信息产业的发展起着至关重要的作用。

近年来,苏州电子元器件制造业稳健发展。本次调查苏州市电子元器件制造业"守重"企业,收回6份有效调查问卷,分别是:苏州上声电子有限公司,主要从事设计、制造与经营汽车扬声器及相关的电子产品等;昆山生隆科技发展有限公司,是一家主要从事印制电路板制造的民营企业;AEM科技(苏州)股份有限公司,是一家拥有陶瓷电子元器件多项技术平台的高科技制造企业;吴通控股集团股份有限公司,专业从事无线通信射频连接系统、光纤连接产品的研发、生产及销售;苏州固锝电子股份有限公司,是国内半导体分立器件行业最大的二极管制造商;常熟开关制造有限公司,是国内著名的电气专业制造公司,为"国家重点高新技术企业",主要生产高低压电器元件、电子产品及高低压成套开关设备。

本次问卷调查的苏州6家电子元器件制造业"守重"企业,其中相城区2家,昆山1家,工业园区1家,常熟1家,新区1家,其基本情况如表1所示。

表1 苏州市电子元器件制造业"守重"企业基本情况

企业名称	成立日期	注册资本（万元）	现有规模（人）	主营业务	2015年营业收入（万元）	企业投资性质	是否上市	"守重"级别	银行信用评级
昆山生隆科技发展有限公司	2001年4月	3 066.439 5	100	印制电路板制造和销售	2 546.13	民营企业	否	省级	AAA
AEM科技（苏州）股份有限公司	2001年11月	7 850	350	片式熔断器、敏感元器件等新型电子元器件、电子材料和专用设备的设计、生产和销售	11 659	外商投资企业	是	省级	AA
苏州上声电子有限公司	1992年6月	15 746.4	1 200	汽车扬声器、音响系统、电子元件等的生产和销售	12 000	合资企业	否	省级	AA
吴通控股集团股份有限公司	1999年6月	31 896.797	401	电子产品的生产和销售	10 000	民营企业	是	省级	AAA
苏州固锝电子股份有限公司	1990年11月	72 797.148 7	1 305	集成电路、分立器件、传感器的生产和销售	73 871	民营企业	是	国家级	AAA
常熟开关制造有限公司（原常熟开关厂）	1981年3月	38 130	970	机械制造	21 800	集体企业	否	国家级	AAA

二、苏州市电子元器件制造业"守重"企业信用建设现状

1. 企业信用管理情况

企业信用管理是现代企业管理最重要的组成部分，企业的信用关系到企业的生存与发展。从问卷调查情况看，6家苏州地区电子元器件制造业"守重"企业中，有50%很了解公司信用管理程度，50%非常了解企业信用管理程度。有2/3的企业对信用管理的重视程度为非常重视，另1/3表示很重视。

问卷调查的6家苏州地区电子元器件制造业"守重"企业均对新的交易客户要求提供有关身份和资质证明，对新的交易客户都已建立很完善或非常完善的内部信用评级制度。对重大交易，有50%的企业表示没有要求资本金到位再签合同，这可能与企业间建立的战略合作伙伴关系以及现有经济市场的灵活性相关，但这样做可能存在的外部信用风险并不是企业自身能力所能完全控制的，这需要企业识别事前事后的风险所在，科学决策和采取有效措施。

6家"守重"企业对客户赊销的条件都表示有明确的制度规定。目前市场竞争日益激烈,为争取客户的订单,赊销已经成为主要交易模式之一。赊销需要考虑企业本身的资金实力、市场支持的力度、市场拓展目标等因素。问卷调查的企业高管认识到赊销管理在企业中的地位与角色,非常明确地规定了企业赊销条件并进行有效管理,以应对信用风险管控。

2. 信用风险管理

问卷调查显示,对于"在信用管理过程中最困难的环节",半数以上企业认为是获取客户可靠信息,其次为管理应收账款。一旦客户的信息不完整或不可靠,信用的决策与控制便缺乏有效的信息支持,导致客户的赊销账款无法如期收回,企业需要投入大量的精力和财力管理成本,但由于信用管理经验不足,结果还是产生大量呆账、坏账,使本已单薄的利润被严重侵蚀。对重大交易的客户,有66.67%企业没有要求提供第三方信用服务机构评估,表明企业高管对信用管理的重视程度不够高。

在信用风险管理的问卷调查中,6家"守重"企业一致认为建立行之有效的信用管理制度和体系是最重要的影响因素,其次分别为授信管理制度、定期复审、逾期控制手段,各有66.67%的企业选择。随着市场经济的不断成熟和竞争的日益加剧,我国市场经济秩序尚不健全的问题越来越突出地表现出来,而我国社会信用体系的不完善和社会经济体之间信用关系的缺乏成为主要问题,这就要求企业加快对信用风险管理制度和体系的制定与完善。信用风险管理俨然成为现代企业管理中最核心的内容之一,它直接关系到企业的存亡。问卷调查的6家企业对信用风险管理因素与比例如表2所示。

表2 苏州市电子元器件制造业"守重"企业认为信用风险管理过程中最重要的因素

信用风险管理过程中的影响因素	选择企业数量	占比	信用风险管理过程中的影响因素	选择企业数量	占比
建立行之有效的信用管理制度和体系	6	100.00%	潜在客户评估	3	50.00%
授信管理制度	4	66.67%	内部分析系统	2	33.33%
定期复审	4	66.67%	抵押担保	2	33.33%
逾期控制手段	4	66.67%			

在问卷调查中,最有助于企业规避信用风险的手段是公司内部信控能力,其

次为信用报告及信用额度建议,如表3所示。

表3 苏州市电子元器件制造业"守重"企业规避信用风险的手段

规避信用风险的手段	选择企业数量	占比	规避信用风险的手段	选择企业数量	占比
公司内部信控能力	6	100.00%	保理	2	33.33%
信用报告及信用额度建议	3	50.00%	商账追收	1	16.67%
信用保险	2	33.33%	抵押担保	1	16.67%

3. 信用管理咨询

在发达的市场经济中,有一系列的信用服务机构为其提供企业信用管理专业化的服务,比如征信、信用评级、信用调查、信用担保、保理、信用保险、信用管理咨询、商账追收等。问卷调查的苏州地区6家电子元器件"守重"企业比较了解的信用服务行业主要是征信、信用评级、信用调查、信用担保,如表4所示。

表4 苏州市电子元器件制造业"守重"企业了解的信用服务行业

信用服务行业	选择企业数量	占比	信用服务行业	选择企业数量	占比
征信	6	100.00%	保理	2	33.33%
信用评级	6	100.00%	信用保险	1	16.67%
信用调查	4	66.67%	信用管理咨询	1	16.67%
信用担保	4	66.67%	商账追收	1	16.67%

信用管理咨询服务就是由专业机构通过咨询、培训等服务,帮助企业建立起客户信用档案、赊销客户的授信、应收账款催收等一系列信用管理制度,提高企业防范赊销风险的能力。从问卷调查看,33.33%的企业表示对这项服务无所谓,只有66.67%的企业认为比较需要或非常需要这项服务。

三、苏州市电子元器件制造业"守重"企业对《企业信息公示暂行条例》的实施情况

1. 对《企业信息公示暂行条例》的了解和实施

苏州市电子元器件制造业"守重"企业对《企业信息公示暂行条例》的了解情况以及实施情况如表5、表6所示。

表5 苏州市电子元器件制造业"守重"企业对《企业信息公示暂行条例》的了解情况

项 目	实施情况	项 目	实施情况
对《企业信息公示暂行条例》的了解程度	50%的企业比较了解和非常了解,50%听说过,但不太了解	专人负责公示	83%
对企业信用信息公示系统的了解程度	50%的企业比较了解,33.33%非常了解,16.67%听说过,但不太了解	报送年报	100%
交易前查询公示	66.67%的企业会经常查询,33.33%偶尔查询		

表6 苏州市电子元器件制造业"守重"企业对《企业信息公示暂行条例》的实施状况

实际操作	实施比率	实际操作	实施比率
对重要信息公示的了解程度	100%的企业很了解	对经营异常名录的了解程度	83.33%比较了解
公示过行政处罚或许可	33.33%的企业公示过,50%没有行政处罚或行政许可信息	对违法名单的了解程度	83.33%比较了解
工商部门抽查情况	50%的企业有公示,33.33%不清楚		

2. 对"企业信用信息公示系统"的认识

全国"企业信用信息公示系统"于2014年2月上线,公示的内容主要包括市场主体的注册登记、许可审批、年度报告、行政处罚、抽查结果、经营异常状态等信息。33.33%的受访企业表示"企业信用信息公示系统"对维护企业合法权益的作用很大,66.67%的企业认为有些作用。100%的受访企业认为在当前的信用环境下,企业信息公示是有必要的。66.67%的受访企业认为企业信息公示制度有助于改进企业的信用状况,从而促进企业诚信经营。从上述的问卷调查情况看,苏州市电子元器件制造业"守重"企业重视信用管理并对"企业信用信息公示系统"持认同态度,但有50%的受访企业认为企业信息公示会侵犯到国家秘密、商业秘密或个人隐私,对信用信息公示系统存在不安全心理。除了工商部门的"企业信用信息公示系统"外,企业相对了解的其他企业信用信息公示平台如表7所示。

表7 苏州市电子元器件6家"守重"企业对企业信用信息公示平台了解状况

企业信用信息公示平台	选择企业数量	占比	企业信用信息公示平台	选择企业数量	占比
中国人民银行的征信平台	5	83.33%	海关的企业进出口信用信息公示平台	2	33.33%
人民法院的诉讼或失信被执行人信息平台	5	83.33%	相关行业协会的信用信息平台	2	33.33%
商务部、国资委的"全国行业信用公共服务平台"	3	50.00%			

四、苏州市电子元器件制造业"守重"企业信用体系建设面临的问题及建议

根据苏州市电子元器件制造业6家"守重"企业问卷调查的结果及其分析,目前我国企业信用体系建设存在如下不足之处:

1. 企业高层管理者对信用管理重视程度不够高

企业高层管理者缺乏信用管理理念,直接制约企业内部信用风险防御功能的充分发挥。在商业交易过程中,客户赊销账款无法如期收回,导致管理赊销的精力与财力成本加大,同时由于信用管理经验不足,产生大量呆账、坏账,使本已单薄的利润被严重侵蚀。

2. 内部信用管理体制不完善

目前,我国企业信用管理制度远未健全,具体表现为:缺少基本的客户信息管理系统,企业在生存、营销上的盲目性造成销售管理失控,应收账款居高不下,企业流动资金紧张,市场风险巨大。

3. 信用数据开发程度偏低

企业无法依靠商业化、社会化、公正独立的信用调查、征信、资信评估或信用专业服务等方式获取征信数据。对征信数据的开发与使用尚没有明确的法律规定,政府部门和专业机构掌握的可公开的企业资讯不能开放,加大了征信过程获取企业信息的困难。

4. 信用监控制度不完善

现行的法律体系不能涵盖全部信用行为,特别是对债务人履行义务的约束不完善且不具强制性。企业信用及其他经营行为的记录和监督分散在工商、税务、银行等不同职能部门,很难形成完整的信用记录,从而无法进行有效的监督与管理,不能为企业和社会经济主体承担社会责任提供基本的依据。

在当前我国加快建立健全市场经济的大背景下,改善企业信用状况的关键在于建立有效的企业信用管理体系。结合行业和地区情况,健全"守重"企业信用管理体系总体上可从下面两个方面着手:

(1)建立专门的信用部门,并明确其权力职责。信用部门的客户信用管理、内部授信与应收账款管理制度要科学合理,客户的信用风险等级划分法、信用政策制定方法、债权质量评估法等相关管理技术要到位。

(2)制定全国统一的信用信息采集和分类管理标准,构建信息共享机制,这将极大地解决获取信用信息成本过高的问题,有助于打破目前的信息分割局面,实现信息高效查询和共享。建立信用信息共享机制将大大降低信用交易的成本和时间,有利于信用资源的优化配置,使全社会都能有效地监督企业和个人的信用行为。

参考文献:

[1] 叶陈毅.企业公民与信用治理评价研究[M].北京:人民出版社,2015.

[2] 叶陈毅.公司信用管理[M].上海:复旦大学出版社,2011.

[3] 国家工商行政管理总局外商投资企业注册局.企业信息公示制度法规汇编及有关问题解答[M].北京:中国工商出版社,2014.

[4] 周晓鹏,雷自力,吴霞.关于建立航空电子元器件供应商信用评价模型的研究[J].航空维修与工程,2011(4):75-77.

[5] 李林红.商业信用、融资约束与企业投资——基于我国制造业上市公司的实证研究[J].财经论丛,2014(3):47-52.

(陈丽娟)

苏州市化学原料及化学制品制造业"守重"企业发展报告

一、苏州市化学原料及化学制品制造业"守重"企业概况

化学原料及化学制品制造业,习惯上称为"化学工业"(Chemical Industry),是指利用化学工艺生产经济社会所需的各种化学产品的社会生产部门的总称,在国民经济中具有举足轻重的地位和作用。相关数据显示,截至2015年2月,我国共有化学原料和化学制品制造业企业25 202家。国家统计局2016年7月28日公布的数据显示,2016年1—6月,全国规模以上工业企业实现利润总额29 998.2亿元,同比增长6.2%,其中化学原料和化学制品制造业实现利润2 271.5亿元,同比增长13.8%,整个行业的重要性不言而喻。

在企业信用建设方面,自国务院于2014年6月14日发布《社会信用体系建设规划纲要(2014—2020年)》以来,《企业信息公示暂行条例》于2014年10月1日起相继实施。国家统计局紧跟制定了《统计上严重失信企业信息公示暂行办法》,国家工商总局制定了《严重违法失信企业名单管理暂行办法》,江苏省也就关于做好统计失信行为分类工作发布了专项通知(苏统字〔2013〕85号),明确了失信行为的概念和分类标准,并就如何做好统计失信行为分类工作和加强对统计失信行为分类工作的指导与检查做出了明确要求。

苏州市社会信用体系建设工作办公室(简称市信用办)拥有自己的网络平台(诚信苏州网,http://www.szcredit.gov.cn),实时关注江苏省、国内及国际关于诚信建设的法规与工作动态,采用工作简报方式定期向社会公布苏州市社会信用体系建设情况。在针对个人及企业信用的管理方面,市信用办也是多方位多举措进行监督与控制,采用红名单管理制度在观前诚信经营红榜和网络平台发布"守重"企业名册,采用黑名单管理制度公布自然人、法人和单位的失信行为,此外还将企业的信用承诺书通过平台对社会各界公布。

本次问卷调查针对苏州市"守重"企业,对企业"守合同重信用"情况进行调查分析。共回收6份化学原料及化学制品制造业"守重"企业的有效调查问卷,被调查企业涉及基础化学原料、涂料、油墨产品、日用化学品制造4个子行业。企业成立时间均在10年以上,生产运营情况稳定,从业人数规模自不足百人至千人以上不等,企业性质以民营为主,至少都曾被列入省级及以上"守重"企业,银行信用评级均在AA及以上。被调查企业基本信息如下表所示。

苏州市化学原料及化学制品制造业"守重"企业基本情况

企业名称	企业性质	是否上市	成立日期	注册资本	员工人数	主营业务	2015年营业收入(万元)	"守重"级别	银行信用评级
苏州天马精细化学品股份有限公司	民营企业	是(天马精化)	1999年1月	57 130万人民币	750	原料药、中间体、造纸化学品的研发、生产、销售	51 223	国家级	AAA
华奇(中国)化工有限公司	外商投资企业	否	2006年8月	1 500万美元	186	加工和销售轮胎助剂等	60 522.79	省级	AAA
苏州科斯伍德油墨股份有限公司	民营企业	是(科斯伍德)	2003年1月	24 255万人民币	259	生产和销售油墨等	18 000	省级	AAA
常熟市开拓催化剂有限公司	民营企业	否	2001年4月	50万人民币	89	催化剂产品制造、加工	(问卷中无数据)	省级	AAA
苏州金宏气体股份有限公司	民营企业	否	1999年10月	36 325万元人民币	1 179	生产、储存化工气体等	1 200	省级	AA
苏州太湖电工新材料股份有限公司	民营企业	否	2000年9月	8 250万人民币	400	绝缘漆、表面漆等绝缘材料的生产和销售	2 000	省级	AAA

二、苏州市化学原料及化学制品制造业"守重"企业信用建设问题分析

我国市场经济的发展提高了国民的生活水平,促进了社会的前进发展。然

而,市场经济是以经济利益为内在驱动力,为了获得更高的利益有些企业会不择手段,背信弃义,从而导致失信的现象不断发生,阻碍了社会健康发展的步伐。为了使市场经济得到健康有序的发展,国家在宏观政策调控方面加大了整合力度,并号召大力发展社会力量推动诚信建设。

从本次调查问卷数据分析可以看出,受访的苏州市化学原料及化学制品制造业"守重"企业中,多数企业对信用管理的重视程度还是非常高的,企业高层管理人员对于公司信用管理程度也是非常了解的。大多数企业都设有从事信用管理工作的专职人员和部门,在与新客户交易前也都会要求提供有关身份和资质证明。在资金安全与信用考核的管控方面,多数企业都有资本金到位再签合同的要求,对新交易客户都建立有完善的内部信用评级制度,并且对重大交易客户还会要求提供第三方信用服务机构评估,对客户符不符合赊销的条件也都有明确的制度规定。对于《企业信息公示暂行条例》,多数企业都比较了解,企业也都设有专门负责企业信用公示的部门或人员,每年6月30日前也都会及时向工商部门报送企业年度报告。在与其他企业进行交易之前,受访企业也会经常在工商部门的"企业信用信息公示系统"上查询相关企业的信息。

但是,苏州市化学原料及化学制品制造业"守重"企业在信用建设过程中还存在着以下问题:

1. 信用信息渠道不畅,难以获取真实可靠的信用信息

企业信用信息的审核与信用评级主要由所属地政府机关及监管部门来执行,但部分地方的信用管理制度尚处于建设中,相关制度的透明度有待加强,甚至可能还掺杂有政府对于经济发展的干预因素,难以做到全面有效地评价。化学原料及化学制品制造业企业在交易过程中,尤其在跨区域交易时,对于交易对方信用信息的获取是一大重点,也是一个难点,尤其是要得到真实可靠的第一手信用数据。

2. 信用管理服务形式多样,企业信用管理成本增大

所谓信用管理,就是授信者对信用交易进行科学管理以控制信用风险的专门技术,其主要功能包括五个方面:征信管理(信用档案管理)、授信管理、账户控制管理、商账追收管理、利用征信数据库开拓市场或推销信用支付工具。常用的信用管理服务形式主要包括商账管理咨询、信用管理咨询、信用管理培训及信用担保、保理、信用保险和信用衍生产品的开发与交易等。

在化学原料及化学制品制造业企业的信用管理过程中,通过常规的征信服务无法做到对交易对象全面完整地了解,引入第三方的信用管理服务可有效避免上述缺陷,但同时也会产生额外的信用管理成本开支,无形之中增加了企业的运营成本。

3. 宏观经济下行压力较大,客观上影响企业的"守重"程度

近年来,受宏观经济下行压力所迫,化学原料及化学制品制造业发展也受到一定的影响。国家统计局公布的数据显示,2015 年 1—10 月我国基础化学原料制造业利润总额仅为 74 272 816 千元,亏损企业数量高达 1 221 个。外围经济环境的恶化导致化工产品价格下跌严重,利润水平下滑显著,企业自身发展已是困难重重。尤其是 2015 年"8 · 12"天津港大爆炸事故以来,安全生产形势严峻,企业对安全生产及环境保护的投入加大。高成本低收入的长期运营,一定程度上也成为化学原料及化学制品制造业企业失信事件的诱因。

4. 企业信息公示系统公示的信息不全面,对经营异常及严重违法企业的惩罚力度不够

《企业信息公示暂行条例》的实施能有效发挥信用惩戒作用,维护交易安全,但由于记载于企业经营异常名录的情形并没有包括所有受行政机关处罚的行为,可能导致公众产生误解,认为凡是载入经营异常名录的企业就是违法的,而没有载入经营异常名录的企业就是守法的。但实际情况可能是,有些企业仅因为轻微违法行为就被载入经营异常名录,而其他存在严重违法行为的企业却没有被载入经营异常名录。

此外,《企业经营异常名录管理暂行办法》定位于公示,以提醒企业履行义务,缺少必要的行政处罚手段。公示对于企业的约束力来自交易相关人的选择,需要相当长时间的积累才能显现出来。使用行政处罚手段则截然不同,可以直接限制企业的权利或迫使其履行义务。在社会信用体系还不够成熟、企业自律意识不强的状态下,只运用公示手段难以及时制止企业的失信行为,采取限制性甚至强制性行政处罚手段仍然是必要的。

三、苏州市化学原料及化学制品制造业"守重"企业信用建设建议

针对"守重"企业在信用建设过程中存在的上述问题,建议可从如下方面改进:

1. 坚持公平公正公开原则,接受社会多方监督

企业信用体系建设是一项复杂的系统工程,要通过"政府推动、市场运作"的方式,坚持公平、公正、公开的原则,尤其是信用评价环节一定要贯彻公正原则,防止由于某种经济利益而扭曲评价结果。此外,还要敢于接受社会多方的监督,在信用市场监管和对失信行为的处罚方面要坚定贯彻公平、公开原则,以实现信用信息渠道上通下达,企业信用信息真实可靠。

2. 创新信用管理服务形式,降低企业信用管理成本

借助"互联网+"大数据的技术,多方融合企业的信用基础数据,推出网络交易信用评价产品,打造创新模式的信用监管和服务体系。此外,还可以将各地信用信息共享平台互联,与全国信用信息平台对接,实现信用信息的共享与交换,方便跨区域的信用管理与认证查询等。通过以上举措,可以丰富企业信用管理的内容与形式,同时也可大大降低企业的信用管理成本。

3. 加强政府扶持力度,促进企业信用建设健康有序发展

企业发展离不开政府的扶植和支持,尤其在当下宏观经济下行的大环境下,企业自身发展已是压力重重、步履维艰,政府应该在企业融资及发展方面加大扶持力度,鼓励企业健康有序地开展信用建设工作,要让信用建设不因经济恶化而止步,反而应该在不景气的环境下更加彰显诚信本色。

4. 进一步完善企业经营异常名录制度

载入经营异常名录的情形应当包括商事主体所有受行政机关处罚的违法行为,避免公众产生误解。社会信用体系的最终目的是使失信者受到惩罚,褒扬守信行为。因此,失信惩罚机制是社会信用体系中最重要的组成部分。应进一步完善和细化经营异常名录管理制度,扩大载入经营异常名录的主体范围,健全企业信用信息公示制度,实现各种数据库互联互通和无缝对接,逐步形成"一处违法,处处受限"的信用监管格局,使有违市场竞争原则和侵犯消费者、劳动者合法权益的市场主体受到应有惩罚,承担失信后果。

另外,还应强化行政监管性惩戒。对于载入经营异常名录的企业及负有主要责任的法定代表人、股东或高管人员应采取重点监管措施。对于载入经营异常名录的企业,在相关活动中依法予以限制或禁止;对企业法定代表人、股东或高管人员因未履行法定职责,导致企业被列入经营异常名录的,商事登记机关依法将其记入个人信用记录,并依法限制其设立新的市场主体和从事市场经营活

动,促使其履行法定责任。

四、总结

通过对苏州市化学原料及化学制品制造业"守重"企业的调查分析可以看出,本次被调查的企业均无不良信用记录,各自在企业信用建设方面都取得了一定的成绩,这与整个苏州地区对社会信用建设的重视是分不开的。

企业信用体系建设,从个人来说,这是个道德修养问题,个人通过加强信用体系建设,增强诚信意识,营造诚实守信的个人形象,增加个人的信誉度;从企业来说,这是个经营管理问题,企业通过加强信用体系建设,营造诚实守信的企业文化,防范信用风险;从社会来说,这是个制度建设问题,社会通过加强信用体系建设,营造诚实守信的社会氛围,防范社会风险。个人、企业、社会是加强信用体系建设的主体,其中个人是基础,企业是关键,社会是保障。个人诚实守信为企业信用体系建设奠定基础,全社会抓信用体系建设可以优化企业信用环境。加强企业信用体系建设必须个人、企业、社会联动。管理部门应从抓诚信教育入手,从抓信用制度建设着力,规范市场主体行为,建立并落实失信惩戒和守信激励机制,使失信者像"过街老鼠,人人喊打",使守信者得益得利,整个社会风气将为之一新。

参考文献:

[1] 惠瑶.国内外企业信用信息管理初探[J],现代情报,2007(12):184-186.

[2] 张元辉.企业信用评级的方法探讨[J].科技资讯,2008(7):187-188.

[3] 胡月红,杜鹏程.我国中小企业信用建设中存在的问题及对策探讨[J].学术论坛,2009(4):121-124.

[4] 任继勤,冉军海.我国化学原料及化学制品制造业的发展趋势研究[J].化工管理,2012(7):36-39.

[5] 陈立来.江苏省基础化学原料制造业发展现状及发展对策研究[J].化工管理,2015(4):25-28.

(位　凯)

苏州市医药业"守重"企业发展报告

一、苏州市医药业"守重"企业发展概况

医药行业是我国国民经济的重要组成部分,自改革开放以来,医药行业在全行业中的地位得到稳步提高。医药行业具有高投入、高产出、高风险、高技术密集型的特点,是目前发展最快、竞争最激烈的高技术企业之一。医药行业被誉为"永远的朝阳产业",它的发展已成为我国21世纪重要的经济增长点。2015年全国医药制造业主营业务收入25 537.1亿元,同比增长9.1%;全年利润总额为2 627.3亿元,同比增长12.9%。

苏州市的医药业有着非常悠久的历史,还有不少发展至今的百年老店和驰名商标。2015年,苏州市医药行业增速明显放缓,但利润增速环比有所改善。全年完成医药工业总产值(现价)460亿元,比上年增长6.28%;完成利润48.04亿元,比上年增长30.97%;完成销售收入421.51亿元,比上年增长2.04%;完成利税76.91亿元,比上年增长20.98%。本课题发放和回收了苏州市的7家医药业"守重"企业调查问卷,7家"守重"企业的基本情况如表1所示。

表1 苏州市7家医药业"守重"企业基本情况

企业名称	所属行业	成立时间	注册资本（万元）	现有规模（员工人数）	主营业务	营业收入（万元）	企业性质	是否上市	"守重"级别	信用评级
华润昆山医药有限公司	医药批发	2001年	6 748.8	500	中成药、中药饮片、化学药原料药、化学药制剂、抗生素原料药	156 000	国有企业	否	省级	AAA
江苏吴中实业股份有限公司	医药制造业	1994年	66 944.6	1 332	医药、贵金属加工、房地产、国际贸易	292 835.6	民营企业	是	省级	AAA
苏州朗力福保健品有限公司	医药制造业	1996年	13 000	346	保健品	1 000	外资企业	否	省级	AAA
吴江市神力医疗卫生材料有限公司	医疗器械	1999年	200	102	中医器械、医用卫生材料及敷料生产和销售	1 980	民营企业	否	省级	无
苏州太湖美药业有限公司	医药制造业	1990年	219	64	生产、加工、销售滴眼剂、散剂	2 434	民营企业	否	国家级、省级	无
苏州市天灵中药饮片有限公司	医药制造业	2002年	8 000	245	中药饮片、高档参茸补品	37 138	民营企业	否	省级	AAA
华润张家港百禾医药有限公司	医药批发	1979年	1 385	86	中药材、中成药、中药饮片、化学原料药、化学药制剂、抗生素等药品批发	50 000	国有企业	否	省级	A

从表1可见，苏州市医药业"守重"企业大部分属于医药制造业，仅有1家医药企业涉足其他行业，而且也是仅有的一家上市企业。江苏吴中医药集团有限公司为上市公司江苏吴中实业股份有限公司（股票代码：600200SH）控股的核心产业集团，也是吴中医药产业基地骨干企业。江苏吴中医药集团先后获得"中国化学制药行业工业企业综合实力百强企业""火炬计划国家重点高新技术企业""省高新技术企业""省百家重点自主创新企业""省重合同守信用企业""省医药行业诚信企业"等荣誉称号，是苏州市医药行业协会会长单位和江苏省医药行业协会副会长单位。目前，吴中医药集团已经形成了涵盖化学药、生物药、中药，下属三家医药研究所、四家制药厂、一家医药销售公司，集医药研发、生产、销售为一体的完整产业链。

其中仅有的一家外资医药企业——苏州朗力福保健品有限公司是朗力福集

团控股有限公司下属的全资子公司,公司主营保健品、保健营养酒等2大系列130个品种规格的产品。苏州朗力福保健品有限公司自成立以来高度重视产品质量,朗力福系列产品有着较好的信誉和口碑。2005年,"朗力福牌保健品"被认定为中国十大畅销品牌;2007年9月"朗力福"企业名称字号被评为江苏省苏州市知名字号;2004—2007年,公司连续四年被江苏省苏州市人民政府评为"守合同重信用"企业。公司与上海市中医药学会以及国内的多所科研院校建立了良好的合作关系,始终把科技摆在第一位,狠抓产品的质量。同时坚持以管理为基础、以效益为中心,建立起一个以上海为龙头,以浙江、江苏、福建、湖南、湖北、四川、陕西、河北、河南、安徽、江西、山东、辽宁、吉林、黑龙江为网络的营销框架,目前在全国已经建立分支机构共计64个,一线的人员已经达到7500人。

拥有国家级守合同重信用等级的仅有一家——苏州太湖美药业有限公司,公司是专业生产滴眼剂、散剂的医药生产企业,创建于20世纪80年代初,以重管理、求质量、讲诚信、树品牌为宗旨,依法诚信经营,加强企业管理,确保产品质量。通过多年的发展,公司先后获得"全国'守合同重信用'企业""江苏省先进集体""江苏省AAA级守合同重信用企业""江苏省医药行业诚信企业""苏州市诚信企业"等称号,注册商标"太湖美"是江苏省著名商标、苏州市知名商标。

二、苏州市医药业"守重"企业发展存在的问题

1. 品牌创新和影响力有待进一步加强

医药业在苏州市"十二五"规划中作为战略性新兴产业发展对象后,医药业尤其是生物医药、生物能源及中医药制造等产业有了质的发展。依托中科院苏州纳米所、苏州医工所等高端科研院所为技术支撑,苏州市发展了一大批医药产业园,再加上苏州市政府的政策支持,苏州市医药业的技术创新能力得到了很好的提升和发展。不过相比较技术创新而言,品牌创新就落后了不少,2016年度中国医药十大品牌排行榜,苏州市医药业"守重"企业无一入围(见表2)。据2015年《苏州统计年鉴》统计,苏州市2014年规模以上工业医药企业有102家(国有企业2家,民营企业60家,外资企业40家),很多企业由于缺少技术和资金的支持,已经出现亏损(国有企业2家,民营企业5家,外资企业5家)。

表2 2016年度中国医药十大品牌排行榜

排名	品牌	所属地区	排名	品牌	所属地区
1	同仁堂	北京	6	修正药业	吉林
2	云南白药	云南	7	太极集团	重庆
3	三九医药	深圳	8	九芝堂	湖南
4	白云山	广州	9	天士力集团	天津
5	哈药集团	黑龙江	10	扬子江药业	江苏

（资料来源：中国产业信息网，http://www.chinairn.com/news/20160628/112652247.shtml）

2. 信用等级不高，医药安全仍需加强

医药行业是我国国民经济的重要组成部分，是传统产业和现代产业相结合，一、二、三产业为一体的产业。医药行业对于保护和增进人民健康，提高生活质量，服务计划生育、救灾防疫、军需战备以及促进经济发展和社会进步均具有十分重要的作用。同时，药品安全问题直接关系着人民群众的身体健康和生命安全，确保药品安全就是最大的民生工程。但近年来，随着医药业的大跨步发展，某些医药企业为了追求更高的利润，药品安全问题频频发生："鱼腥草"事件、"欣弗"事件、"齐二药"事件等，还都历历在目，这令医药业的品牌形象跌至谷底，药品安全的"雾霾"挥散不去。苏州市医药企业虽然没有出现过严重的药品安全事故，但仍需要警惕，要从消费者利益出发，做安全药，卖安全药，赚良心钱。所以苏州市医药企业的信用等级同样需要抓好安全和品质才能得以提升。

3. 企业社会责任有待进一步加强

中国企业社会责任发展指数是中国社科院经济学部企业社会责任研究中心2009年开始研发推出的年度综合指数。该指数从责任管理、市场责任、社会责任、环境责任等多方面对中国企业社会责任管理现状和责任信息披露水平进行综合评价，以辨析中国企业社会责任发展进程的阶段性特征，为中国企业社会责任的深入研究提供基准性参考。

重点行业社会责任发展指数选取了16个社会关注度高，对经济、社会、环境影响较大的行业/领域进行重点分析，如图1所示。从行业得分来看，电力行业社会责任发展指数得分最高，为71.1分，达到四星级水平，处于领先者阶段；特种设备制造业、石油石化行业和银行业社会责任指数达到三星级水平，处于追赶者阶段；而与百姓生活密切相关的医药行业处于中间水平，确实有进一步提高的空间。

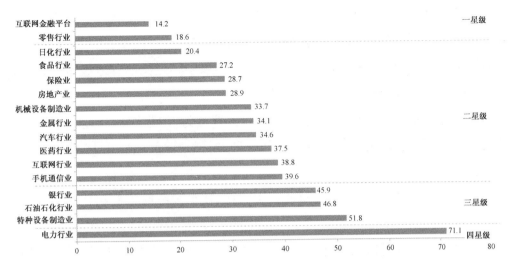

图1　2015年重点行业社会责任发展指数及发展阶段

（资料来源：中国社会科学院企业社会责任研究中心）

三、苏州市医药业"守重"企业发展的对策建议

1. 加强政府对医药市场的监管，提高企业社会责任感

随着我国医药市场的不断整合和规范，在淘汰了相当一批效益低下、管理落后、运作原始的医药企业后，通过医药经营质量管理规范（GSP）认证达标的系统改造，严格市场准入制度，医药企业的管理体制也将日趋完善。一方面，政府应严格监管和处罚那些为了牟取暴利而不顾老百姓利益的企业，这样不仅可以控制医药企业的行为，而且企业自身的监管能力也将大大提升，特别是一些大型医药企业通过体制改革，会逐步朝着企业集团化、管理现代化的方向发展。另一方面，政府要完善医药企业市场行为相关的法律法规，做到真正的有法可依。在医药行业不断发展和转型的过程中，政府应加强监管，通过严格标准来提高准入市场门槛；同时，政府在大力改革中应该尽力扶持大型医药企业，培植属于苏州自己的龙头企业，从而促使改革能有效、快速地进行。最后，医药企业自身要提高社会责任感，勇于承担相应的社会责任，为自身营造良好的经营和竞争环境。

2. 加强医药行业诚信体系建设

据统计，2015年苏州大市各级食品药品监管部门受理处理相关投诉、举报和咨询达7 864件，2016年第一季度相关投诉举报数量也比上年同期有所增加。而在苏州市所有药品投诉举报中，投诉举报老年人保健品的较为多见。

2015年5月,苏州市食品药品安全投诉举报中心正式挂牌成立。中心的成立意味着,今后苏州市食品药品投诉举报有了专门的处理团队,市民投诉举报和咨询的渠道将更顺畅,答复将更确切。据了解,该中心是江苏省地级市中首家食品药品投诉举报专业机构。

监管部门必须大力规范医药企业质量管理行为,加强医药行业诚信体系建设,引导企业守法规、讲诚信、重质量、强管理,增强企业的诚信意识、法制意识和质量意识。

3. 加大"守重"企业公示活动的宣传力度,让更多的医药企业参与"守重"创建活动

为提高企业合同信用管理水平,推动企业自觉履行社会责任,政府必须加大"守重"企业公示活动的宣传力度,让更多的企业来申请"守合同重信用"企业。鼓励申请"守重"企业相当于间接地让企业自身去调节管理机制和提高核心竞争力。因为要满足"守重"标准,必须是企业信用分类监管中的守信企业,且无不良信用记录,具体须符合以下要求:企业领导法律意识强,重视商业信誉和合同管理工作,坚持诚实信用的经营理念,具有较强的合同管理水平,了解本单位合同订立、履行状况;企业领导、专(兼)职合同管理人员和有关业务人员要熟悉与本企业生产经营有关的法律法规、制度。企业必须建立有科学合理的合同信用管理机制,有专(兼)职合同信用管理机构和人员,并有企业领导负责日常合同信用管理工作;合同档案、用户档案保存完整、齐全,能及时、准确地提供统计数据和有关资料;企业必须通过加强合同信用管理工作,在维护自身合法权益、提升经营管理水平、经济效益和社会效益等方面取得较好效果。

因此,加大"守重"企业公示活动的宣传力度,让更多的医药企业参与"守重"创建活动,有助于提高企业的核心竞争力和适应市场发展需求,进而将更有利于维护广大人民群众的利益。

参考文献:

[1] 苏州市统计局.苏州统计年鉴(2015)[M].北京:中国统计出版社,2015.

[2] 中国社会科学院企业社会责任研究中心.企业社会责任蓝皮书(2015)[M].北京:社会科学文献出版社,2015.

[3] 江苏省苏州市食品药品监督管理局.积极推动医药行业诚信体系建设[R/OL].http://www.sda.gov.cn/WS01/CL0005/93935.html.

[4] 李湘娟,柯尊友.我国医药电子商务活动中信用信息管理研究[J].现代商贸工业,2015(14):60.

[5] 吴方,王靓媛,邢潇倩.共生理论视角下医药企业社会责任的构成与测度研究[J].中国卫生事业管理,2015(7):484-488.

(彭良峰)

苏州市计算机和通信设备制造业"守重"企业发展报告

一、苏州市计算机和通信电子设备制造业"守重"企业概况

随着政府职能的转变,工商部门的市场监管方式已然不断创新。信用是现代经济的基础,信用公示机制是促进市场在资源配置中发挥决定性作用的重要措施。正是在此背景下,《企业信息公示暂行条例》于 2014 年 7 月 23 日在国务院常务会议通过,并于同年 10 月 1 日起实施。

《企业信息公示暂行条例》(以下简称《条例》)的实施对企业的信用建设无疑影响深远。为具体了解《条例》实施以来苏州市计算机和通信电子设备制造业企业信用的变化和发展,本课题组发放了调查问卷,并根据调查结果做出了相应分析。被调查的"守重"企业分别为:亨通集团有限公司、通鼎互联信息股份有限公司、中利科技集团股份有限公司、江苏银河电子股份有限公司、江苏永鼎股份有限公司、江苏亨通线缆科技有限公司、通鼎集团有限公司、江苏七宝光电集团有限公司、江苏亿通高科技股份有限公司、江苏凯诺电缆集团有限公司、昆山市华新电路板有限公司、飞龙精工科技(苏州)有限公司、法泰电器(江苏)股份有限公司、江苏澳华电器集团有限公司、江苏新恒通投资集团有限公司、江苏国贸酝领智能科技股份有限公司、苏州市电讯工程有限公司、江苏景雄科技有限公司、江苏新安电器有限公司、江苏泰昌电子有限公司。这 20 家"守重"企业的基本情况如表 1 所示。

表1　苏州市计算机和通信电子设备制造业"守重"企业基本情况

企业名称（简称）	是否上市	"守重"级别	银行信用评级	信用管理重视程度	信用管理专职人员
华新电路	否	国家级、省级	AAA	高	具备
银河电子	是	国家级、省级	AAA	高	具备
新安电器	否	国家级、省级	AAA	高	具备
亨通集团	是	国家级	AAA	高	具备
新恒通投资	否	国家级	AAA	高	具备
通鼎互联	是	国家级	AAA	高	具备
亨通线缆	否	国家级	AAA	高	具备
凯诺电缆	否	国家级	AAA	高	具备
中利科技	是	国家级	AAA	高	具备
永鼎股份	是	省级	AAA	高	具备
通鼎集团	是	省级	AAA	高	具备
七宝光电	否	省级	AAA	高	具备
澳华集团	否	省级	AAA	高	具备
国贸智能	否	省级	AAA	高	具备
泰昌电子	否	省级	AAA	高	具备
电讯工程	否	省级	AAA	高	具备
法泰电器	否	省级	AAA	高	具备
景雄科技	否	省级	AAA	高	筹备
飞龙精工	否	省级	AAA	高	具备
亿通高科	否	省级	AAA	高	具备

二、苏州市计算机和通信电子设备制造业"守重"企业信用现状分析

企业信用管理是现代企业管理的重要组成部分,它通过企业经营的全过程控制,强化营销、采购、财务、法务等各个业务环节的信用风险管理和协同管理,系统地解决企业发展和信用风险控制之间的矛盾。

企业的信用管理主要包含五项职能:一是客户信用信息管理,即建立上下游客户信用档案,并多途径征集客户信用信息;二是科学的授信管理,通过客户的信用分析、评价,针对不同信用等级的客户采取不同的信用政策(包括授信标准、信用额度、信用期限和现金折扣等);三是应收账款管理,即对赊销产生的应收账款进行管理,以按时、足额地收回资金;四是预期应收账款催收和追收管理,即对逾期应收账款及时采取专业、合法的催收和追收措施,并相应调整客户信用

等级;五是利用征信数据库开拓市场,利用平台客户信用信息库挖掘潜在客户,扩大与现有客户的合作空间。

1. 一般交易审核情况

本次所有被调查企业对于新的交易客户均要求提供相关身份和资质证明,对新的交易客户都已建立完善的内部信用评级制度;所有受访公司对其客户是否符合赊销条件均有明确的制度规定。在接受调研的20家企业中,有10家在重大交易时要求对方资本金到位后再签订合同;对于"企业对重大交易的客户是否要求提供第三方信用服务机构评估"这一问题,问卷显示70%的企业确认有要求,25%的企业不作要求,5%的企业选填不清楚。

企业的信用管理有助于它选择客户,优化客户关系,从而建立完善以诚信为基础的供应网络与销售网络,实现企业的可持续发展。半数的受访企业选择要求对方资本金到位后再签订合同,而另一半未做该项要求,这固然与既往的客户关系、信任程度、市场的灵活性有关,但对于风险的把控,更在于企业自身的鉴别能力。赊销或赊购是企业与客户信任关系的一种体现,有利于提升客户满意度,进而建立良好的客户关系。

相比于现金交易模式,通过以赊销或赊购为主要内容的信用管理,有利于企业在交易过程中发现诚信客户、淘汰失信客户,并与重要客户建立基于战略合作的伙伴关系。持续的信用管理,可以使企业建立基于双方信任关系的供应网络和销售网络,也将成为企业可持续发展的核心竞争优势之一。

2. 信用风险管理情况

本次被调查"守重"企业反映在企业信用管理过程中最困难的环节为两点:一是获取客户可靠信息;二是管理应收账款,而这两点又紧密关联。信用风险管理是市场经济条件下企业调和扩大销售与控制风险之间的矛盾,实现利润最大化的重要管理技术。在市场经济买方市场条件下,企业要在激烈的竞争中脱颖而出,除了加强商品质量和价格竞争力外,还要提升赊销的能力,但与此同时,赊销又使企业的应收账款额度即管理成本提高,相应的划账比例也会上升。如果企业不善于信用风险管理,不能够获取客户可靠信息,很可能面临"赊销找死,不赊销等死"的尴尬境地。

在信用风险管理过程中,一般认为会受到以下诸多因素影响:行之有效的信用管理制度和体系、潜在客户评估、授信管理制度、定期复审、逾期控制手段

(如延长付款期限,停止供货等)、内部分析系统、抵押担保、债款追收、风险管理工具的应用。

在20家被调查"守重"企业回收的问卷中,排在前5位的影响因素如表2所示。

表2 苏州市计算机和通信电子设备制造业"守重"企业信用管理影响因素

影响因素	勾选次数	影响因素	勾选次数
信用管理制度和体系	19	潜在客户评估	9
授信管理制度	14	逾期控制手段	9
定期复审	10		

被调查企业普遍认为最有助于规避信用风险的手段是公司内部信控能力。企业内部信用管理能力是企业管理水平、技术水平、道德水准的综合反应。结合表2不难看出,建立完善的信用管理制度和体系,并在此基础上完善企业授信管理制度,是降低企业经营风险的基础和前提。企业要建立科学的信用管理体系,对其经营交易过程进行全程信用管理,定期复审,尽量减少因授信不当导致违约造成的损失。

3. 信用管理咨询

在发达的市场经济中,有一系列的信用服务机构为其提供企业信用管理专业化的服务,如征信、信用调查、信用评级、信用担保、保理、信用保险、信用管理咨询、商账追收等。在20家被调查的"守重"企业中,企业比较了解的信用服务行业排在前5位的如表3所示。

表3 苏州市计算机和通信电子设备制造业"守重"企业了解的信服行业

信服行业	勾选次数	信服行业	勾选次数
信用评级	19	信用担保	12
征信	15	信用管理咨询	7
信用调查	14		

信用管理咨询服务就是由专业机构通过咨询、培训等服务,帮助企业建立起客户信用档案、赊销客户的授信、应收账款催收等一系列信用管理制度,提高企业防范赊销风险的能力。被调查企业中80%的企业认为非常需要或比较需要信用管理咨询服务。

三、苏州市计算机和通信电子设备制造业"守重"企业对《条例》的实施情况

《企业信息公示暂行条例》构成了我国信息公示法律制度的核心内容,也为贯彻落实国务院《注册资本登记制度改革方案》提供了重要配套措施。注册资本登记制度改革以"宽进严管"为内涵,《公司法》的最新修改标志着"宽进"环节的制度创新,《条例》的出台意味着"严管"环节的制度建立。

1. 企业对《企业信息公示暂行条例》的执行情况

根据受访企业调查问卷数据整理得表4、表5,可以反映出《条例》实施后企业的执行状况。从这两组数据不难看出,苏州市计算机和通信电子设备制造行业参与调研的企业对国家法规的响应非常迅速,而且自身积极适应《条例》带来的市场变化。

表4　苏州市计算机和通信电子设备制造业受访企业对《条例》的知悉状况

一般情况	实施比率	一般情况	实施比率
对《条例》的了解程度	75%的企业很了解	专人负责公示	95%
对公示系统的了解程度	90%的企业很了解	报送年报	100%
交易前查询公示	70%		

表5　苏州市计算机和通信电子设备制造业受访企业对《条例》的执行概况

实际操作	实施比率	实际操作	实施比率
对重要信息公示的了解程度	70%的企业很了解	对经营异常名录的了解程度	65%
公示过行政处罚或许可	25%的企业公示过	对违法名单的了解程度	60%
工商部门抽查情况	55%		

表5中需要说明的是25%的企业公示过行政处罚或者许可,但有60%的受访企业表示因为没有需要公示的行政信息所以选择了否定项。20家受访企业中11家接受过工商部门的抽查,这一比例已经远远高出了《条例》预设的3%的百分比。对于经营异常名录和严重违法名单的了解程度还有加强提升的空间。

2. 企业对全国"企业信用信息公示系统"的认识

通过企业信用信息公示系统,可以迅速准确地了解到需查询市场主体的注册登记、许可审批、年度报告、行政处罚、抽查结果、经营异常状态等信息。60%的受访企业认为"企业信用信息公示系统"对维护企业合法权益的作用很大,40%的受访企业认为有些作用,但100%的受访企业认为公示企业信用信息很有

必要;95%的受访企业认同公示系统有助于促进企业诚信经营,仅5%的企业认为有待观察。以上数据充分说明了企业对于全国"企业信用信息公示系统"的高度认同和支持。

另外,从被调查问卷中还了解到,除"企业信用信息公示系统"外,受访者相对了解的其他企业信用信息公示平台前四位依次是:商务部、国资委的"全国行业信用公共服务平台",中国人民银行的征信平台,交通部门的公路建设市场信用信息平台,海关的企业进出口信用信息公示平台。

四、企业信用体系建设过程中存在的问题

2014年10月1日起,全国"企业信用信息公示系统"正式运行,这是企业信息公示制度建设的一项基础工程。目前该系统在运行上还存在一些亟待完善的问题。

1. 企业信用信息收录不完全

目前通过全国企业信用信息公示系统只能查询到企业的基础信息,即注册登记信息和备案信息,其他信息只是设置了相应版块,缺乏具体的信息内容。

2. 收录信息的质量有待提升

企业信用信息公示系统收录的信息质量不高,表现为数据录入与更新的及时性不够,录入信息存在不完整、不规范的情况,尤其是涉及企业信用负面信息的提示和警示不够。这可能与数据提供者报送的数据不全面或者数据填写不准确有关,当然,也不排除个别企业有意拖延报送相关负面信息的可能。

3. 企业信用信息系统还未真正实现互联共享

地区之间的企业信息、政府有关部门(如工商、税务、人民银行、海关等)之间的企业信息未实现互联共享。不少企业信用信息目前没有向社会公众开放,查询起来存在一定障碍。

综合上述情况,受访企业提出,以全国"企业信用信息公示系统"为基础的企业信用体系建设需要从信用信息完整性、信用信息准确性、信用信息互联共享三个方面不断优化;更有受访企业提出,苏州地区可以先行先试,着力推进重点领域信用奖惩机制建设,进而使得企业信用体系建设更加卓有成效。

五、地方政府在企业信用建设方面的作用

依法履职,地方政府要做好公平公正的裁判和规则制定者,有效协调各方面关系,大力支持清欠工作,出重拳打击恶意逃废债行为;受访者均认为必须杜绝地方保护主义,拒绝对不诚信经营企业处罚上的宽容,特别是对那些生产假冒伪劣产品甚至其产品严重危害消费者健康和生命安全的企业,即使是纳税大户,也要让其得到应有的惩罚。

地方政府须在引导企业信用建设方面多做实质性工作。在营造和建立企业守信用、讲信用的大氛围方面多开拓思路。对信誉高、规模大、重视研发环保和社会责任的企业给予更多政策与税收方面的扶持;与此同时,贯彻信用奖惩措施,将对守信企业和失信企业的奖惩落到实处。

政府应帮助企业贯彻学习《条例》内容,建设企业信用体系。相关职能部门应该不定时地走访企业,深入基层,才能更深层次地了解企业,而不是光凭体系中的数据来管理。只有实时掌握企业的信息和市场的需求变化,才能更好地协调好企业间的合作关系。

最后,受访企业还提出以下建议:健全地方社会信用监管体系,政府、行业协会等在信用建设中相互补充,各司其职,把信用建设纳入地方政府综合工作考评;建立地方征信数据交换平台,依法开展本地区企业和个人信用信息的归集、整合、加工、处理、公开及相关服务;推进社会信用文化建设,积极开展各类信用文化宣传和诚信创建活动等。

参考文献:

[1] 国务院.社会信用体系建设规划纲要(2014—2020),2014年6月14日.

[2] 周莉,刘碧松.我国社会信用标准化建设及体系框架研究[J].标准科学,2014(1):11-14.

[3] 曹亚廷.社会信用体系中的公共信息与征信系统[J].征信,2015(2):43-46.

[4] 余巨川.构建企业信用信息平台,强化市场信用体系建设[J].中国工商管理研究,2015(12):52-54.

[5] 李佳阔.企业信用信息公示制度的确立与完善[J].法制与经济,2016(7):219-220.

(陈根升,袁骅)

苏州市金属制品业"守重"企业发展报告

一、苏州市金属制品业"守重"企业发展概况

金属制品行业包括结构性金属制品制造、金属工具制造、集装箱及金属包装容器制造、不锈钢及类似日用金属制品制造等。随着社会的进步和科技的发展,金属制品在工业、农业以及人们生活各个领域的运用越来越广泛,也给社会创造了越来越大的价值。

目前,我国冶金及金属制品产业已形成具有相当规模,布局比较合理,大、中、小型企业相结合,行业比较完整的工业体系。近年来,消费结构的不断升级和工业化、城镇化进程的加快带动了钢铁和其他金属制品等行业的快速增长。2015年我国金属制品行业销售收入达到了37 016.7亿元,同比增长了4.5%;利润总额为2 102.2亿元,同比增长了4.7%。近几年,金属制品业的销售和利润总额一直延续上涨的态势,发展良好。

而当前社会,"信用缺失"十分严重,已成为社会各界关注的焦点。尤其在经济领域,商业欺诈屡见不鲜,假冒伪劣久治不愈,毁约司空见惯,"三角债"积重难返,"三无"企业屡禁不止,上市公司虚报、瞒报登峰造极……信用缺失在经济生活中表现得可谓"淋漓尽致"。

苏州作为全国经济的排头兵,其金属制品行业在总体上也有着很优秀的表现。为全面提升苏州社会信用体系建设水平,推动企业自觉履行社会责任,苏州市工商局秉持把握标准、注重质量、严格把关的原则,以"守合同重信用"企业公示为抓手,着力推进企业信用体系建设。

"守重"企业作为建设社会信用体系的优秀代表,其整体表现也在一定程度

上反映了整个行业的发展态势。本课题通过问卷调查发现(见表1),苏州市金属制品业获得"守重"企业称号的16家公司大部分是省级"守重"企业,常熟市良益金属材料有限公司是国家级"守重"企业,苏州工业园区金月金属制品有限公司则是省级和国家级都被评定过。民营企业占据了这16家"守重"企业的大部分,有13家之多,说明苏州市的民营企业对信用建设的重视程度已经上升到了一定的水平。这16家企业的银行信用评级都是AAA级,都属于客户信用很好、整体业务稳固发展、经营状况和财务状况良好、资金负债结构合理、经营过程中现金流量较为充足、偿债能力强的信用评级,说明"守重"企业在整体发展势头上还是很优秀的,具有一定的市场竞争力。

表1 苏州市金属制品业"守重"企业发展基本情况

企业名称	所属行业	注册资本(万元)	性质	是否上市	"守重"级别	银行信用评级
苏州罗普斯金铝业股份有限公司	有色金属压延加工	25 130.18	其他	是	省级	AAA
江苏常铝铝业股份有限公司	有色金属压延加工	63 624.55	民营企业	否	省级	AAA
常熟明辉焊接器材有限公司	有色金属合金制造	380.00	民营企业	否	省级	AAA
常熟市常力紧固件有限公司	其他未列明金属制品制造	1 800.00	民营企业	否	省级	AAA
常熟市良益金属材料有限公司	装备制造	6 000.00	集体企业	否	国家级	AAA
常熟市长江不锈钢材料有限公司	金属制品	3 000.00	民营企业	否	省级	AAA
苏州东方铝业有限公司	金属制品	1 000.00	民营企业	否	省级	AAA
苏州市飞乐净化科技有限公司	金属制造	508.00	民营企业	否	省级	AAA
吴江市华祥金属型材厂	有色金属压延加工	303.00	民营企业	否	省级	AAA
江苏神王集团有限公司	金属丝绳及制品	10 000.00	民营企业	否	省级	AAA
江苏常熟环通实业有限公司	金属制品	1 076.00	民营企业	否	省级	AAA

续表

企业名称	所属行业	注册资本（万元）	性质	是否上市	"守重"级别	银行信用评级
苏州工业园区金月金属制品有限公司	金属制品	5 000.00	民营企业	否	国家级、省级	AAA
苏州市腾发钢结构工程有限公司	金属结构制造业	1 698.00	民营企业	否	国家级	AAA
张家港玉成精机股份有限公司	金属工具制造	1 000.00	民营企业	否	省级	AAA
优德精密工业（昆山）股份有限公司	金属制品业	5 000.00	外商投资企业	否	省级	AAA
裕腾建设集团有限公司	建筑业	20 000.00	民营企业	否	省级	AAA

二、苏州市金属制品业"守重"企业信用情况分析

虽然"守重"企业整体发展都不错，但是每个企业的信用情况各有不同。这16家企业对信用体系的重视程度都很高，基本都有专职人员从事信用管理工作，苏州东方铝业有限公司也已经在筹备中。16家公司都对新的交易客户要求提供有关身份和资质证明，从某种意义上来说大家都对新开发的客户很谨慎。有7家公司对于重大交易要求资本金到位再签合同，9家公司没有这个要求。除了苏州市东方铝业有限公司，其他15家公司对客户符不符合赊销的条件均有明确的制度规定。只有4家企业对重大交易的客户要求提供第三方信用服务机构评估，其他企业均不作要求。除了张家港玉成精机股份有限公司和苏州工业园区金月金属制品有限公司，其他企业均表示需要信用管理咨询服务，即由专业机构通过咨询、培训等服务，帮助企业建立起客户信用档案、赊销客户的授信、应收账款催收等一系列信用管理制度，提高企业防范赊销风险的能力。各企业反映的信用管理过程中最困难的环节是获取客户可靠信息、给予合适的付款条件和信用额度、管理应收账款和收回货款，其中获取客户可靠信息占据首位，其次是管理应收账款。对于企业规避信用风险的手段，这些企业都认为公司内部控信能力最能帮助企业。见表2。

表2 苏州市金属制品业"守重"企业信用管理情况分析

企业名称	公司重视程度	有无专职人员	重大交易要求资本到位	对新客户是否建立完善的内部评级制度	对赊销有无明确制度	重大交易客户是否要求第三方评估	是否需要信用管理咨询服务	信用管理最困难环节
苏州罗普斯金铝业股份有限公司	非常重视	有	有	很完善	非常明确	有	非常重要	获取客户信息和管理应收账款
江苏常铝铝业股份有限公司	很重视	有	没有	没有	非常明确	没有	比较需要	获取客户信息
常熟明辉焊接器材有限公司	很重视	有	没有	没有	非常明确	没有	比较需要	管理应收账款
常熟市常力紧固件有限公司	很重视	有	没有	没有	非常明确	没有	比较需要	管理应收账款
常熟市良益金属材料有限公司	很重视	有	没有	没有	非常明确	没有	比较需要	获取客户信息
常熟市长江不锈钢材料有限公司	很重视	有	没有	没有	非常明确	没有	比较需要	管理应收账款
苏州东方铝业有限公司	很重视	筹备中	有	一般	一般	不清楚	比较需要	管理应收账款和收回货款
苏州市飞乐净化科技有限公司	非常重视	有	没有	—	非常明确	没有	比较需要	管理应收账款
吴江市华祥金属型材厂	很重视	有	有	没有	非常明确	有	比较需要	获取客户信息
江苏神王集团有限公司	很重视	有	没有	—	非常明确	有	比较需要	获取客户信息
江苏常熟环通实业有限公司	很重视	有	没有	—	非常明确	没有	比较需要	管理应收账款
苏州工业园区金月金属制品有限公司	非常重视	有	没有	—	非常明确	没有	无所谓	获取客户信息
苏州市腾发钢结构工程有限公司	很重视	有	有	很完善	非常明确	有	非常重要	收回货款
张家港玉成精机股份有限公司	非常重视	有	有	很完善	非常明确	没有	不需要	给予合适的付款条件和信用额度

续表

企业名称	公司重视程度	有无专职人员	重大交易要求资本到位	对新客户是否建立完善的内部评级制度	对赊销有无明确制度	重大交易客户是否要求第三方评估	是否需要信用管理咨询服务	信用管理最困难环节
优德精密工业（昆山）股份有限公司	非常重视	有	有	很完善	非常明确	没有	比较需要	获取客户信息
裕腾建设集团有限公司	非常重视	有	有	很完善	非常明确	没有	比较需要	给予合适的付款条件和信用额度

三、苏州市金属制品业"守重"企业对《企业信息公示暂行条例》的实施情况

苏州市金属制品业"守重"企业普遍的信用情况都非常良好，对《企业信息公示暂行条例》和"企业信用信息公示系统"的了解程度也比较高，16家企业中仅有4家企业不太了解，但是也会从"企业信用信息公示系统"中查询一些信息。虽然这些企业会在公示系统中查询其他企业的信息，但是却很少通过"企业信用信息公示系统"向社会公示过行政处罚或行政许可信息，仅有3家企业公示过类似信息。所有企业都会按时向工商部行报送企业年度报告。半数以上企业认为"企业信用信息公示系统"对维护企业合法权益的作用有限，对于改进企业的信用状况、促进企业诚信经营的帮助也不大。大多数企业对地方政府在企业信用建设方面的期许还是很大的，希望加强政府对企业信用管理的政策支持，能够按照级别给予奖励和政策便利，推进信用管理信息化，积极发展各种行业组织，加强企业自律，充分发挥企业在信用制度建设方面的主导作用。还有部分企业认为推进企业信用体系建设可以促进企业制度完善，规范企业的内部管理。更有一些企业提出了类似"淘宝"的理念，即信用体系中增加"评价"功能，让交易双方互评，给其他类似交易提供参考。企业对自身规范化管理的需求越来越高，也是希望市场越来越有序化。

表3 苏州市金属制品业"守重"企业对《企业信息公示暂行条例》的实施情况分析

企业名称	对该条例和系统的了解程度	是否使用企业信用信息公开系统	是否向社会公示信息	信息公示系统对维护企业合法权益的作用	是否有助于企业诚信经营	希望政府如何发挥作用
苏州罗普斯金铝业股份有限公司	比较了解	经常查询	公示	有点作用	有点作用	无
江苏常铝铝业股份有限公司	比较了解	偶尔查询	没有	有点作用	有点作用	给予奖励和政策扶持
常熟明辉焊接器材有限公司	比较了解	偶尔查询	没有	有点作用	有点作用	给予奖励和政策扶持
常熟市常力紧固件有限公司	比较了解	偶尔查询	没有	有点作用	有点作用	给予奖励和政策扶持
常熟市良益金属材料有限公司	非常了解	经常查询	没有	有点作用	有点作用	给予奖励和政策扶持
常熟市长江不锈钢材料有限公司	比较了解	偶尔查询	没有	有点作用	有点作用	给予奖励和政策扶持
苏州东方铝业有限公司	不太了解	偶尔查询	没有	有点作用	非常有帮助	无
苏州市飞乐净化科技有限公司	不太了解	偶尔查询	不了解	无法判断	非常有帮助	给予企业正确引导
吴江市华祥金属型材厂	比较了解	偶尔查询	没有	作用很大	非常有帮助	无
江苏神王集团有限公司	不太了解	偶尔查询	不了解	作用很大	非常有帮助	无
江苏常熟环通实业有限	比较了解	偶尔查询	没有	有点作用	有点作用	给予奖励和政策扶持
苏州工业园区金月金属制品有限公司	比较了解	经常查询	没有	有点作用	有点作用	无
苏州市腾发钢结构工程有限公司	非常了解	经常查询	公示	作用很大	非常有帮助	加强管控,给予支持
张家港玉成精机股份有限公司	非常了解	经常查询	没有	无法判断	非常有帮助	无
优德精密工业(昆山)股份有限公司	非常了解	经常查询	公示	作用很大	非常有帮助	政策支持,推进信息化建设
裕腾建设集团有限公司	不太了解	经常查询	没有	作用很大	有点作用	严格奖惩,建立信用协会,发挥政府职能

四、苏州市金属制品业"守重"企业存在的问题

1. 企业信用基础不强

市场经济主体的自由财产是它们承诺偿付债务的信用基础。在计划经济条件下,国有企业不是独立的、以自己的财产承担债务的经济主体,在财务上与国家财政保持满收满支的关系。改革开放以来,国有企业逐渐转变为相对独立的经济主体,但是它们中间的大多数仍然要靠银行信用维持,加之它们亏损严重,其信用基础十分脆弱。还有一批没有资本的"空壳"企业,经营完全依靠银行贷款,几乎无任何信用基础。企业中普遍缺乏信用管理制度,企业因授信不当导致合约不能履行以及受信企业对履约缺乏计划、缺乏管理而违约的现象频繁发生,坑蒙拐骗肆虐,有约不遵,相互拖欠,商业欺诈、贿赂严重。

2. 债权保护和信用监控制度不健全

现行的法律体系,如《民法通则》《票据法》《公司法》《合同法》,虽然对部分信用行为的债权保护提供了保证,但不能涵盖全部信用行为,特别是对债务人履行义务的约束不完善或不具有强制性。例如,有关的法规中没有规定债务企业的资产重组、改制或其他重大事项变更有可能引起债务转移时必须经过债权人同意或告知债权人,因此许多债务企业能够钻法律的空子,乘机逃废债务。

3. 缺乏有效的信用保障机制,信用激励和惩罚机制不完善

在企业融资、市场准入或退出等制度安排中,我国至今还没有形成守信激励、失信惩戒的规则,不能通过市场化手段为企业提供信用增强服务,不能为信用的履行提供足够的保障措施,如缺乏商业担保、信用担保和保险、企业互助制度、资产证券化和结构融资等。同时,由于缺乏提供社会化征信服务的征信机构,企业得不到征信企业在信用管理方面的技术和信息支持,造成企业难以实施信用管理。这样,一方面使企业缺乏信用的评估机制,使企业的信用状况得不到科学、合理的评估;另一方面使市场不能发挥对企业信用状况的奖惩作用,企业便失去了信用建设的动力。

五、苏州市金属制品业"守重"企业信用体系建设的对策

1. 大力推进企业信用分类监管,营造公平竞争的市场环境

工商行政管理机关应在积极探索的基础上,大力推进和不断完善企业信用分类监管制度。以企业登记和监管信息为基础,根据企业信用标准,将企业相应

地分为A、B、C、D四个管理类别。A级为守信企业,用绿牌表示;B级为警示企业,用蓝牌表示;C级为失信企业,用黄牌表示;D级为严重失信企业,用黑牌表示。根据上述分类,建立相应的管理机制,依法实施分类监管。一是建立企业信用激励机制。对A级企业,重点予以扶持,并提供年检免审、免于日常检查等待遇。二是建立企业信用预警机制。对B级企业,实行警示制度,在日常工作中予以提示。三是建立企业失信惩戒机制。对C级企业,将其作为重点监控对象,加强日常检查,并实施案后回查、办理登记和年检时重点审查等监管措施。四是建立企业严重失信淘汰机制。对D级企业,依法办理注销登记或发布吊销公告。为有效实施企业信用分类监管,工商行政管理机关实行企业信用信息披露制度,依法公开企业身份记录(即企业登记信息)和违法行为记录,并对情节特别严重、社会反响强烈的典型案件予以曝光。

2. 积极完善企业信用数据库,维护市场交易安全

工商行政管理机关已经并将继续充分利用掌握的企业登记和监管信息,促进企业信用建设,维护市场交易安全。一是完善企业登记数据库。完整、准确记录企业设立登记、变更登记、注销登记等基础信息,依法予以公告或向社会提供查询服务。二是完善企业"经济户口"数据库。以基层工商所为依托,以各级登记机关掌握的企业登记静态信息和日常监管动态信息为内容,为辖区内每户企业建立"经济户口"档案。通过现代信息技术手段与登记机关联网,实现资源共享,为工商所和各级登记机关依法对企业实施分级管理和属地管理提供重要的基础信息。三是完善"守合同重信用"企业数据库。将"守合同重信用"创建活动中涌现出来的"守重"企业记录在案,予以公布,宣扬其诚信守约的行为,促进全社会良好信用观念的形成。四是在整合上述三种数据库资源的基础上,建立企业信用监管数据库,全面反映企业在市场准入、经营活动和退出市场过程中的信用状况,为实施企业信用分类监管提供可靠的依据。

3. 充分运用现代科技手段,切实提高企业信用监管效能

搞好企业信用监管,必须建立、完善与现代经济、现代科技相适应的监管手段。充分运用现代信息技术,积极推进企业信用体系建设,重点是建立完善企业信用监管信息网络,为实施有效监管提供有力的技术保障。按照企业信用监管指标体系和实施分类管理的要求,建立上下联动、密切配合、运转高效的监管机制,进一步提高企业信用监管效能。

参考文献:

[1] 唐晶晶.构建社会信用体系的有效路径探析[J].特区经济,2014(4):47-50.

[2] 孔梁飞.工商行政管理与企业信用监管[J].商场现代化,2014(6):86-87.

[3] 重庆市工商局.以企业信用数据建设为重点,全面加快企业信用体系建设[J].工商行政管理,2015(18):36-38.

(杨 洁)

苏州市园林绿化业"守重"企业发展报告

一、苏州市绿化管理"守重"企业概况

随着我国经济的高速发展,人均生活水平不断提高,人们对生活质量、生存环境的关注日益增强。创建"园林城市、宜居城市"的理念正被越来越多的城市所接纳,各城市以创建园林城市为契机,带动城市基础设施建设和园林绿化工程的发展,如建设城市绿道、森林公园、湿地公园等。1992年6月22日,国务院颁布了《城市绿化条例》,以条例的形式把城市绿化建设纳入国民经济和社会发展计划,全国的园林绿化企业由此而日益壮大。根据《中国城市统计年鉴》公布的数据,2001—2015年期间,随着城市公园绿地面积及园林绿化固定资产投资的上升,城市园林绿化一级资质企业也在不断增加。

国家住房和城乡建设部统计数据显示,截至2015年12月31日,全国城市园林绿化一级资质企业共有1 348家,江苏有181家。见图1。

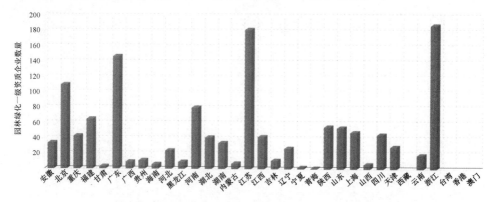

图1 中国城市园林绿化一级资质企业统计情况

(数据来源:国家住建部网站,http://www.mohurd.gov.cn)

本次问卷调查的园林绿化企业主要是苏州市具有省级以上"守合同重信用"称号的知名绿化企业,14家企业名单如下:张家港市园林建设工程有限公司(一级)、苏州相亭绿化建设工程有限公司(一级)、苏州桃花源绿化工程有限公司、苏州园林建设工程(苏州)有限公司、苏州市政园林工程集团有限公司、苏州市兴林园林绿化工程有限公司、苏州市剑园绿化工程有限公司、苏州市沧浪绿化工程有限公司、苏州宏盛苏作园林有限公司、苏州恒昇城建园林发展有限公司、苏州海格园林建设集团有限公司(一级)、苏州工业园区景观绿化工程有限公司(一级)、苏州南林景观绿化工程有限公司(一级)、常熟市杨园园林工程有限公司。这些企业中,具有全国城市园林绿化企业一级资质的企业有5家。以企业性质来分,有13家为民营企业,1家为集体企业。被调查的"守重"企业中无上市公司。

二、全国城市园林绿化企业一级资质评级要求

国家住房和城乡建设部在2009年10月9日实施了《城市园林绿化企业资质等级标准》,对企业注册资本和经营范围提出了强制要求,城市绿化工程的施工应当委托持有相应资格证书的单位承担。《城市园林绿化企业资质等级标准》中各级资质园林企业的注册资本和经营范围见下表。

《城市园林绿化企业资质等级标准》中各级资质园林企业的注册资本和经营范围

资质等级	注册资本	经营范围
一级资质	原规定注册资金且实收资本不少于2 000万元(此注册资金限制已于2016年6月23日取消)	1. 可承揽各种规模以及类型的园林绿化工程,包括各类公园及生产绿地等各类绿地。 2. 可承揽园林绿化工程中的整地、栽植及园林绿化项目配套设施。 3. 可承揽各种规模以及类型的园林绿化养护管理工程。 4. 可从事园林绿化苗木资源培育、生产和经营。 5. 可从事园林绿化技术咨询、培训和信息服务。
二级资质	原规定注册资金且实收资本不少于1 000万元(此注册资金限制已于2016年6月23日取消)	1. 可承揽工程造价在1 200万元以下的园林绿化工程,包括各类公园和绿地。 2. 可承揽园林绿化工程中的整地、栽植及园林绿化项目配套设施。 3. 可承揽各种规模以及类型的园林绿化养护管理工程。 4. 可从事园林绿化苗木资源培育、生产和经营,园林绿化技术咨询和信息服务。

续表

资质等级	注册资本	经营范围
三级资质	原规定注册资金且实收资本不少于200万元（此注册资金限制已于2016年6月23日取消）	1. 可承揽工程造价在500万元以下的园林绿化工程，包括各类公园和绿地。 2. 可承揽园林绿化工程中的整地、栽植及园林绿化项目配套设施。 3. 可承揽各种规模以及类型的园林绿化养护管理工程。 4. 可从事园林绿化苗木、花卉、盆景、草坪的培育、生产和经营。

（资料来源：国家住建部网站，http://www.mohurd.gov.cn）

本次调查问卷数据显示，5家国家一级园林绿化企业的注册资金都在2 000万元以上，另有3家非一级园林绿化资质的企业注册资本也超过了2 000万元。

园林绿化企业与建筑和工程等行业的企业有着诸多的共性，因此住建部在条文解释时也将"城市园林绿化企业一级资质核准"并入"建筑业企业、勘察企业、设计企业、工程监理企业资质认定"。通过分析资质管理的利与弊，笔者认为未来园林绿化行业管理可从三个方面进行调整：一是变硬约束为软引导，二是变门槛许可为能力管理，三是变事前管理为事中、事后监督引导。原先的资质管理是硬门槛，是前置管理，设置了人才、资本、业绩、设备以及年限等门槛，管得太多。对于企业施工而言，没有设备可以租借，没有资本可以融资，业绩和年限也不是必要条件，关键是要有人、有能力做好工程。

具体来说，园林绿化企业信用档案包含以下方面的内容：

第一，反映企业基本情况的材料，主要包括企业名称、住所、法定代表人、企业类型、企业经营范围、注册资本等。

第二，企业自身信用管理的原始记录，主要包括合同协议、产品质量信用材料、企业经营和财务管理方面的档案等。

第三，社会公共管理部门对企业诚信的认定及企业服务对象对企业的认可程度，主要包括企业获得的荣誉证书、信用等级证书、评选的先进人物、用户对企业的评价、企业的信用评审记录等。

第四，企业信用档案的构成不仅包括反映企业基本信用的内容，也包括反映企业发展过程的与企业信用有关的各种记录，还包括来自政府管理机构以及社会信用服务机构的评估、认定和奖励或惩罚的各种材料。

三、苏州市园林绿化业"守重"企业的银行信用评级分析

各商业银行按照《银行客户信用评级办法》从偿债能力、获利能力、经营管理、履约情况、发展能力与潜力五个方面对客户进行评价,定期评定、适时调整,目前各商业银行的信用评级方法和评级标准属于银行内部掌握的信贷工具,不向社会公布,仅为银行内部管理服务。商业银行将客户信用等级分为 AAA 级、AA 级、A 级、BBB 级、BB 级、B 级、CCC 级、CC 级、C 级和 D 级,共十个信用等级。信用评级的目的是信用评级机构根据债务人提供的资料,或从它认为可靠的其他途径获得的资料对债务人的信用风险做出准确、客观、公正的评价,预测未来信用风险。通过揭示债务人信用风险的方法,可降低交易和融资成本。

本次问卷调查的"守重"企业有 9 家为 AAA 级信用,2 家为 AA 级信用,无评级的为 3 家。

实际上,每个商业银行对评级的标准存在一些差别。近几年,我国商业银行在信用评级方法选择方面还存在评级方法偏于简单、对风险揭示能力尚显不足等问题,以至于信用评级的结果与企业的实际风险等级并不匹配,不能真正反映企业目前的真实经营状况。

四、苏州市园林绿化业"守重"企业信用标准体系分析

本次调查的园林绿化企业和品牌具有一定的社会影响力,有 1 家为国家级"守重"企业,12 家为省级"守重"企业,另 1 家为两者都被认定过。

1. 合同信用管理体系相对健全

在本次接受问卷调研的"守重"企业中,所有企业都很了解本公司信用管理程度,而且很重视公司的信用管理,有 92.8% 的企业明确设有从事信用管理工作的专职人员和部门。调查数据显示,所有的被调查企业都对新的交易客户要求提供有关身份和资质证明。各"守重"企业对重大交易是否要求资本金到位再签合同以及对新的交易客户是否建立完善的内部信用评级制度的情况见图 2、图 3。

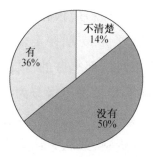
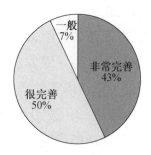

图2 "守重"企业对重大交易要求情况　　图3 "守重"企业对新交易客户要求情况

2. 运用第三方信用评估结果管控企业交易风险

信用评估机构是指通过征集个人和企业信用信息,向个人和企业信用信息使用者提供个人和企业信用评估和查询服务,客观、公正、高效的第三方专门机构。第三方信用评价机构可以站在一个客观的立场,极力维护评级的公正性。认证评级与品牌、信誉联系在一起,评价机构有品牌意识、信誉意识,就会维护自己的品牌和信誉,客观公正地做好信用评级工作。同时,因为第三方评价机构以第三方身份出现有利于促进商务合作两方或债权与债务方建立互信关系,展开合作,这样就能够实现共赢的格局。第三方信用评价机构能够集中优秀的人才,人力资源最为丰富,这样认证评级工作可以更专业、更准确,同时,第三方信用评价机构为提高市场的竞争力,不仅要尽力降低评级成本,还必须努力提高信用认证及评级效率。本次问卷调查显示有72%的"守重"企业要求提供第三方信用机构评估来参与一些重大交易的决策和风险管控。

3. 合同行为规范性情况

"守重"企业标准体系要求企业合同签订规范、审查严密、台账完整,积极使用合同示范文本,合同格式条款合法,合同风险防范机制健全,合同争议解决与处理制度完善。

本次调查以"对客户符不符合赊销的条件是否有明确的制度规定"为题,在问卷反馈中有64%的园林绿化企业有非常明确的规定,29%的企业为很明确,7%为一般。

4. 合同履约状况好

本次调研的"守重"企业均能按照约定履行合同义务,无恶意违约行为,合同应收款及应付款管理控制水平较高,合同实际履约率高,合同未履行率、合同解除率、合同争议率、合同撤销率、合同违约率低。对于防范信用风险最有效的手段,有72%的受访企业认为是公司内部信控能力,21%的企业认为是商账追收,7%的企业认为是信用报告和信用额度建议。

五、苏州市园林绿化业"守重"企业对《企业信息公示暂行条例》的执行情况

在本次被调查的14家"守重"企业中,有21%的企业表示不太了解《企业信息公示暂行条例》,有14%的企业对"企业信用信息公示系统"还不太了解,说明政府在推进实施《企业信息公示暂行条例》和"企业信用信息公示系统"时还有不小的盲区;或者是企业由于各种原因未参与培训;或者是政府传达的信息未到达负责信用管理的部门,造成信息丢失;或者是由于负责信用的机构尚未建立。

在企业信息收集方面,有8家企业在一些重大交易前在"企业信用信息公示系统"上查证相关企业的资信信息,占比57%;5家企业会偶尔进行查询,占比36%;剩余1家企业"知道该系统,但从没有查询过",占比7%。调查显示,57%的企业根据新条例的实施对交易管理制度进行相应调整,7%的企业有很大调整。

本次调查还显示,有36%的企业还不清楚"企业的重要信息(如股权转让、行政处罚等)应自形成之日起20个工作日内向社会公示",14%的企业不了解年度报告的报送日期。

在接受问卷调查的企业中,72%的企业认为"企业信用信息公示系统"对维护企业合法权益的作用很大,21%的企业认为有些作用,7%的企业认为无法判断。

对于当前的信用环境,有29%的企业认为有必要进行企业信息公示,且认为企业信息公示制度有助于改进企业的信用状况,从而促进企业诚信经营;64%的企业认为非常有必要进行企业信息公示,且认为企业信息公示制度非常有助于改进企业的信用状况;只有7%的企业认为无所谓。

经营异常名录制度和严重违法企业名单制度是信用约束制度,不属于行政处罚。被列入经营异常名录和严重违法企业名单的企业,工商部门和其他政府部门发现其有其他违法行为的,依法对其进行行政处罚。在本次对园林绿化企业的调查中,有29%的受访企业表示对经营异常名录制度非常了解,57%的企业表示比较了解,7%为较少了解,7%为不了解。对严重违法企业名单制度,有36%的企业非常了解,43%的企业比较了解,14%为一般,7%为不了解。

除了"企业信用信息公示系统"外,企业最了解的其他信用信息公示平台依次为:① 中国人民银行的征信平台;② 人民法院的诉讼或失信被执行人信息平台;③ 相关行业协会的信用信息平台;④ 交通部门的公路建设市场信用信息平台;⑤ 商务部、国资委的"全国行业信用公共服务平台";⑥ 海关的企业进出口信用信息平台。

六、总结及建议

(1) 建立社会信用体系是发展社会主义市场经济的需要。

(2) 建立企业信用体系能有效地规避企业经营过程中遇到的一系列风险,从而减少企业损失,保障企业经营活动顺利进行。

(3) 企业信用体系建设可以提高经济活动效率,减少交易费用和机会成本。

(4) 企业信用体系建设对内可以理顺企业内部管理体制和经营机制,实现高效运行,凝聚员工队伍,对外能树立企业良好形象。在信用交易的基础上,企业才能得到长期的、稳定的利益,所以在未来的市场经济体系下,企业信用就是企业生存和发展的命脉所在。

(5) 政府应鼓励所有企业诚实守信,企业也应更加重视并主动地培养自己的信用能力,对强化自身管理提出更高要求。

参考文献:

[1] 哈文俊.对加快构建市场主体信用信息公示系统的思考[J].工商行政管理,2014(3):39-40.

[2] 付志霞,陈花军,苏强.建筑施工企业信用信息平台建设研究[J].价值工程,2014(4):92-93.

[3] 胡飞鸽.信用建设:推动施工企业发展的基石[J].中外企业家,2014(16):88-89.

[4] 王李平.建筑企业信用管理体系构建研究[J].企业改革与管理,2016(13):16-17.

[5] 佘伯明.基于信任网络的中小企业信用信息平台建设[J].征信,2016(6):21-25.

(王智亮)

苏州市市政工程业"守重"企业发展报告

一、苏州市市政工程业"守重"企业发展概况

市政工程是指市政设施建设工程,是政府为城市生活配套而建设的各种公共基础建设,包括城市道路、桥梁、给排水、污水处理、电力、热力、燃气、城市防洪、园林、道路绿化、路灯、环境卫生等城市公用事业工程。自改革开放以来,我国的经济建设取得了举世瞩目的成就,截至2015年,经济规模已经跃居世界第二。经济的快速发展带来了城市化进程的飞跃,1978年改革开放刚开始的时候,我国的城市化率只有17.8%,到2000年城市化率已经达到36.09%,截止到2012年底城市化率已升至52.6%,居住在城市的人群达到7.1亿人。预计到2030年,我国的城市化率还将达到65%~70%的峰值。

在我国城市化建设的大背景下,市政工程行业获得了极大的发展机遇。当城市人口出现爆炸式的增长后,人们对住房、公共交通、用水、用电、环境卫生设施等一系列城市公用设施的需求也随之快速增长。按照国外学者测算,中国城市化率年均增长1个百分点,就需要年新增住房3亿~4亿平方米、建设用地1 800平方千米、生活用水14亿立方米,同时还要新增道路、交通、绿化、园林等其他的市政配套。

苏州作为中国经济发展较快的城市之一,城市建设和规模发生了巨大的变化。全市常住人口从1982年的527.53万人猛增到2013年底的1 300万人,常住人口增加了146%。见图1。

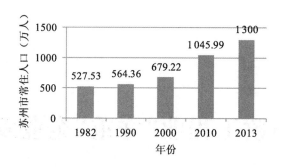

图1　苏州市常住人口变化趋势

其中,进入21世纪以后苏州市常住人口增长加速,充分反映了2000年以后,苏州市的城市发展进入了快速增长阶段。在《苏州市统计年鉴》中的全市生产总值关于水利、环境和公共设施管理业部分,2011年为42.69亿元,2012年增长到58.09亿元,2013年达到70.51亿元,2014年为85.86亿元。如图2所示,苏州市4年水利、环境和公共设施管理业的生产总值就翻了一番,可以反映出苏州市市政工程企业的发展和业绩增长速度之快。

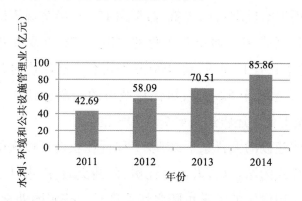

图2　苏州市水利、环境和公共设施管理业生产总值发展趋势

二、苏州市市政工程业"守重"企业信用建设情况分析

企业信用也称为商业信用,是指企业之间在进行商品交易时采取赊销方式而相互提供的信用。信用是市场经济发展的基础,企业与企业之间在相互交易和合作中必须以遵守信用为前提,否则交易的风险和成本就会变高。对于一个市场和国家也是如此,必须要建立良好的信用制度和信用秩序,才能更好地保障市场经济的有序运行。

改革开放以来,我国以经济建设为中心的发展理念激活了市场活力。各种类型的企业进入了快速增长时期,企业之间的交易形式也发生了改变,赊销方式开始变得越来越常见,这样就产生了新的问题。在信用管理还比较落后的阶段,逾期账款以及坏账的大量出现给企业带来沉重的负担,甚至会拖垮整个企业和产业链。加快建设良好的社会信用体系成为国家、行业和社会都迫切需要的一项重要工作。2014年6月,我国出台了《社会信用体系建设规划纲要(2014—2020年)》,标志着我国信用制度建设进入了新的发展阶段。苏州市也在2016年4月6日被国家发展改革委确定为国家创建社会信用体系建设示范城市。

课题组本次对齐力建设集团有限公司、江苏自勤建设发展有限公司、昆山市天工建设工程有限公司、吴江市联东市政工程有限公司、苏州城展市政工程有限公司、苏州利达市政工程有限公司、苏州市沧浪市政工程有限公司、苏州市顺浩建设园林工程有限公司、苏州市众合市政景观工程有限公司、太仓市市政工程有限公司、苏州祥盛建设工程有限公司、新江建设集团有限公司等12家苏州地区的省级守合同重信用市政工程企业进行调查研究,并向这12家企业发放了调查问卷。市政工程企业作为城市建设的主要实施者,担负着我国城市化进程的重要任务。市政工程企业的项目多与市民的生活息息相关,项目资金占用量大、周期较长,且这类企业属于劳动密集型企业,施工人员多为进城务工农民,一旦出现资金问题、项目中断,造成的影响较大。所以,市政工程企业因其自身经营的特点,企业的信用管理尤为重要。从调查中可以分析出以下几点。

1. 市政工程企业高层管理者重视信用管理

在这12家市政工程企业的公司介绍中,其经营理念和宗旨都从不同方面阐述了其诚信经营的承诺。在对公司高层重视信用管理程度的调查中,有8家选择了非常重视,4家选择了很重视。对于高层是否了解信用管理,其中7家选择了非常了解,5家选择了很了解。以上调查结果可以反映出市政工程企业的高层管理者已经非常了解信用管理对于公司经营管理的重要性,也非常重视企业信用管理,这些与苏州市近年大力推动信用管理建设的成果是密不可分的。这也打通了企业信用管理推进中最重要的一环,高层重视是企业推动任何一项管理措施能否成功的关键。

2. 市政工程企业重视交易客户的内部信用评估

一般认为,市政工程企业的客户基本都是资金实力雄厚的开发商或者市政单位,不太可能会发生信用违约的事情,但在现实的工程管理中,这种事情还是时有发生。在对上述12家市政工程企业的调查中,所有企业都要求新交易客户提供身份和资质证明;对于"对新交易客户是否建立完善的内部信用评级制度"中,选择很完善和非常完善的达到10家,占比83.3%;对于"对客户符不符合赊销的条件是否有明确的制度规定",选择很明确和非常明确的达到9家,占比75%。以上调查结果,可以反映出苏州的市政工程企业已经在内部建立了一套信用评估流程,用于对新交易客户的资质审核和评级。对客户的赊销需求,各企业也大都建立了一套明确的条件审核机制。这些企业内部的信用管理措施已经增强了企业自身减少运营风险的能力,为企业的健康发展起到了一定的保障作用。

3. 市政工程企业能很好地使用"企业信用信息公示系统"

"企业信用信息公示系统"是工商行政管理部门依据相关法规的规定建立的,用于公示企业信用信息的系统。政府相关部门通过公示系统将企业的行政许可、行政处罚、经营异常、严重违法等信息予以网络公示。社会公众可以通过进入系统查询自己所关注企业的相关信息,很好地了解需要交易企业的信用状况。在对该12家市政工程企业的调查中,有10家选择比较了解和非常了解"企业信用信息公示系统",占比83.3%;在交易前选择在"企业信用信息公示系统"查询相关企业信息的有11家,占比91.7%;在对"企业信用信息公示系统"对维护企业合法权益的作用有多大的调查中,8家选择了作用很大,4家选择了有些作用。以上调查结果可以反映出苏州的市政工程企业已经很了解"企业信用信息公示系统"的功能和作用,并已经把它作为公司信用管理的查询工具,说明"企业信用信息公示系统"已经在苏州市政工程企业的信用管理中发挥了重要作用。

三、苏州市市政工程业"守重"企业发展存在的问题

1. 市政工程企业的信用管理专职化程度还不高

在对12家市政工程企业的调查中,已经设置有信用管理专职人员和部门的公司有8家,只占到总数的66.7%,说明当前市政工程企业设置信用管理职能的专职人员和部门的比例还不够高。这也是当前很多公司存在的共性的问题。由于公司传统的职能划分原因,对于客户的应收账款一般由销售部门和财务部门来管理,所以,虽然企业已开始相关的信用管理工作,但很多都是让销售部门或

者财务部门的人员兼职管理。这样就会存在以下两个问题：一个问题是兼职管理的人员本来就有自己的工作任务，在面对信用管理的工作时，很难全身心地投入将工作做得很细致；另一个问题就是兼职管理人员在专业水平上往往不够，在从事信用管理工作时就无法发挥信用管理的真正作用。

2. 市政工程企业对于信用管理的法律规定还不够了解

《企业信息公示暂行条例》是国务院于2014年7月23日公布的一部重要的企业信用管理法规，但是在接受调查的12家市政工程企业中还有6家只是听说过，但不太了解，占到了一半的比例。关于企业的重要信息需要自形成之日起多少个工作日内向社会公示，选择正确的20个工作日的只有5家，还不到总数的一半，其他的要么选择30个工作日，要么选择10个工作日，还有企业是"不清楚"。以上调查结果反映出市政工程企业对于国家信用管理的相关法律规定还是不够了解。虽然企业的高层管理者已经认识到信用管理的重要性，也开始在企业运营中非常重视信用管理，但由于没有专业的管理人员和部门等原因，对于很多信用管理的实际工作还无法落到实处，在企业内部还没有形成信用管理的文化氛围。

3. 市政工程企业对于信用管理咨询服务的认识还不够

市政工程企业大都属于相对传统的建筑类行业，很多从业人员对于现代企业的管理咨询和外部服务还处于一种纠结的状态。在本次调查中问及公司有没有信用管理咨询服务方面的需求时，选择比较需要和非常需要的有11家，占比91.7%。但对于"对重大交易客户是否要求提供第三方信用服务机构评估"，选择需要提供的有8家，只占到66.7%。同时，对于"企业信息公示是否会侵犯国家、商业秘密或个人隐私"，有8家选择可能会，只有4家选择不会。以上调查结果反映出市政工程企业由于管理中遇到问题，非常想要得到外部信息管理咨询的服务，但是实际业务操作中，真正采用第三方评估机构服务的比例并不高。从只有4家企业认为信息公示不会侵犯国家、商业秘密或个人隐私可以看出，市政工程企业对于外部信息管理咨询服务的认识还不够，内心还处于一种纠结的状态。

四、苏州市市政工程业"守重"企业发展的建议

1. 政府管理部门要大力推进信用管理体系建设

在社会信用体系的建设过程中，政府扮演了非常重要的角色。因为政府是信用管理制度的制定者,是公平客观的信用市场的监督者。由于我国在信用管理体系的建设方面起步较晚,因而制度化水平还比较低。首先是法律制度还不完善,政府管理部门还缺少对企业失信行为查处的法律依据;其次是执法不公,会让企业缺乏提高自身信用的积极性。政府应从顶层设计开始积极推动企业信用管理体系建设,从而加快整个社会信用的发展。特别是对市政工程企业而言,近些年在各个城市的烂尾工程屡见不鲜,给城市发展造成了不好的影响,也对整个产业链的发展造成很大的危害。同时,政府还需要积极引导和激励企业重视企业信用管理,提供培训和辅导来帮助企业建立正确有效的信用管理制度,不然就会导致企业高层只是在思想意识上很重视信用管理,但是在实际操作上由于专业能力欠缺等问题而无法跟进具体的信用管理措施。

2. 企业应建立专门的信用管理职能部门或专职人员,明确管理职能

在苏州市市政工程企业调查中发现,目前在公司内设置专门的信用管理职能部门和专职人员的公司比例还不高。而欧美企业从20世纪60年代就开始重视企业信用管理,他们在实践中发现必须在企业内部建立独立于销售部门和财务部门的信用管理部门,专门从事企业赊销等信用管理,才可以发挥信用管理的职能作用。所以,苏州市市政工程企业还需要从当前和未来的市场环境出发,将企业信用管理提升到一定的高度,将分散于各部门的信用管理工作集中起来,引进或培养专业的信用管理人才,建立一套行之有效的企业内部信用管理机制,才能有效地避免信用风险,为企业的长期健康稳定发展提供保障。

3. 企业应积极利用外部信用服务机构提升信用管理水平

随着我国经济的快速发展,市场开放度越来越高,国内外的信用服务机构也越来越多,信用服务产品也越来越丰富。我国在2014年出台了《社会信用服务机构执业管理办法》来管理和规范信用服务机构的发展。苏州市市政工程企业可以打消过多的疑虑,更好地利用外部信用服务机构来为公司服务。比如在进行重大的交易时可以借助第三方的信用评估机构来对交易方进行信用评估;为防止信用违约造成的损失,可以采用信用担保,从而降低交易风险。另外,还有信用公正、信用法律顾问服务、信用管理体系认证以及信用管理系统软件等,现在的市场分工已经越来越细化和专业化,利用专业和高效的外部信用服务可以更好地提升企业的信用管理水平。

参考文献：

[1] 苏州市统计局.苏州统计年鉴(2014)[M].北京:中国统计出版社,2014.

[2] 苏州市统计局.苏州统计年鉴(2015)[M].北京:中国统计出版社,2015.

[3] 三胜产业研究中心.2016—2020年中国市政工程行业市场分析与投资规划报告,SS557035[R],2015.

[3] 刘士林.中国都市化进程报告(2013)[M].北京:北京大学出版社,2014.

[4] 魏文静,史福厚,付伟.企业信用管理[M].北京:高等教育出版社,2015.

[5] 杨正超,林琳.基于信用评价的工程招标代理信息不对称问题分析及对策[J].中国建设信息,2014(18):66-67.

[6] 姜建芳.我国企业信用管理现状及对策探讨[J].会计师,2016(7):72-73.

（曹长凯）

专题篇

企业信用研究：一个文献综述

一、企业信用的相关概念

企业信用问题是随着企业信用风险的出现而产生的，企业信用的核心就是企业信用管理和企业信用风险问题。笔者在对以往学者文献的研究中发现，围绕企业信用研究的相关概念主要是企业信用、企业信用管理和企业信用风险。这三个概念从不同的层面诠释了企业信用的内涵和需要关注的核心问题，在已有文献中学者多数从此三个概念的角度展开研究。本文将对已有文献中的企业信用相关概念进行整体梳理。

较早对企业信用概念进行界定的国内代表性学者是李维安（2003），他指出，企业信用就是企业内部不同成员之间、企业与其外部利益相关者之间的反复博弈所形成的有形和无形的自我均衡。其推动机制是参与约束和激励相容，是企业为了获得长期收益，以消除不确定性为出发点而形成的有序的信息维数和网络性正反馈式的评价。而对企业信用管理概念进行界定的学者有：蒲小雷等（2001）认为企业信用管理是现代企业管理中的重要组成部分，从职能上讲，企业信用管理是指通过制定信用管理政策，指导和协调企业内部各部门的业务活动，对客户信息收集和评估、信用额度的授予、债权保障、应收账款回收等各交易环节进行全面监督，以保障应收账款安全和及时回收的管理。从目的上讲，企业信用管理就是：对各种规模的企业，力求达到企业销售最大化的同时，将信用风险（坏账）降至最低的管理措施。王亚非（2003）在分析我国信用管理制度建设时，将企业的信用管理机制概括为"三机制一部门"。"三机制"包括前期管理的企业资信调查和评估机制、中期管理的债权保障机制、后期管理的应收账款管理和回收机制。同时,从企业组织结构上讲,要在企业内部建立独立的信用管理部门,负责企业信用管理工作。信用管理要达到的目标是,在最大限度销售产品,达到销售最大化的同时,将信用风险也就是坏账和逾期账款控制在最低限度。文亚青(2006)认为企业信用管理指的是企业信用管理目标明确,机构、人员完备,方法多样,功能齐全,囊括事前客户资信调查、信用评估,事中信用政策制定和信用额度授予,事后账龄控制、应收账款政策、债权评估等内容的全过程信用管理。陈晓红等(2009)认为企业信用管理制度是指企业为扩大信用销售规模和控制信用销售风险而建立的管理规则、技术、方法和手段的总和。学者指出信用管理理念作为一种非正式规则,在一定程度上指导和影响着企业信用管理行为。企业管理者对信用管理的认知水平、基本理念以及重视程度,将潜移默化在企业信用管理过程中。而关于企业信用风险概念的论述,朱星文(2012)指出企业信用风险是企业赊销业务的购货人因各种原因未能及时、足额偿还货款而违约的可能性。这种风险主要源自于企业与企业之间的信用,即通常所说的商业信用,它主要是指企业与企业之间的非现金交易,也就是人们常说的赊销。

企业信用管理和企业信用风险是企业信用的核心问题,因此,企业信用管理体系也是近年来多数学者研究的重点。关于企业信用风险问题,有些学者为了防范企业信用风险的产生,建立、完善了合理的企业信用体系;有些学者为了预测企业可能存在的信用风险,研究探索了评估企业信用的方法。因此,本文主要从这几个角度对企业信用的文献进行了梳理。

二、企业信用管理体系和机制研究

在国外的研究中,William 和 Mark(2000)采用比较分析法,对50家银行的内部信用体系进行比较分析,将不同评级指标体系与内部评级的有效性关系进行了量化,并以实际数据推导出在不同情况下各种评级指标体系及方法的准确性、有效性和优缺点。Edward 和 Herbert(2004)在对三大评级机构(穆迪、标普、惠誉)的评级结果进行研究分析后,认为传统的评级指标体系和模型更多的是看重企业长期偿债能力,而对短期偿债能力和财务相关指标并未考量。通过实证研究,他们重新设立了修改评级结果的差距参数,提高了评级模型对现实变化的敏感性,使新的评级模型能够更加适应需要迅速反映或者起伏变化大的行业。同时,标普、穆迪和惠誉在评估企业的偿债能力时,都增加了对企业经营因素的关注,重视现金流对债务的保障程度。标普将财务政策、企业发展阶段和经营战略三者联系起来考虑,认为企业对短期借款的依赖越来越大,应更注重短期债务分析。穆迪选择关键指标时更看重行业特征。邓白氏在评级中单独考虑企业规模指标。

关于企业信用管理体系和机制的研究,国内有学者从信用管理体系整体构建角度出发,考虑多方面因素,构建了企业信用风险管理体系和机制。例如,邹小芃等(2005)从企业征信的基本模式、企业信用评估的指标体系和评估模型三个方面阐述企业信用评估方法,同时结合我国实际对信用体系建设提出了建议,并指出在指标体系的选择方面,不仅要选择各种财务指标,还要用管理、人才资源、制度建设、历史记录等指标全面考察企业的信用状况,而且还应该将企业放在整个行业甚至整个国民经济中考察其信用状况。粟山等(2004)认为企业信用风险的产生有客户、企业自身及社会信用体系等方面的因素,企业需要加强信用管理,可以通过建立完善的信用体系来实现,该体系包含组织、人力、技术、信息、供应链和社会等方面的内容。学者还对信用评级模型、信用政策制定和应收账款的监控进行了分析和对策研究,提出了实现企业信用管理的"整合"思想,包括社会资源的整合、信用政策的整合、业务流程的整合和信息系统的整合。刘颖等(2012)认为企业信用的工作核心是客户,因此基于CRM管理模式的角度,提出企业客户信用管理的创新模式,认为CRM管理模式可以解决企业客户信用管理模式存在的部门之间的目标冲突、重事后轻事前、缺乏专门的信息管理系统等弊端。其先进性在于以企业价值最大化为目标、以对客户事前的控制为重点、有专门的制度保障,该模式的推广存在多方面的现实可行性。

还有多数学者以企业信用管理存在的问题为出发点,通过系统的分析和研究,给企业信用管理体系和机制的提高提供了相应的建议和对策。金发奇等(2004)认为中小企业信用管理体系建设有助于中小企业的市场开拓,有助于中小企业融资,降低交易成本,减少交易风险,因此从社会信用管理立法、信用中介机构、信用需求、信用信息以及中小企业自身信用管理等角度分析了我国中小企业信用管理体系建设存在的问题,并针对这个几个方面给出详细的对策和建议。王小霞(2005)提出我国中小企业信用管理体系存在社会信用意识未形成、社会信用管理立法建设滞后、中小企业的信用支撑体系发育不到位和中小企业自身信用管理未开展等问题。针对中小企业信用管理体系的建立,该学者提出以下对策：明确体制转换期政府在信用体系建设中的职能，建立现代企业制度，规范中介机构的行为，完善中小企业自身信用管理以及加强信用管理教育。王珽等（2005）在研究中指出我国企业信用管理中存在企业不良应收账款过高、企业严重拖欠银行贷款、经济合同的失约作假现象严重和信用交易的比重低等严重问题，学者认为依据B2B电子商务模式有利于我国企业信用管理体系的建立，企业还可以通过第三方B2B交易平台所提供的资源，建立相应的信用管理机制。李月华（2006）以中小企业为调研对象，从管理观念、管理机制、管理机构和人员素质四个角度分析了我国中小企业信用水平低的原因，并指出要提高中小企业内部信用水平，就必须改革中小企业信用管理模式。其论文中提出的建议主要是从加强客户信息管理、制定合理的信用政策和制度、加强货物销售额度控制、严格应收账款日常跟踪监控管理等方面加强企业内部信用管理，以此增加有效销售，扩大市场份额，提高企业盈利水平。张凤凉等（2007）指出我国民营企业在工商登记、合同、信贷、财务、产品质量、商业经营和企业劳动关系等七个方面存在严重信用缺失情况，对产生信用缺失的原因进行了剖析。根据实际情况提出重塑民营企业信用的对策，主要有：尽快树立信用意识、加快信用立法进程、建立覆盖全社会的民营企业信用管理体系、加强信用监管力度、建立失信惩罚机制和营造讲信用的良好社会环境等。金文莉（2011）基于发达国家企业信用管理的成功经验，分析了目前我国企业信用管理存在的问题，最后从建立以政府为主导的信用管理体系、建立有效的企业信用管理评价体系、建立企业信用危机的预警管理系统和建立信用奖惩机制四个方面提出了建立和完善我国企业信用管理的对策和措施。朱星文（2012）认为我国现阶段企业信用状况令人担忧，拖欠款项、合同违约、产品侵权、虚假信息、假冒伪劣产品、质量欺诈等多种失信行为长期困扰着企业。这主要是由于信用交易中买卖双方的信息不对称导致机会主义产生而造成的局面。为了改变我国目前企业信用缺失、商业交易中信用风险居高不下的局面，不仅需要企业自身加强信用风险的内部控制，还需要政府和社会采取相应的措施进行宏观控制。

另外，有些学者选取调研样本进行实证研究，用数据论证了我国企业信用管理体系出现的问题及需要改进的地方。庞建敏（2007）选取某大型纺织企业进行案例分析，分析了企业信用管理意识、企业信用规模和信用管理等问题，从成本—收益和激励理论两个角度阐述了存在问题的主要原因，并提出了以下对策：

加强对企业信用管理重要性的认识、营造企业信用管理的微观基础、完善并充分发挥社会信用中介组织的作用和充分发挥政府在社会信用体系建设中的作用。陈晓红等(2009)从企业信用管理制度基本框架分析出发,编制了制度量表,并对838户信用销售企业进行问卷调查,运用因子分析方法,构建了信用管理制度指数,对样本企业制度状况进行评估,得出企业信用管理制度缺失现象比较严重的基本结论。同时,运用结构方程式建模方法,构建了信用管理制度对企业竞争力影响的分析模型,得出结论:信用管理制度影响企业应收账款质量和盈利能力,进而影响企业竞争能力。因此,应大力加强我国企业信用管理制度建设,以提升企业竞争能力。王地宁等(2009)为了评估企业信用管理制度缺失状况,选取湖南省995户工商企业进行问卷调查,分析表明企业信用管理存在以下问题:企业信用管理制度缺失、信用销售能力不足、信用风险巨大,这些问题均影响企业竞争力。为推进企业信用管理制度建设,学者提出我国应尽快建立信用管理研发和推广机制,推进征信体系建设,健全失信惩戒机制、信用风险转移机制以及应收账款再融资机制。

三、企业信用评价指标体系研究

李维安等(2003)选取249家中国上市公司的数据,对其企业信用与股权和董事会的治理进行了实证研究,利用专家评分、层次分析法确定企业信用的量化范围。综合专家组的建议,确定财务信用、经营管理、经济效益和企业发展为信用评价的4个主要因素。研究表明:中国上市公司的企业信用与股权结构之间的关系难以仅凭股权的集中与分散来衡量,关键是第一、第二大股东的持股比例之差;董事会约束的实证信息表明,董事会专门委员会齐全对企业信用有明显的促进作用。康书生等(2007)在借鉴国内外企业信用评级技术和方法的基础上,结合我国国情和中小企业自身特点,设计了中小企业信用评级指标体系,并运用相关性分析进行指标的实证筛选,运用AHP方法确定指标权重,为定量指标建立了模糊数学的综合评判模型,为定性指标设计了专家评判表,进而建立了一套适合我国中小企业特点的信用评级方法和模型。李琦等(2011)研究了企业信用评级情况,以2006—2010年有公司债务主体评级的非金融上市公司为样本,检验了信用评级与盈余管理的关系。研究发现,相对于评级保持不变的公司来说,信用评级提升的公司在评级调整前一年盈余管理的程度更低。面对评级机构的要求,企业事前也会相应调整其盈余管理行为。当企业评级中带有"+"或"-"符号时,民营企业和有融资需求的企业会减少当年向上的盈余管理。总的来说,信用评级调整对企业盈余管理行为有抑制作用。

有学者选取电子商务行业为研究对象,主要研究了在电子商务环境下企业需要从哪些角度考虑企业信用评级的问题。李菁苗等(2012)基于电子商务信用理论,研究了电子商务环境下中小企业信用评价指标体系,综合各类信用评价指标和层次分析法,考虑B2B电子商务企业特点,构建了适用于中小企业的经营能力、盈利能力、清偿能力和发展能力四大类15项评价指标,建立了电子商务信用评价模型,并根据模型对30家电子商务中小企业进行了评价实践,证明了方法的科学性和简便性。管晓永等(2013)以网络环境下电子商务信用管理为研究对象,基于传统信用理论,根据公众可获得信息开展团购网信用行为的基本特性进行实证分析。研究表明,与样本信用水平高度相关的4个行为特性为客户保障、经营创新、资产规模和成长能力;与样本信用水平显著相关的7个行为特性是:平台性质、经营理念、客户定位、客户体验、组织管理、运行模式和支付方式。蒙震(2014)以某商业银行截至2012年底的1 589家中小企业客户作为初始样本,构建了由财务实力、管理实力、社会实力三个因子组成的中小企业信用风险评估模型,模型结果显示一定的区分和预测能力,具有较高的信度和效度,较为全面地涵盖了中小企业信用风险评估的核心内容。

此外,还有少数学者从供应链金融的角度出发,建立了企业信用风险评估评级体系。如:张浩(2008)结合供应链金融的特点,构建了包含外部环境、管理者素质、信誉状况、经营状况、合作情况和成长能力六项指标的信用评级体系,并通过层次分析法确定各指标的权重,最终构造出一个基于供应链金融的中小企业信用评级模型。夏立明等(2011)在界定基于供应链金融的中小企业的基础上,根据供应链金融的业务特性,提出了以融资主体信用风险评价、融资债项信用风险评价、宏观环境风险评价三个子评价体系组成的基于供应链金融的中小企业信用风险评价指标体系。学者通过已有文献、专家评价以及评价指标相关性分析,最后选出中小企业自身、核心企业、融资项目、贸易供应链和宏观环境五类影响因素,将其分为38项指标构成了基于供应链金融的中小企业信用风险评价指标体系,为金融机构进行信用风险评价提供借鉴。胡海青等(2012)从供应链金融的角度,提出了包含融资企业所处行业现状、融资企业自身素质及资信状况、核心企业资信状况和供应链关系状况的中小企业信用风险评估指标体系。该体系运用机器学习的方法支持向量机(SVM)建立信用风险评估模型,并与 BP 神经网络算法建立的信用风险评估模型进行实证结果对比,结果表明在小样本下基于 SVM 的信用风险评估模型更具有效性和优越性,同时证实了供应链金融视角下的中小企业信用风险评估指标体系能够更准确地判断中小融资企业的信用状况,有助于缓解中小企业融资困境。田江等(2016)基于已有相关文献在第三方物流企业的风险评价方面的研究,根据供应链金融的业务特性,利用频数统计法、专家评分法以及相关性分析,最终从第三方物流公司自身风险因素、客户风险、质押物风险和宏观环境风险四个层面甄选出 31 个指标构成基于供应链金融的第三方物流企业风险评估指标体系。

四、企业信用风险评估方法研究

有些学者通过对企业信用管理评估方法的研究和讨论,分别得出哪些方法对于研究企业信用风险有所帮助和改进。孙彤等(2009)根据风险调整收益的原理,借鉴 J. P. 摩根的信用计量 Credit Metrics 模型中信用等级转移的思想,构建了应收账款回收期内受信企业信用状况转移矩阵。通过将 RAROC 方法引入企业信用风险管理体系,对企业信用销售活动进行基于风险的绩效考核和业绩评价,为企业的销售决策、绩效考核、交易定价等多方面经营管理提供基于信用风险调整的定量依据,提高了企业信用风险的量化水平和管理水平。张目等(2009)选取沪、深股市中具有"高新技术概念"的上市公司作为实验样本,其中有 52 家非 ST 企业和 52 家 ST 或 *ST 企业,针对该两类样本企业信用状况的重叠问题,学者提出一种基于多目标规划和支持向量机(SVM)的企业信用评估模型,在一定程度上提高了 SVM 的预测精度,并用实例证明了该模型的可行性和有效性。林莎等(2010)选取深、沪交易所 A 股市场制造业 2006—2007 年两年中所有被进行特别处理的 52 家 ST 公司以及随机选取的 52 家非 ST 公司为实验样本,将 DEA (数据包络分析)方法以及分层技术相结合,对中小上市企业进行信用风险评估。研究表明:模型对上市中小企业信用风险前两年预测的精度较高,模型在输入和输出指标上的选取,不但克服了 DMA 类信用评估方法在选取样本公司和判别定点上的缺陷,还体现了较高的可操作性。邓超等(2010)对国内外小企业信用评分的特点、技术、应用模型等进行了系统阐述和总结,所引用的已有文献的实践表明,运用信用评分技术可以将贷款风险管理以及贷款审批和发放予以标准化,减少交易成本,控制和防范信贷风险,从而提高中小企业的信贷获得率。因此,学者认为信用评分技术适用于小企业贷款业务,对解决小企业融资难的困境有很大帮助。周文坤等(2015)在对已有研究进行总结的基础上,运用DEA、AHP(层次分析法)和基于左右得分的模糊TOPSIS(逼近理想解排序法)相结合的评价方法对中小企业在供应链融资中的信用风险进行评价。最后,将方法成功应用到具体实例,结果表明,将AHP方法和左右得分模糊TOPSIS结合应用到多层次指标评价问题是合理、可行的,能够为供应链融资信用风险评估提供决策依据。林江鹏等(2016)通过对我国中小企业的发展能力、盈利能力、运营能力、偿债能力等指标进行统计分析,运用因子分析法提取公因子成分并建立有序回归模型,对我国中小企业的信用评级质量进行检验。结果表明,有序回归模型对于构建中小企业信用评级质量验证机制有着良好的效果。杨帆等(2016)选取建筑企业为研究对象,利用粗糙集对数据进行处理,结合支持向量机的数据分类作用,构造了基于粗糙集的支持向量机模型,将新的学习样本通过支持向量机模型完成对施工企业信用风险的分类训练和评估,通过实例验证了RS-SVM模型用于建筑企业信用风险评估具有良好的分类性能,有助于实现对我国建筑企业信用风险的预警,提高建筑行业信用水平;有助于丰富和完善企业信用风险评估理论和方法。陈云等(2016)针对企业信用评分问题,提出了基于RS的SVR集成模型(RS-SVR)。学者首先使用随机子集抽样模型(RSM)获得足够多不同的训练数据集,接下来使用不同的训练集子集训练得到不同的支持向量回归(SVR)模型,最后使用简单平均方法(SA)整合不同模型的预测结果。研究表明:在企业信用评分问题中,集成学习方法可以提高模型的预测性能;与常见预测模型相比,RS-SVR模型具有最好的预测结果。

参考文献:

[1] Treacy W F, Carey M. Credit risk rating systems at large US banks[J]. Journal of Banking & Finance, 2000, 24(1): 167–201.

[2] Altman E I, Rijken H A. How rating agencies achieve rating stability[J]. Journal of Banking & Finance, 2004, 28(11): 2679–2714.

[3] 蒲小雷,韩家平. 企业信用管理典范[M]. 北京:中国对外经济贸易出

版社,2001.

[4] 王亚非.我国企业信用管理制度建设初探[J].华东经济管理,2003(1):57-59.

[5] 李维安,李建标.股权、董事会治理与中国上市公司的企业信用[J].管理世界,2003(9):103-109.

[6] 金发奇,陈晓红.中小企业信用管理体系建设研究[J].求索,2004(7):40-42.

[7] 粟山,沈荣芳.企业信用管理的研究[J].同济大学学报(社会科学版),2004(2):58-62.

[8] 王斑,瞿彭志.B2B电子商务模式促进我国企业信用管理体系的建立[J].商业研究,2005(21):74-76.

[9] 邹小芃,余君,钱英.企业信用评估指标体系与评价方法研究[J].数理统计与管理,2005(1):37-44.

[10] 王小霞.中小企业信用管理体系建设途径探析[J].经济与管理研究,2005(3):56-58.

[11] 李月华.中小企业内部信用管理模式探讨[J].统计与决策,2006(4):169-170.

[12] 文亚青.试论企业诚信与信用管理[J].商业研究,2006(9):24-26.

[13] 张凤凉,黄鹏燕.论我国民营企业的信用缺失与重建[J].特区经济,2007(10):100-102.

[14] 庞建敏.企业信用管理研究——基于企业的案例分析[J].金融研究,2007(11):162-171.

[15] 康书生,鲍静海,史娜,等.中小企业信用评级模型的构建[J].河北大学学报(哲学社会科学版),2007(2):26-33.

[16] 张浩.基于供应链金融的中小企业信用评级模型研究[J].东南大学学报(哲学社会科学版),2008(S2):54-58.

[17] 王地宁,刘玫.企业信用管理制度缺失问题研究——基于995户企业调查问卷的分析[J].财经理论与实践,2009(1):104-108.

[18] 孙彤,汪波.基于风险调整收益方法的企业信用风险管理研究[J].商业经济与管理,2009(1):45-50.

[19] 张目,周宗放.基于多目标规划和支持向量机的企业信用评估模型[J].中国软科学,2009(4):185-190.

[20] 陈晓红,王地宁.企业信用管理制度的缺失与后果——基于838户企业调查数据的经验研究[J].金融研究,2009(1):194-206.

[21] 林莎,雷井生.DEA模型在中小上市企业信用风险的实证研究[J].科研管理,2010(3):158-164.

[22] 邓超,胡威,唐莹.国内外小企业信用评分研究动态[J].国际金融研究,2010(10):84-91.

[23] 金文莉.我国企业信用管理存在的问题及其对策——对发达国家经验的借鉴[J].改革与战略,2011(10):60-63.

[24] 夏立明,宗恒恒,孟丽.中小企业信用风险评价指标体系的构建——基于供应链金融视角的研究[J].金融论坛,2011(10):73-79.

[25] 李琦,罗炜,谷仕平.企业信用评级与盈余管理[J].经济研究,2011(S2):88-99.

[26] 李菁苗,吴吉义,章剑林,等.电子商务环境下中小企业信用评价[J].系统工程理论与实践,2012(3):555-560.

[27] 胡海青,张琅,张道宏.供应链金融视角下的中小企业信用风险评估研究——基于SVM与BP神经网络的比较研究[J].管理评论,2012(11):70-80.

[28] 刘颖,刘义瑞.基于CRM模型的企业客户信用管理模式的构建与推广[J].河北经贸大学学报,2012(4):52-56.

[29] 朱星文.论企业信用风险及其控制[J].江西财经大学学报,2012(6):27-33.

[30] 管晓永,陈红,刘润然,等.基于公众可获得信息的团购网信用特性研究[J].科研管理,2013(5):144-152.

[31] 蒙震.中小企业信用风险评估模型研究——以某国有控股上市银行为例[J].暨南学报(哲学社会科学版),2014(12):40-48.

[32] 周文坤,王成付.供应链融资模式下中小企业信用风险评估研究——基于左右得分的模糊TOPSIS算法[J].运筹与管理,2015(1):209-215.

[33] 杨帆,谈飞,崔祥.基于RS和SVM的建筑企业信用风险评估研究[J].武汉理工大学学报(信息与管理工程版),2016(1):537-540.

[34] 林江鹏,华良晨,姜雯.我国中小企业信用评级质量检验的实证研究——基于因子分析模型和有序 Logit 模型的分析[J].金融理论与实践,2016(1):23-27.

[35] 陈云,杨晓雪,石松.基于 RS-SVR 的企业信用评分模型[J].计算机应用研究,2016(11):1-6.

[36] 田江,陈晨.第三方物流企业信用风险评估指标体系研究——基于供应链金融视角[J].科学与管理,2016(2):65-71.

(雷星星)

欧美国家信用建设对我国"守重"企业建设的启示

一、市场经济是推进守合同重信用发展的必备前提

信用是契约的伴生物。"契约"一词源于拉丁文,在拉丁文中的原义为交易,这已经和市场产生了原始的联系。契约的英文是 contract,这个词同时还有合同、合约、契据等含义。交易、合同、合约、契据,这些词中的信用内涵是随着历史发展而不断丰富的。

14 世纪,连接欧亚非地区的贸易网已经形成,但多数情况下只能以金银等贵金属作为交易媒介。随着哥伦布发现美洲新大陆,商品交易迅速延伸到全球各个角落。不同国家间的交易遇到了货币障碍,物物交换大大影响了交易的便捷化。到 18 世纪末,蒸汽机出现,市场经济进入快车道,商品大量产生,商品区域优势进一步推动了域内外商品贸易。现代学理把市场定义为一套契约性协议和产权明晰的社会制度。没有信用,契约就是一纸空文,契约建立的基础是信用。为保障契约履行,原始的人与人之间的信用逐步发展为商业信用,并随着市场经济的发展丰富完善,形成了和经济制度相适应的信用形态。到 19 世纪中叶,1848 年 82 位商人发起组建了美国第一家交易所,即芝加哥交易所(CBOT,Chicago Board of Trade),由交易所承担买卖双方的信用担保。

随着商品的普及,到 20 世纪,消费信用产生,欧美零售服务信用迅速发展,大量的商家企业纷纷推出零售服务信用,一些大型商家企业向居民提供消费信贷,各种类型的公司卡、商店卡、银行卡,甚至国际卡纷纷出笼,信用卡开始风靡欧美各国。随着信用交易的发展,交易中诈骗、赖账等导致交易双方失信的情况频繁发生,交易效率受到了影响。在长期的市场实践中,人们逐步认识到,缺乏诚信,不仅会损害权利人、消费者和全社会的利益,也会破坏整个社会,特别是市场经济生态系统的平衡。为促进交易顺利进行,在欧美主要国家,提供资信服务的征信应运而生。1830年,在英国伦敦成立了世界第一家征信公司,1841年,美国邓白氏公司成立,随后,普尔、穆迪、标准、菲奇等公司,英国益百利和艾可飞工程先后加盟征信行列。[①]

在商业信用和消费信用达到一定规模后,对应的法律规范成为刚需。1970年,美国《公平信用报告法》出台。据不完全统计,美国在信用方面的相关法律法规有17部,如《消费者信用保护法》《平等信用机会法》《公平债务催收作业法》《诚实借贷法》和《公平结账法》等。在美国,约有五分之三的信用法律法规集中于个人信用服务体系,五分之二属于规范金融机构向市场投放信用信息的法律。[②]

欧美国家视合同为当事人通过要约和承诺达成一致的合意,采取这种定义方式的国家有法国、意大利、荷兰、丹麦和瑞士。法国民法典第1101条规定,"合同是一个或多个当事人与另一个或多个当事人签订的,转让某物、作为或不作为某事的协议"。意大利民法典第1321条规定,"合同是双方或多方当事人以设立、变更或终止财产法律关系为目的而订立的协议"。荷兰民法典第6:213条规定,"合同是一种多方法律行为,某个或多个当事人以此来约束自己"。瑞士债法第1条规定,"当当事人互惠地通过协议表达他们的合意时,合同成立"。由上述表述可以看出,这些国家要求合同的成立必须同时具备两个要件:一是当事人之间的合意;二是以产生法律效力为目的。

市场经济是这个星球发展幸福的基本模式,对此全球基本达成共识。争议主要集中在如何消除它的外部性。世界各国对此有各种解决方案,但几乎每一种方案都存在争议,各国政商两界的现行举措都是各种方案的混合体,区别仅在于哪一种方案的成分多一些。但是,对于市场经济是信用经济,市场交易和市场监管主要依靠信用约束,各国政府和商界已达成共识,中国政府对此也深有同感。由于历史的原因,中国的现代市场经济是外入式的。在市场交易中,从主要

---

① P. L. Cottrell. Industrial Finance 1830—1914: The finance and organization of the English manufacturing industry [M]. Lodon;New York: Routledge,2006.

② 美国公平信用委员会(American Fair Credit Council),http://www.americanfaircreditcouncil.org.

依赖身份认同到逐步转向主要依靠信用约束(契约约束)也仅是近代的事。政府也越来越意识到信用对规范市场的意义。[①] 但与市场经济较为成熟的欧美国家相比,中国的信用体系建设还存在着较大的差距。有研究者以为,这种差距主要体现在三个方面:一是缺乏完备的信用法律规范;二是缺乏系统的信用标准,特别是目前各部门的信用信息系统互动性、实时性比较差;三是缺乏科学的信用惩戒机制。一方面,行政执法尚在理念转换期,信息记录公示的市场影响作用还没有体现出来;另一方面,对失信行为给予什么样的惩戒,惩戒期限是多少,规定不够完善,惩戒规定常常只针对企业而未绑定失信行为的当事人。[②] 我国开展企业守合同重信用活动,就是通过行政倡导推进社会信用建设特别是商业信用建设。目前需要重视的是,党的十八大提出使市场在资源配置中起决定性作用。这一表述把原来市场在资源配置中起"基础性作用"修改为起"决定性作用",两字之差使市场成为生产什么、生产多少、以什么方法生产、如何初次分配的决定力量。这一决策,不仅为"守合同重信用"活动提供了巨大的发展空间,也为"守合同重信用"活动的开展提供了基本方法。因此,下一步的"守合同重信用"活动需要从市场的角度出发,把市场机制作为推进守合同重信用活动的必备前提。

二、多方征信是提升守合同重信用效果的重要方法

2014年,工商总局以223号文件的形式提出"守合同重信用"企业向社会公示,这是一个重要的开端,标志着这项活动开始走向市场化,这一举措和企业信用公示系统、个人征信系统、法院失信人公示系统、银行信用记录等共同组成了中国信用体系。

我国"守合同重信用"活动始自于20世纪80年代,活动开展后,开始获得企业的积极响应[③],但此后影响并不是很大,也没有成为影响市场的重要因素。如果我们坚信市场在资源配置中起决定性作用,多方征信就是提升守合同重信用社会功能的方法。

在坚信市场在资源配置中起决定性作用的前提下,可以考虑让一些民间征

---

① 《国务院关于"先照后证"改革后加强事中事后监管的意见》(国发〔2015〕62号)给出了监管四条基本原则,"信用约束"放在了"职责法定"之后,作为第二位的监管原则,可见其重要性。
② 洪海.关于对企业信用信息记录的立法思考[J].工商行政管理,2016(9):70-72.
③ 此项活动于1984年在辽宁省抚顺市首先开展。主要是倡导商业信用、严守合同,对管理经济合同取得较好成绩的企业和单位,由当地人民政府或者工商行政管理局颁发证书,当时叫"重合同守信用"。

信机构参与"守合同重信用"活动。例如美国影响较大的信用行业协会有：全国信用管理协会、消费者数据业协会、美国国际收账者协会和美国银行公会等。德国信用体系具有结构多样化的特点，即公共模式、市场模式、会员制模式并存。德国中央银行建设的"信贷登记系统"具有较为专业的数据采集和使用对象，以各类私营机构为主的征信机构业务范围涵盖了企业与个人的资信调查、信用评级、信用保险、商账追收、资产保理等。民营征信机构主要是为商业银行、保险公司、贸易和邮购公司等主要的信息使用者服务，其采集的信息具有覆盖人群广、总量大、信息来源渠道多、信用记录更全面等特点，因此民营征信机构的服务范围更广泛，目前在德国居于其国内市场主导地位的也都是进行商业化运作的民营征信机构。欧洲信用体系的总体特征是企业征信制度与个人征信制度密切结合。芬兰由一家私营机构经营管理公共信用登记系统。爱尔兰于1963年开始运营的爱尔兰信用局（ICB）占有100%的消费者信用市场和80%的工商企业市场，是一个营利性组织。西班牙由建立于1994年的合资企业ASNEF-Equifax处理负面信息。法国有两个不同的公共信用登记系统，一个是针对企业的（正面和负面信息都包括），另一个是针对个人的（只包括负面信息）。

在管理体制上，美国信用管理体系实际由两部分组成：一是联邦、州政府管理体系；二是行业协会自律管理体系。美国政府也从信用服务机构购买信用信息，如联邦政府每年向邓百氏公司购买企业税务等信用信息。

通过以上回顾可知，中国征信体系大多带有"官方"性质，和欧美国家的征信系统大多是民办的趋势并不一致。如果要真正在全社会特别是商界形成守合同重信用的社会氛围，使企业认可守合同重信用的评定结果，从而减少交易成本，增进社会福利，政府提倡仍然是一种外部因素，守合同重信用需要企业内部的因素才能形成稳定的商业认知，这些内部因素需要从市场中产生，从商业行为中产生。因此，可以考虑部分地引入市场化守合同重信用评定模式，发展一些民办的征信机构来共同构建守合同重信用氛围。

三、人的信用守法是巩固守合同重信用的根本保障

信用是对人的信任，既是对他人的信用的依赖，也是对自身的评价。用什么来评定信用，可能会涉及许多要素，但不可否认的是，履约率应当是信用要素中最重要的甚至是决定性的要素。一个企业履约率低，其他信用要素再高也只是

木桶中高出来的那块板子。因此,守合同重信用就是契约和信用的结合,是两者内在关系的体现。不重视契约(合同)的社会,信用也无从谈起;反之,重信用的社会,一定会是遵守契约(合同)的社会。而这些都离不开人的信用和法律的保障。

培养人的一个重要方法就是对其建立信用记录。美国的社会保险号码(SSN,Social Security Number)就是个人的信用号,个人信息全部集中在这里。将个人 SSN 输入全国联网的电脑系统,可查询到个人所有背景资料和信用记录,包括年龄、教育背景、工作经历、水电费缴纳、纳税以及和银行、保险公司等金融机构打交道的记录,如信用卡使用情况等。英国没有类似于美国的社会保险号码。英国的征信机构一般通过私人部门和法院的判决获取消费者信息,包括姓名、出生日期、居住地、邮编、个人破产信息、债务调解协议和行政处罚资料等。其他还有账户信息、抵押或转让资料,以及查询信息,如在数据库中对个人的信用信息被查询情况作详细记录,包括什么机构查询,查询的内容和次数,查询目的是发放贷款还是追账等。另外,还有一些关联信息,如家庭同姓成员情况、信贷联系借款人的信息、信贷诈骗和逃废债务情况等。在美国,几乎每个成年人都离不开信用报告,从申请信用卡、分期付款、抵押贷款等信用消费,直至寻找就业机会等,都需要对消费者的信用资格、信用状态和信用能力进行评价。①

再以德国的公共征信系统为例,由于社会信用体系建设已非常成熟和完善,消费信贷、商品邮购、分期付款、信用卡支付、网络交易等信用消费在社会生活中十分普遍,取得明显的成效。如德国所有的市内公共交通车辆内均没有固定的售票员,公勤人员只是不定期地进行抽查。可是在这里你很少发现逃票的现象。原因很简单,如果逃票被查到,就会写入个人的信用记录,成为终生的污点。因此,市民非常重视培养自己的信用。在这样的社会中,不是人们不想要滑头,而是制度约束人必须诚实。

从法律的角度看,英美判例法的根基在于相信人对正义的向往,陪审团制度就是证明,典型案例可以看 1994 年的辛普森案的有关分析。② 欧洲法律体系也

---

① 维基百科,https://en.wikipedia.org/wiki/Credit_score.
② 2008 年 10 月 3 日,在美国拉斯维加斯的克拉克县地区法院的陪审团做出裁决,辛普森被指控的包括绑架和武装抢劫在内的 12 项罪名全部成立。法庭定于 12 月 5 日作出宣判。现年 61 岁的辛普森可能面临终身监禁。13 年前的这一天,辛普森接受"杀妻案"庭审裁决,在一场获称"世纪审判"的漫长司法审理落幕时无罪开释。

同样来自人对法律的信仰,其法律渊源从《乌尔纳姆法典》、公元前 1800 年的《汉谟拉比法典》、古罗马的《十二铜表法》、拜占庭帝国的《查士丁尼法典》,到法国的《拿破仑法典》。拿破仑自己说,他最重要的贡献是为法国留下了一部《拿破仑法典》。这个皇帝 1799 年 11 月 18 号上台,当天晚上就宣布要起草《拿破仑法典》,其中最著名的是拿破仑的民法典。到了 19 世纪末,德国人又用其特有的严谨精神搞出了德国民法典。人对法律的信仰的一个典型案例就是远在 18 世纪下半叶德国磨坊主反复上诉的故事。[①] 在法律的保障下,信用之树逐步长成了参天大树。欧美良好的信用文化传统和自律意识为市场经营模式提供了支撑。

遵守契约最明显的优点是节约交易成本。出于对契约的依赖,欧美国家逐步形成了低成本的交易习惯,这是对人诚信和守法的经济回报。我国改革开放初期,许多人对欧美人的商务谈判风格不习惯,因为他们会"很轻率"就答应签约。谈判时间短,自然交易成本就少。契约信用还会使监督成本降低,纳税人可以少为市场监督付出税金。如欧洲某些国家的公共交通系统、美国的博物馆售票处是自助的,也就是你想到哪个地方,可以根据目的地自行买票,没有检票员,甚至连随机性的抽查都非常少。据说一位中国留学生发现了这个管理上的"漏洞",留学期间逃票。毕业后,他向许多跨国大公司求职都被拒绝。[②] 由于欧美建立了一套相对完善的社会信用制度和管理体系,社会的总体诚信度较高。而社会信用的完善与发展,对失信行为的制约和惩罚等,又保障了社会秩序和市场经济的正常运行和发展。

守合同重信用就是契约和信用的结合。既然信用是对人的评价,是对人的信任,它既依赖于别人认可,也依赖于自身守德,所以,培养人,培养诚信的家庭氛围、商业氛围、社会氛围,甚至公务氛围,都是非常重要的。当前我国在这方面

---

① 18 世纪下半叶弗里德里希大帝治下的普鲁士,磨坊主阿诺德因他人修建水渠影响其磨坊水力而无力向其领主支付租金构讼,历经多个审级,终以弗里德里希大帝通过权力判决干涉案件并与法官阶层发生剧烈冲突而告终。案件被认为是德国通往司法独立道路上的里程碑,并直接推动了《普鲁士普通邦法》的诞生。

② 其中一位人力资源部经理道出了此事原委,他说:"我们需要一些优秀的人才,我们对你的教育背景和学术水平很感兴趣,老实说,从工作能力上,你就是我们所要找的人。我们查了你的信用记录,发现你有三次乘公车逃票被处罚的记录。你不尊重规则,不仅如此,你擅于发现规则中的漏洞并恶意使用;你不值得信任,而我们公司的许多工作是必须依靠信任进行的,因为如果你负责了某个地区的市场开发,公司将赋予你许多职权。为了节约成本,我们没有办法设置复杂的监督机构,正如我们的公共交通系统一样。所以我们没有办法雇佣你,可以确切地说,在这个国家甚至整个欧盟,你可能找不到雇佣你的公司,因为没人会冒这个险的。"

距离诚信守德还有很大的发展空间,需要各方努力。企业守合同重信用活动应当继续深入发展,同时可以考虑采取多方位的活动,例如围绕企业守合同重信用开展经营者家庭诚信守法活动,一对一地进行信用记录辅导、递送等。英美判例法的根基在于相信人,欧洲大陆法源于人对法律的信仰。培养人坚信法才能从根本保障上巩固守合同重信用成果。

(孙百昌)

我国企业诚信体系建设的现状与对策

诚信是我国传统思想的核心理念,做人如此,办企业亦是如此。不管是经济关系交往还是人际关系交往,诚信都是首要原则,它有利于规范人们的日常行为,平衡各种社会和经济关系,进而影响到国家的稳定和社会的和谐。目前,我国企业诚信体系建设虽已取得比较明显的效果,对整个市场经济的发展和进步起到了保障和促进作用,但是,仍有一部分企业只注重企业的物质经济利益而忽视商务活动中的诚信问题,忽视企业的社会效益,有不少企业的失信行为已经渗透到企业经营过程的各个环节中,从长远和可持续发展的角度来看,对企业产生了不少负面影响。从市场经济的发展视角来看,企业信用的缺失将直接制约我国经济的健康、稳定、快速和可持续发展,更不利于构建社会主义和谐社会。本文以我国企业的诚信问题为研究对象,从企业诚信的内容、我国企业诚信体系建设的现状、诚信缺失存在的原因和诚信缺失的危害等方面展开探讨,并且提出相关对策建议。

一、我国企业诚信体系建设的现状

传统的诚信体系已经很难满足当前我国社会和企业的发展需要,针对我国国情和市场具体情况,急需建立一个全新的、适应社会主义市场经济发展的并且符合社会主义和谐社会要求的社会诚信体系。另外,道德诚信观也还没有建立起来,可以说,我国社会正面临着诚信危机。现阶段,我国企业诚信体系现状主要有以下方面的特点:

第一,就整个社会而言,失信行为频发。从日常行为来看,各种各样的失信行为频繁上演,引发人们对于社会诚信问题的质疑,诚信问题所导致的恶劣影响越来越大。随着我国经济的发展和变化,社会诚信和信仰问题出现动荡,人们的失信行为也逐渐广泛,诚信危机日益显露。

第二,市场经济从某种层面上来说属于诚信经济,优胜劣汰是市场经济的调节规律,趋利避害的本质要求企业要诚信经营。从市场竞争现象来看,不少企业仍存在不正当的竞争手段,将诚信要求置之不理。从长远的角度来看,违背诚信的行为既给企业和市场经济的发展带来损失,也给我国经济的发展带来巨大的破坏。具体来看,我国企业的诚信缺失问题主要有:一是制假售假、掺杂掺假和发布虚假广告。该方面的问题主要是针对我国企业生产的产品而言,主要体现的是企业和消费者以及市场方面的诚信和信任危机。现阶段,由于高科技的发展,市场竞争尤为激烈,不少企业的品牌意识加强,因为名牌产品和企业意味着更高的利润。因此,不少企业开始致力于创建名牌产品,将其作为增强企业核心竞争力的一种重要的手段。然而,品牌的建立是一个长期的过程,需要企业坚持不懈的努力。这些企业有很好的初衷,但是在实际实践过程中出于对成本和其他方面因素的考虑,不少企业投机取巧、弄虚作假,企图以最少的成本、最快的速度达到目的。因而,在激烈的市场竞争中,经常会出现一些制假售假、掺杂掺假和发布虚假广告的失信行为,比如"毒奶粉""瘦肉精""染色馒头"等。二是拖欠债务、合同违约。就我国企业来看,诚信缺失是市场经济中的一个主要问题,其中最为重要的表现是企业的债务拖欠和合同违约。就市场经济而言,整个经济链条是环环相扣的,无论哪一个环节出现了问题都会影响到整个经济链条的运转。从现代经济情况来看,市场经济的交易媒介逐渐从传统的货币媒介转化为信用媒介,债权债务关系体现得越来越明显。企业拖欠利益相关者的债务都将会造成经济运转出现严重的问题,导致经济链条不稳定,从而产生巨大的损失。另外,合同违约也体现了企业的诚信缺失。从长远视角来看,企业对合同的违约既损害了利益相关者的合法权益,也损害了企业本身的利益,更不利于整个市场经济的发展。三是偷逃税款、污染环境。在日常的经济生活中,还存在一些企业偷税逃税,逃避自身的社会责任。从企业可持续发展的视角来看,环境保护也是企业义不容辞的责任。

另外,据中国消费者协会每年的统计数据显示,质量问题仍然是企业诚信问题的重中之重。分析其原因,一方面,企业经营者太过于注重产品的外形设计和功能作用,而忽视了产品的质量保证。企业经营者出于对市场竞争的考虑,太过于注重抢占市场而忽视了产品的成熟性。另一方面,一些不法经营者追求自身的经济利益,以次充好,生产出不符合企业质量标准的产品。部分企业经营者产品服务观念太差,法律意识不强,从而产生一些承诺不能兑现的诚信问题。再者,相关管理机构和检测机构的缺失,导致对企业产品质量的监管力度不够,从而产生质量问题。

二、我国企业诚信体系问题产生的原因

从企业经营现状和存在的问题可以看出,现阶段我国企业诚信体系建设尚不能满足社会主义市场经济的要求。概括而言,我国企业存在诚信缺失和信用危机的主要原因有:

第一,企业经营者对诚信的重要性缺乏认识。不少企业经营者认为,市场经济的发展和企业遵循的诚信原则是相悖的,要发展市场经济必须要以牺牲企业诚信为代价。从而,在竞争如此激烈的市场中,经常会看到一些作假行为,企业在市场中的不诚信行为表现得越来越明显。也可以说,这些不诚信问题的出现是市场经济发展的必然产物,是激烈的市场竞争的必然产物。从短期角度来考虑,部分企业经营者认为讲究诚信有可能会牺牲相关利益,导致竞争的失败。

第二,企业经营者难以协调自身利益和社会组织利益,对其中的关系缺乏理性和科学的认识与理解。从企业的发展目标来看,其最终目的还是利润最大化,利润和利益是企业生存和发展的根本。在竞争如此激烈的市场经济中,不少企业经营者把自身利益和企业利润放在第一位,从而忽视了社会组织利益。从长远视角来看,以牺牲社会利益为代价来换取短期利益是得不偿失的,因此,也会导致我国企业诚信体系的缺失和信用危机的出现。

第三,我国社会的思想道德建设和社会经济发展不协调,这是导致企业诚信缺失和信用危机的重要原因之一。道德品质关乎企业诚信体系的建设,它是道德主义在市场经济行为中所表现出来的相对稳定的倾向和特点。道德品质是道德规范和道德原则相互认同的结果。社会经济快速发展,思想道德建设存在一定的滞后性,从而使得我国企业诚信体系建设存在问题。所以说,企业诚信缺失和信用危机是企业在市场中所表现出的一种不道德的行为,从而反映出企业存在某种不良的道德品质。

第四,企业的诚信体系建设不仅需要道德的约束,更需要法律的规范。企业的诚信经营需要一定的法律体制作为保障。企业诚信缺失和信用危机与法律体系的不完善是息息相关的。总的来说,我国针对企业诚信经营的法律体系尚不完善,针对企业诚信缺失的专门性法律尚不存在。另外,企业的征信制度也尚不健全,这也是企业诚信体系和法律体系建设不完善的一个表现,其中最为突出的是债权和债务关系的失信。对于企业来说,失信行为成本偏低,而法律可以惩戒企业的失信行为,常用的手段是没收财产、罚款等。法律对企业失信行为的惩戒,主要目的在于维护正义,保护市场利益相关者的合法权益。从这一角度来看,法律对企业失信行为的惩戒可以增加企业的失信风险,进而提高企业的失信成本,从某种意义上来说,可以约束企业的失信行为,创造和谐的市场经济氛围。与此同时,政府监管存在的问题和地方保护主义的存在从某种程度上诱导了企业的失信行为,从而扰乱了市场秩序,不利于我国社会主义市场经济的发展。

三、我国企业诚信体系建设的对策建议

总体而言,我国企业诚信体系建设可从内部和外部两个方面进行强化:

一方面,从企业内部强化诚信体系的构建,主要有培养企业经营者的诚信意识,建立企业诚信管理制度,注意企业诚信问题的内部监督情况,注重企业诚信品牌建设等。企业方面需要加强商业企业的伦理道德建设,建立正确的诚信观念,注重员工的伦理修养,培养员工的诚信意识。另外,企业的诚信体系建设还需要企业内部信用管理部门的监管和配合,企业应注重信用管理和信用制度的建立,比如企业客户资信管理制度、企业内部授信制度、应收账款监控制度以及中间商的评价和管理制度等。企业的诚信品牌建设有利于提升企业的市场竞争力,从而提高市场占有率。企业的诚信品牌建设需要从产品的质量和产品的售后服务角度努力。

另一方面,健全和完善企业诚信体系建设的外部因素,比如完善产权制度改革,优化现代企业制度,建立和完善与企业诚信相关的法律制度,加强社会信用体系建设,建立社会诚信监督制度,等等。由于企业存在不明确的产权关系,从而使得企业的自身利益和长远利益不易于区分,企业经营者大多数只注重短期利益,而忽视了企业长远和可持续发展。另外,企业的诚信体系建设很大程度上来自于企业外在的法律机制的约束。企业诚信体系的建设需要主体平等、自主

权利的法律制度,需要规范市场交易行为的法律制度,需要对企业起到积极导向作用的法律制度。从外在环境来看,企业诚信体系建设需要一个良好的诚信市场环境,而我国正面临着经济体制的转轨,法律体系不健全,缺乏理性的诚信道德,因此,企业需要解决好信息披露问题、失信惩戒问题以及信用组织建设等其他相关问题。建立健全社会诚信监督机制是防范企业信用失常的主要手段,因此,可以培育多元化的诚信中介机构,为企业的社会监督提供有效的组织保证;建立和完善各种诚信信息传输系统,完善社会主义市场经济体系;发挥国家和政府在诚信社会监督建设过程中的地位和作用;建立健全企业诚信监督体系,完善相关的配套措施,从而为社会和相关机构的监督创造有利的外部环境。

参考文献:

[1] 黄曦.可持续发展视角下企业诚信建设[J].中国工商管理研究,2007(2):78-79.

[2] 李昌和.我国市场主体缺乏诚信的根源于对策探析[J].理论导刊,2007(4):16-18.

[3] 叶如意,汤万金,周莉.基于质量契约的质量信用经济学内涵研究[J].生产力研究,2010(12):19-21.

[4] 刘苗荣,企业诚信缺失的主要表现及其对策研究[J].现代经济信息,2012(21):28-29.

[5] 施京京.我国进一步加强企业质量诚信体系建设[J].中国质量技术监督,2014(10):16-17.

[6] 徐璐.企业诚信成本与产品质量安全及市场制度规制[J].开发研究,2014(6):76-79.

[7] 项喧,范闰翩.我国企业质量诚信体系建设研究[J].技术经济与管理研究,2016(3):84-88.

(张欣欣)

诚信与企业品牌建设

一、诚信与品牌的不同含义、历史渊源和功能

企业信用,其基本内容是诚实信用,即"诚信",是中国传统道德文化的重要内容之一,是我国《民法通则》的重要基本原则。《中华人民共和国民法通则》第四条规定,民事活动应当遵循自愿、公平、等价有偿、诚实信用的原则,要求人们在民事活动中应当诚实、守信用,正当行使权利和履行义务。"诚信",也是我国《合同法》的一项基本原则,《中华人民共和国合同法》第六条规定,当事人行使权利、履行义务应当遵循诚实信用原则。

在我国最早出现"诚信"的文字记录,是在战国时代秦国的《商君书·靳令》中,商鞅把礼乐、诗书、修善孝悌、贞廉、仁义、非兵羞战列为"六虱"。现代意义上的"诚信"原则起源于罗马法的诚信契约和诚信诉讼,大体经历了罗马法、近代民法和现代民法三个阶段。罗马法阶段体现了商品经济对法律的一般要求,当事人的诚实信用是履行契约的可靠保障;近代民商法阶段保留了对当事人的诚信要求,但限定了法官的自由裁量权,诚信原则仅被适用于债法或者作为合同履行的基本准则;现代民法阶段将诚实信用原则的诚信要求与自由裁量权统一,规定了任何人都必须诚信地行使权利并履行义务,这标志着现代诚实信用原则的确立。本文所讨论的"诚信",是指任何人或企业在进行商业活动的过程中应当诚实信用地行使权利和履行义务,贯穿于商业活动的生产、广告、销售、售后等各个环节。

诚实守信,作为道德范畴,其基本作用是树立良好的信誉,在经营活动中树立起值得消费者信赖的形象。它体现了社会承认一个经营实体在以往的商业活动中的名誉上的价值,从而会一直影响到该实体在未来活动和其他区域中的地位和作用。

企业品牌,即商标,是用以将某一个人或企业(为便于行文,以下将统称"企业")提供的商品或服务,与其他个人或企业提供的商品或服务区别开来的文字、图形,或者是两者的组合,抑或是其他标记。企业品牌可以承载并传达的有关该个人或企业商品或服务的,包括质量在内的信用信息,节约了消费者的搜寻成本。我国古代的商标较早如"干将、莫邪"便能够指示商品质量;宋代"刘家针铺"所使用之"白兔为记",已经有了使消费者区别商品来源的现代商标功能。由于我国古代"重农抑商",除清乾隆年开始对布业实行商标专用外,历史上鲜有商标法律或案例的记载,直至1923年的民国政府颁布商标法规,才设有专门管理机构。

商标所代表的是一个品牌形象,或企业品牌形象,它是从事商业活动者渴望建立的,可以通过消费者主观感受从而在心理上形成的一个联想的统一体。商标赋予了一个或一个以上的文字、图形或其组合以企业形象的内涵。商标本身具备区别作用,具有显著性,其所代表的企业品牌形象是一种无形资产。良好的品牌形象是企业在市场竞争中的有力武器,可以区别开其他竞争者,吸引消费者。商标通过法律规定的程序获得注册后成为注册商标,可以依据法律,进一步获得可以排除竞争者的专用的、排他的权利。

商标除了上述的区别产品或服务来源的功能,使消费者把标记与其商品和服务联系起来的作用外,近年的理论认为还有"彰显使用者身份、地位"等作用。笔者认为,从根本上,这些派生的商标功能仍从属于"区分不同产品和服务来源"这一商标的基本功能。

二、企业诚信与品牌的相互关系

诚信是企业的一种道德文化,品牌则是企业的对外形象标志,两者有何关系呢?根据上面的定义,诚信是指企业在经营活动中诚实信用地行使权利和履行义务,贯穿于商业活动的生产、广告、销售、售后等各个环节。而商标,一个名字或者图案,是一种象征,一个符号,一种设计。

两者的相互关系应该是:企业的诚信体现在其产品或服务的质量上,体现在对外宣传、表述的诚实上,体现在销售活动中的公平以及相关的服务细致周密中,而所有这些都会在消费者心目中形成一个总体印象和整体评价,这个企业整体的形象,通过浓缩、抽象、形象化为一个可视或可听(目前我国《商标法》引入了"声音商标")的文字、图形或声音,便于消费者识记,用于区别不同的企业产品或服务来源,这就是企业品牌,即企业的商标。当企业品牌背后所代表的商品质量或服务的总体印象形成了与其他同类产品或服务的差异时,便获得了一个特定的、超额的价值,即企业商标知识产权的超额利润。所谓"差异优势"的核心要义就是相对于其他竞争者提供的产品或服务来说,消费者更愿意选择该商标产品或服务的理由。传统的知识产权学者将知识产权分类为"创造性成果权利"和"识别性标记权利",将商标专用权归入"识别性标记权利",这只是从知识产权的表面理解出发,忽视了商标这一识别性标记背后所累积的创造性劳动。也就是说,企业的品牌从根本上说是企业竖立企业形象的视觉标志,其作用与目的就是区别、差异化其他企业的同类产品和服务,突出本企业的特色。现代商业社会竞争中,打造真正的企业品牌/商标形象已成为企业赢得未来市场竞争优势的核心问题,而企业的诚信文化则是企业品牌建设中最重要的内涵。

三、建立企业诚信文化,树立企业品牌形象

(一)企业诚信文化的建立

1. 企业诚信文化的培育的可能性和必要性

诚信,是一种道德,一种义;我国传统社会历来有重农抑商之传统,"无商不奸""君子喻于义,小人喻于利"的观念根深蒂固。各种笔记、传奇、小说、戏剧甚至诗文中,无不充斥着对商人重利轻义行为的批判,如"商人重利轻离别,前月浮梁买茶去"。明、清晋商以立人为先,强调诚信为本、利以义先,确立了在商业活动中义与利并不相斥反而兼容相通的道理,将诚信作为其基本的商业文化内容。

当代商业活动中,诚信不仅是企业的重要企业文化,也是企业重要的且基本的道德要求。其实,企业的一切生产经营活动以及企业的生存都必须依托企业诚信才能进行。社会商业经济活动就是不同经济单元体之间诚信的相互认同过程。守信企业将会因此而带来良好的效益,失信企业将无法生存。只有努力建设企业诚信文化,营造一个良好的市场环境,才能铸就企业成功之路。

由于信仰的缺失,很多当代企业反而不及老祖宗,不能认识到义与利统一的道理,一切以逐利为先,例如,在奶粉中加三聚氰胺,在食物中使用非法添加物,

以各种激素饲养食用动物……由于没有信用,成就不了百年老店,很快会被市场淘汰。

2. 企业诚信文化培育的内涵

企业的诚信文化是企业道德文化的内容之一,是企业在长期生产经营活动中逐步建立并完善的,为企业员工认可并自愿实施的企业行为准则和价值观。目前我国鲜有真正建立此类诚信文化的企业,很多企业都是以"诚信"作为宣传的内容而并不实际践履,背后仍以追求利润为唯一目的。

首先,构建企业诚信文化有两个层面的内容。其一是表现形式,主要是企业行为的诚信,如企业签约、履约行为;企业的产品质量和服务质量;企业的如实宣传,不虚假或夸大表述、陈述;等等。其二,构建企业诚信文化的实质是努力激发企业全体员工心灵中的诚实守信的经营意识与观念,并使之认同和自觉践履,包括诚信的思想方法、道德标准、企业价值观、行为准则等。

企业诚信文化的构建,要求企业的领导者首先真正认识并理解诚信文化对于企业与整个经济社会的持续蓬勃发展而言是唯一必须具备的文化内容,这是以上两个构建层面内容的基础条件。

其次,企业诚信文化要求一切以质量、以消费者利益或社会利益为中心展开。企业的诚信经营,从整体来看,是一种最精准、营销成本最低、利润最大化的经营模式。很多企业往往愿意支付高额的广告费用,但很少有企业在投入广告前清楚或者更进一步切实论证过所花费的广告费的真正目的是什么。毫无疑问,企业立足于市场,所宣传的中心应该就是其所代表的良好的产品或服务质量。这句话的前提是,第一,企业首先应当具备良好的产品或服务质量;其次是企业所宣传的内容与其产品或服务质量一致。没有良好的产品或服务的质量,即使宣传广告做得再好,都将归于无功。只有有了良好的产品或服务质量,并且与所宣传的内容一致,企业才可能有良好的口碑,才能获得一种"商誉"。所以,广告并不能产生真正的效益,只有广告背后真实的企业诚信才能带来真正的效益。

(二) 企业品牌形象的塑造

企业的品牌建设是指企业对品牌的产品及其商标进行的提升产品质量、提升设计、加大宣传以及维护的行为。基于物流、互联网络的发展,在不断国际化、几何级快速发展的商业活动中,企业品牌昙花一现的案例屡见不鲜。因此,结合诚实信用原则,企业塑造品牌形象应着重做好以下几个方面。

1. 建立企业产品质量和质量服务体系

企业创品牌是一个漫长的、循序渐进的过程,需要长时间、广地域的商誉积累。质量是根本中的根本,质量管理也是一个长期、持续、高标准维护的过程。但是目前国内的一些企业家在做品牌建设时不以质量为上,而错误地认为通过事件的炒作就可以创造出品牌效应,结果必然是失败。

2. 把诚信作为品牌建设的根本

诚信是衡量一个企业的重要标准,在品牌建设中,诚信尤其重要。品牌标示着企业的信用和形象。在市场经济下,竞争环境每天都在不断地变化,谁拥有了良好的品牌,谁就掌握了竞争的主动权,就能处于市场的主导地位。在某些企业管理者的眼里,企业诚实、守信用,让消费者满意,就能提升自身的品牌价值。的确,这是衡量企业品牌的一个重要因素。如上所论证,笔者并非否认广告在品牌建设中的重要性,但它却不是品牌建设的唯一工具,品牌所代表的企业诚信美誉度、对客户的忠诚度以及诚信品牌文化与内涵,不是单靠打广告来塑造的,而是通过诚信经营逐渐建立起来的。从更广义的角度来看,前述产品质量和服务也是诚信品牌建设内容的一个方面。

3. 向客户提供品牌体验机会

为使消费者、供应商或经销商更好地了解企业的品牌,企业应该多创造诚信案例,多给予客户以诚信案例的体验机会,使消费者切身体验到企业的诚信文化,认知、感知企业诚信。

4. 品牌的差异化建设

我国企业品牌面临的挑战是如何创造差异化品牌,这对于我国企业提出了较高的要求。有分析认为,很多企业了解差异化品牌的重要性,却没有意识到自己尚不具备独特性,在这样的情况下仍然坚持宣称"差异化"。这个问题归结到根本上仍然是企业行为应与企业自身能力相一致的企业诚信问题。市场上的产品和服务类别、品种繁多,企业想要拥有"品牌差异性"的想法日益强烈,但品牌产品的质量和企业行为对消费者的负责是木之本、水之源的观念却始终不能建立起来。

(三)通过诚信文化提升企业品牌

企业的商标和品牌本身就是一种商业文化现象,它不仅仅是一个名字或图案,而是企业文化精神的浓缩和象征,是企业文化与理念的体现。品牌作为企业文化的载体,时刻传播着企业的精神文化、道德伦理、世界观、理念等,展示着企业的整体形象,表征着企业的素质与实力。同时,企业诚信文化通过对品牌内涵进一步增加内容,将品牌扩展到整个企业文化领域,从而对内增强企业的凝聚力,吸引人才,对外增强企业的竞争力。由此,随着企业诚信文化的传播,企业品牌的价值和内涵也在不断丰富、提升。一个卓越的品牌所代表或传播的,必然是一种优秀的、诚信的企业文化。

(四)通过企业诚信文化建设,实现企业可持续发展

信用无价,"人而无信,不知其可也""人无信不立"。现代商业竞争中,产品的可替代品不断增多,市场竞争激烈,传统的质量和价格竞争升级转变为企业形象和品牌信誉的竞争。企业品牌能以其产品的高知名度来塑造企业形象并赢得生产者、经营者、消费者的青睐的根本原因不是其知名度,而是诚信。

诚信蕴含着丰富的文化内涵,标志着企业及其产品的崇高品味,赋予其附加值。塑造品牌的过程,实际也就是诚信积累的过程。企业品牌的价值基础是诚信,企业在对其品牌进行管理的过程中,必须将品牌价值与诚信价值有机地结合起来,才有可能使其品牌得以持久地深入人心,使企业实现可持续的发展。

总之,企业诚信是企业品牌建设的核心内容,企业诚信文化应成为现代企业行为的准则、发展的动力和成功的核心。现代企业只有把诚信文化渗透并凝结于企业精神理念中,进而内化为企业的行为方式和企业员工的自觉意识与行为,企业才能保持核心竞争力和生命力,才能真正竖立企业的品牌形象,代表企业品牌的商标才能更加富有内涵和价值,企业才能得以持续发展。

(孙小青)

关于企业信用信息记录的立法思考

深化商事制度改革中一项重要的任务就是加快建立全国企业信用信息公示系统。国家工商总局牵头正在加快推进国家企业信用信息公示系统的建设。为此,在两年多的时间里已经有多项措施落地。一是2014年起由国家工商总局牵头建设国家企业信用信息公示系统,也就是俗称的"全国一张网"。其主要内容是把所有企业的有关信息,如法定代表人、出资规模、企业的行政许可、行政处罚等信息归集到每一个企业的名下,面向社会公示。目前工商总局的企业信用公示系统已经与各省、直辖市工商局的公示系统衔接,根据国家工商总局的官方消息,正式联通后的"一张网"经过完善可直接查询企业信息,而不用按省市辖区查询。二是2015年11月在国务院的统一部署下,国家发展改革委、国家工商总局等中央层面的38个部门联合签署备忘录,对失信企业进行协同监管和联合惩戒。三是2015年6月国务院批转了发展改革委、中央编办、民政部、财政部、人民银行、税务总局、工商总局、质检总局制定的《法人和其他组织统一社会信用代码制度建设总体方案》,目前全国各地相关部门加强协作,正按这一方案开展工作,实现法人和其他组织社会信用代码的统一赋号。四是从国家层面到各级地方政府都成立了信用体系建设的领导机构,努力推进地方的"一张网"建设。"全国一张网"将成为企业信用信息的重要来源,给市场监管部门实现强化事中事后监管目标带来信用信息的技术保障,从而进一步推进中国信用体系建设,促进市场经济秩序的净化。相信随着"全国一张网"一系列措施的落实,具有中国特色的企业信用信息公示系统一定会不断完善。然而,笔者认为,无论企业信用信息公示系统发展到什么程度,除了网络基础建设外,企业信用信息公示系统的信用信息来源,通俗地讲,即是信用信息的记录必然是其最重要的基础。本文结合当前的实际,就企业信用信息公示系统中信用信息的记录从立法角度进行思考。

一、现行信用体系中信用信息记录的弊端

2001年4月,国家经贸委、国家工商总局等十部委联合下发了《关于加强中小企业信用管理工作的若干意见》,这标志着我国以中小企业为主体的社会化信用体系建设开始启动。2014年6月,国务院又发布实施《社会信用体系建设规划纲要(2014—2020年)》。尽管国家出台了一系列措施来推进信用体系建设,银行、工商、税务、海关等职能部门各自的企业信用数据库也日趋完善,但与市场经济较为成熟的欧美国家相比,中国的信用体系建设还存在着较大的差距,特别是在企业信用信息记录方面仍有相当大的距离,主要体现在三个方面:

1. 缺乏完善的法律法规

我国目前的法律体系中,如《民法通则》《公司法》《物权法》等仅对部分信用行为的债权保护提供了保证,涵盖面有限。商事制度改革后修改的《公司法》《广告法》《消法》在部分信用信息记录上尽管有所体现,如新《广告法》第六十七条规定,有本法规定的违法行为的,由工商行政管理部门记入信用档案,并依照有关法律、行政法规规定予以公示,新《消法》第五十六条第二款则规定,经营者有前款规定情形的,除依照法律、法规规定予以处罚外,处罚机关应当记入信用档案,向社会公布,但对于企业信用信息系统建设处于起步不久的中国来说,信用信息记录的法规体系还很不完善。作为信用信息的基础,发达国家在整个信用信息方面的制度建设已经有完整的框架并不断完善。以美国为例,早在20世纪60年代末期至80年代期间,美国就开始制定与信用管理相关的法规,形成以《公平信用报告法(Fair Credit Reporting Act)》为核心的17部法律,其中《信用控制法(Credit Control Act)》在20世纪80年代被停止使用。与之相比,我国的信用信息相关的法律建设不完备不健全。一些企业信用信息相关制度不是散见于一些法律中,就是散见在各级地方政府的规章中。摆在"全国一张网"建设面前的两项重要立法任务就是,一方面建立起信用信息的法律框架,另一方面对已有的法律开展修订以补充信用信息的相关条款,进而从国家层面建立起完整的企业信用信息法律体系。

2. 缺乏标准且各自为政

由于企业信用信息体系建设本身缺乏完整的法律框架,对于企业信用信息的记录则必然缺乏统一标准,呈现各自为政的状态。以工商系统为例,在信用信息系统建设之初就是以省为单位,建设标准各不相同,以至于国家工商总局对数据进行整合之后必须以省辖区为单位分别查询。而工商、税务、海关、公安等各部门间更是各自为政。笔者以为,目前各部门的信用信息系统好比是"KTV",即属于关上门后的自娱自乐。整个企业信用信息记录的互动性、实时性比较差。之所以这样,是因为经过20多年的信息化建设,企业信用信息的记录较纸式办公肯定是发生了质的飞跃。但目前各部门建立的信用信息体系就信用信息记录而言有三个共同特点:一是权威的数据都来自本部门业务过程中的记录,非权威数据由企业提供,但很多数据并未得到证实,如工商企业年报中记录的许多数据;二是信用信息记录的数据以各自部门的原始数据为主,相对而言静态数据多于动态数据,动态数据中又以良好信用信息记录为主,失信的不良记录少;三是非本部门的数据往往通过定期或不定期的数据交换进行,如苏州市工商局与苏州税务机关之间的市场主体基本信息的交换,这种数据共享方式导致动态信用信息不能实时更新。

3. 缺乏科学的惩戒机制

建立企业信用信息公示体系的根本目的是为了鼓励守信、惩罚失信,保护市场主体的合法权益,建立良好的市场经济秩序。尽管近年对失信行为的惩戒在立法层面已经很大改善,但总体而言目前的信用信息系统缺乏科学的惩戒机制,实际操作层面也存在问题。一是行政执法中重经济处罚轻信息记录公示。尽管目前大部分行政执法的全程最终通过业务系统归档,处罚记录必然记录在案,但这类记录往往只有本部门内部有权限者才能获得,从社会共治角度而言起不到惩戒作用。如《企业法人法定代表人登记管理规定》第四条规定了八项不能担任法定代表人的条件,但在实际操作中,不能担任法定代表人的信息由于部门间信息不共享是很难获取的。二是由于企业信用信息体系的法律框架没有形成,因此对不同失信行为的惩戒机制不完善。如给予什么样的惩戒,惩戒期限是多少,这方面有一些规定,但比较散也不完善。三是惩戒规定常常只针对企业而未绑定失信行为的当事人。如在苏州曾多次出现以预付款方式通过会员卡消费的企业卷款而逃的现象,其中不乏当事人多次以这种方式侵害消费者利益,但因信用信息记录的都是企业而未绑定当事责任人,结果让其以"打一枪换一个地方"的方式屡屡得逞。

二、完善企业信用信息记录的立法建议

商事制度改革之初,理论界对注册资本实行认缴制争议很大,其根本原因就是认为我国信用环境很差,不适应认缴制的实行。由此可见,同步建设我国的信用体系是保证商事制度改革顺利进行的一项重要任务。近期发布的《国务院办公厅关于运用大数据加强对市场主体服务和监管的若干意见》(国办发〔2015〕51号)文件中,第一项主要目标就明确为提高大数据运用能力,增强政府服务和监管的有效性,具体举措为:高效采集、有效整合、充分运用政府数据和社会数据,健全政府运用大数据的工作机制,将运用大数据作为提高政府治理能力的重要手段,不断提高政府服务和监管的针对性、有效性。可见,要建立并完善企业信用信息公示系统的基础是信用信息数据的采集,换个角度说就是可能拥有这些数据的部门或单位对信用信息的记录是实现上述目标的基础。笔者从完善信用建设相关法律法规的角度,就企业信用信息记录提出五个方面的立法建议。

1. 关于信用信息记录内容的制度设计

对企业信用信息内容大致可按许可(或备案)与监管两种类型划分。前者是企业办理许可(或备案)登记时由政府部门记录的数据,后者则是企业年报或政府部门行政执法中记录的数据。但无论哪种类型,就当前实际情况看,在立法上都存在着一定的问题。一是很多数据在现行法律中没有作为法定信用信息数据加以明确,而是作为业务事项加以明确的。以设立公司的登记事项为例,在办理登记业务时因地方政府的需要,就会在设计系统软件时加入许多与公司设立法定条件无关的其他数据,如安排下岗人员的数据项。类似这样的数据是否可以作为信用信息数据记录存在着争议。二是随着经济的飞速发展,许多新的失信行为在现行法律体系中无法可依,如2016年央视"3·15晚会"曝光的刷单现象。淘宝网也曾移送一名巨额刷单者至公安部门,终因没有法律依据而被释放。对2016年央视"3·15晚会"曝光互联网领域的失信行为,发改委表示要按照党中央国务院的部署,重点对互联网领域失信行为进行联合惩戒。但笔者认为,行政执法必须是依法行政。因此,在信用信息记录的内容上应当通过修旧法、立新法尽快完善现有的信用信息记录的相关法律,科学地设计作为企业信用信息的内容,无论是工商、税务、海关或是其他监管部门都要对守信、警示、失信及严重失信的标准从法律层面加以明确。坚持信用数据法定应当是信用信息记录立法的原则。

2. 关于信用信息记录行为的制度设计

信息记录行为涉及的责任主体有政府职能部门、相关公务人员及企业,也涉及录入过程中的时效限制及录入内容。现行法律体系中有散落的相关条款,但不完善。以《企业信息公示暂行条例》(国务院第654号令)为例,该暂行条例明确规定涉及的信用信息记录责任单位有工商行政管理部门、政府其他部门及企业,各责任单位负责记录的内容也很明确,但它只对工商行政管理部门及企业做出了信用信息生成后20日内予以公示的时效规定,而对政府其他部门却没有这样的规定。之所以会有这样的规定,与各部门信息化建设标准不一有很大关系。以工商行政管理部门为例。一是以省为统一建设单位,全国未使用统一的业务系统。二是信息产生的过程不一样。有些地方已经达到无纸化程度,任何一个程序都必须通过业务系统。而有的系统或某些业务则是采取事后录入的方式进行的。前者是企业信用信息产生完毕即可公示,后者则存在企业信用信息产生后要通过人工录入才可公示的问题。笔者认为,在信用信息实务操作的立法时以往可以将信用信息产生、记录及公示等相关法律制度分别考虑,但在互联网已经十分普及的今天,立法也应当有互联网思维。建议在设计信用信息记录行为的制度时明确:一是政府部门按系统使用全国统一的业务软件;二是各系统业务系统有互联的数据接口;三是所有的业务操作以通过业务系统为原则,事后录入为例外。这将大大提高信用信息公示的及时性。同时,对于政府部门、企业及政府工作人员在信用信息记录中的违法行为,应当细化追责条款,以加强责任性。

3. 关于信用信息记录修复的制度设计

在具有完善的信用法律体系的欧美国家都有信用修复机制。从理论上讲,信用修复机制的建立是考虑到一些真诚改正失信行为的组织和个人希望重新获得社会信任的机会。世界信用组织(WCO)制定了ICE8000国际信用标准体系信用修复的标准。ICE8000信用修复不是删除或掩蔽一个组织的失信记录,而是由第三方信用机构按照公开的程序,证明失信人已经改正失信行为,已经获得失信行为侵害对象的谅解,并且承诺不再从事类似失信行为。通俗地说,信用修复意味着失信人已获得受侵害人的谅解,说明行为人具有诚信意愿。我国的信用体系建设的立法尚属起步阶段,因此在信用修复的立法上也不完善。2014年8月19日国家工商总局颁发的《企业经营异常名录管理暂行办法》(第68号令)第四条列出四种进入企业经营异常名录的情形,该办法第十条至第十四条规定了移出企业经营异常名录的条件、程序及移出的内容。这就是一种失信信用信息修复制度。完善的信用法律体系除了要"奖励诚信、惩治失信"外,应当建立给失信者信用修复的机制。笔者以为,我国立法时除了完善信息主体的异议申请及失信信用信息修复申请、裁决等程序性规定外,在失信信用信息修复制度的设计中,应当考虑三方面的情况。一是像上述《企业经营异常名录管理暂行办法》中的情况,可以直接由行政机关经过法定程序移出企业经营异常名录。二是可以规定失信信用信息记录的时效,届满该信息作为记录存在而法律上不形成制约因素,如轻度违反食品安全经营的行为,限制其一定时间内不得进入市场。三是只有通过第三方评估后才能修复其失信信用信息记录,如企业安全管理体系的重新建立。但无论是上述哪种情况,原失信的信用信息记录都应当留存而不是删除。

4. 关于信用信息记录共享的制度设计

由于互联网技术的广泛应用,信用信息共享在技术层面已经毫无障碍,目前只是由于法律的滞后加上部门壁垒才导致各个信用信息平台间或物理隔断或逻辑隔断,形成相互间不能共享的局面。随着国务院关于建设国家企业信用信息公示系统决定的落实,这种状态将会逐步改变,最终实现互联互通。笔者以为,由国家发展改革委、国家工商总局等中央层面的38个部门联合签署备忘录,对失信企业进行协同监管和联合惩戒只是突击性的行政行为,是对信用信息记录共享的一个过渡性解决方案,从信息技术角度讲,采取这种方案的人力成本和时间成本都是不经济的,也不可能从根本上解决问题。在依法治国理念下还必须从立法角度对信用信息记录的共享加以明确。在保护合法商业秘密的前提下,信用信息应以公开为原则,保密为例外。因此,建议立法中关于信用信息记录共享的内容上公众应当可以查询到经过政府各部门许可、备案、查处、裁定等的全部结果,而行政机关或司法机关则可以根据工作需要依法律程序查询到审批过程以及其他不对外公开的信息,如企业的财产状况。信用征信机构一般情况下也只能通过全部公开的信用信息开展信用评估。立法中要对实现上述目标的技术支持给出法律上的明确规定，不允许各部门的信用信息平台在信用信息共享中设置壁垒。

5. 关于信用信息记录应用的制度设计

信用信息记录最主要应用于两个方面。一方面是信用评估。通过公开的信用信息记录可以让企业直接或通过第三方作出对交易方的信用评估。对这方面，笔者认为，对一家企业是否属于信用良好企业与失信企业，不应当由政府来作出认定。目前尚存一些政府对企业信用上的认定，短期内在推进信用企业建设方面确实起到了积极作用，但从长远看，无论从政府职能角度还是从厘清政府与市场关系角度，都要从法律层面禁止这种行为，而应把这种认定交给市场、征信机构或其他社会组织。另一方面是建立惩戒机制。通过信用信息记录可以对失信者实现惩戒。当前对失信行为企业的惩戒效果不理想，一是惩戒往往以行政罚款作为主要手段，信用信息记录由于没有共享则未受其他的行政制约，同时也起不到社会制约、市场制约的效果。总之，"一处失信，处处受罚"就是一句空话。二是现行法律很少将对严重失信企业的惩戒与直接当事人或企业所有人绑定，导致一些企业在一处受到处理后当事人换个地方故伎重演。针对上述情况，笔者建议在惩戒制度设计中，首先要注重以人为本。因为任何企业的失信都是当事人行为所导致的，所以要将对企业的惩戒与对当事人的惩戒相结合。最高人民法院近期开展的联合惩戒中通过对法定代表人的惩戒从而实现对"老赖"企业的惩戒，就是很好的证明。其次要注重惩戒的连续性。惩戒不能因企业的破产或歇业而消失，失信企业的信用信息记录应当伴随着企业的投资人、高级管理人员和直接责任人，直至法律规定的年限，如对重大食品安全事故的直接责任人将限制其终身进入市场，对有严重失信信用信息记录的企业或主要责任人规定其在一定年限内不得进入相关行业。企业信用信息公示系统建设中已经推出的企业经营异常名录、联合惩戒等改革措施，对于改善整个社会的信用环境已经起到明显作用，从某种角度讲这些措施比对失信企业或个人直接罚款了事更具有震慑力。如果从立法层面进一步完善这些措施，将有力推动中国企业信用信息公示系统乃至整个社会信用体系的建设。

参考文献：

[1] 中国工商学会.企业信用监管理论与实务[M].北京:中国工商出版社,2003.

[2] 孙百昌.大数据时代市场监督管理分析方法与范例[M].北京:中国工商出版社,2015.

[3] [英]维克托·迈克-舍恩伯格,[英]肯尼思·库克耶.大数据时代[M].盛杨燕,周涛,译.杭州:浙江人民出版社,2013.

[4] 张茅.深化商事制度改革,加强事中事后监管[J].中国工商管理研究,2015(11):3-14.

[5] 赵旭东.强化企业信用约束,实现有效事中事后监管[J].中国工商管理研究,2015(11):35-36.

（洪　海）

上市企业信用建设问题研究

一、企业信用建设的必要性

企业信用常常被认为是企业在从事一系列的商业活动中,在面对客户时都能够重契约、守合同。信用是企业在市场经济中的重要立足点,对于任何企业,信用上的不足必然会影响企业的发展,而信用良好的企业则会在诸多方面受益,进而能够在市场经济这一激烈竞争的环境中长期生存。

企业信用问题不仅与企业的生存和发展息息相关,而且还与人们的生活、自然环境以及社会的稳定等均有密切联系。相关监管部门在较早时期印发的《关于加强中小企业信用管理工作的若干意见》《关于加快中小企业社会化信用体系有关问题的报告》,以及现阶段的《企业信息公示暂行条例》及"企业信用信息公示系统"等都表现出政府对于企业信用的关注和对信用体系建设健全的重视。在政府进行采购招标等生产活动时,企业的信用等级也会影响到企业的业务来源。因而,从政策环境上来说,信用好的企业会有更多的机会得到政府的青睐与支持,如产业政策的倾斜、政府的贴息贷款等;而对于信用较劣的企业,可能面临着政府重点监管、客户减少及市场份额丢失等困境,进而遏制了企业的发展。

企业的市场份额与客户的口碑和客户对产品的忠诚也有着密切的关系,诸多研究均持这种观点。较早时期的 Backman 和 Crompton(1991)提出"稳定客户的最根本感知度是忠诚感"的相关结论和模型,并根据研究成果将客户忠诚分为认知忠诚、情感忠诚、意向忠诚和行为忠诚等主要指标。由此,一个信用没有保障的企业便无法给客户带来产品的满意度,进而无法获得客户的忠诚。

此外,当企业面临困境资金匮乏时,可能需要担保机构和银行的帮助,此时的企业信用评级又有很大的权重。综上,企业的信用对于企业的发展影响较大,而企业的信用建设也应与企业其他建设同步发展,抑或是优先发展。

二、上市企业与非上市企业在信用建设上的异同

(一)企业信用建设的理论依据

1. 马克思的信用理论

在马克思主义政治经济学中,信用被阐述为是资本集中与垄断的重要因素,也是股份制产生的基础。在商业领域,信用的功效在于加速流通、节约货币,并能让商业从事者拥有更多的虚拟资本,而当信用较大部分存在于大企业之中时,又加大了小企业被吞并的风险,进而加速了资本的集中,此时,信用则发挥了杠杆的作用,是加速资本集中的强大杠杆,加快生产方式的转变。

2. 交易费用理论

在日常生活中,人是社会的人,人们的交易(交往)将社会连接,而交易费用作为社会赖以运作的费用给了人更多的选择,从博弈论的角度而言,均衡的存在是人们面对问题时的接受方式。信用是人们在社会活动之中所形成的关系。社会上的商业交易往往会从交易对象的选择开始。诚信的商业氛围能够给企业的交往带来足够的安全感,并且能够降低交易双方的信用风险。

3. 企业制度变迁理论

科斯等国内外学者研究交易费用理论的同时,从产权理论的角度分析了企业的信用问题。科斯的《社会成本问题》认为企业产权的不明确是企业信用交易匮乏和社会成本加大等不良现象的致因。阿尔钦等人也认为产权影响企业信用。张维迎的《企业的企业家—契约理论》认为企业之间信用的建立在于企业产权的清晰,产权清晰的企业之间才能建立信用制度,约束和规范失信行为。这一系列的因素影响着企业制度的变迁。

(二)上市企业与非上市企业在信用建设上的不同

上市可认为是一种扩大资本的方式,由企业将自身的股份推向市场并产生交易,进而利用由股份销售所获取的金额扩大市场。上市企业是指其发行的股票是经过相关证券管理部门批准的,能够在证券交易所进行公开上市交易的股份有限公司,反之,则为非上市企业。上市企业在企业信用建设上不仅具有一般性,相对于非上市企业,还具有以下几点主要特性:

（1）上市公司的信用影响着股市的稳定，宏观上良好的信用机制与形象对于证券市场的稳步发展有着重要的意义。由于受上市公司内部管理及决策不当的影响，上市企业的失信行为偶有发生，此类事件给予股市很大的信用风险，而信用风险的发生常常会给投资者带来巨大的损失，倘若此类恶劣事件进一步发展，则会影响到证券市场的稳定，这也是较多学者对企业信用风险评估进行研究的原因。

（2）上市企业信用数据具有半透明性。上市企业的较多数据是公开的，而大量学者的研究均表明上市企业的数据中有很多数据与企业信用风险相关，并据此建立了大量的测量模型，如 KMV 模型、DEA 模型及 Logistics 模型等。由于数据的半公开性，人们对于企业的测评成为可能，这很大程度上使得企业的信用问题凸显。

（3）上市企业信用建设的结果弱化了政府的行政职能，促进了社会的公平。证券市场的发展目标就是循序渐进地降低政府的行政管理力度，促进市场经济的健全和发展，而企业信用建设可以使得人们通过证券信息平台及相关公示平台了解到企业的信用风险。企业在市场份额的趋势下会更多地遵循市场规律，加快市场信息对称，降低社会的信息活动成本，投资者因此能够更多地得到准确的、低成本的市场信息，最终在一定程度上促进了社会的公平。

三、上市企业信用建设存在的问题与对策

（一）上市企业信用建设存在的问题

在市场经济的大背景下，企业的信用建设问题逐步凸显，信用也成了一种特殊的商品，建立健全上市企业和非上市企业的信用体系一直备受市场参与者的关注。当前，上市企业信用建设存在的问题主要有：

（1）上市公司信用信息数据不足，制约了供需的有效性。尽管上市企业的许多数据是半透明的，但相关资信评估机构对于上市企业的综合评价在一定程度上缺乏及时性和准确性，由此，无法形成满足多方需求的信用信息产品，即难以形成有效的供给；而有商业活动需求的企业或投资人等由于无法及时了解到上市企业的信用信息这一形式产品而不愿承担信用风险，这就导致了上市企业的信用需求得不到满足。

（2）上市企业在信用信息公布上自相矛盾，制约了其信用体系的健全。当

前,企业在上市后机遇与挑战并存,而面对困难时,企业为了维持其市场空间可能会发生信用缺失的行为,如财务数据上的造假、信息公布不完整或不及时以及法人治理结构不健全等。而倘若在法律上要求其公布所有数据,也会导致一系列的现实问题。由此,上市企业在信用信息公布上的矛盾是信用建设进程中的难题。

(3)上市企业内部信用管理人员匮乏,管理上存在不足。上市企业需要面向投资者及需求者等多方人员,其在上市过程中的特殊性对其信用管理提出了挑战。尽管研究学者较多,但直接的信用管理人员在此类问题的管理技能上尚未成熟,此项人力资本匮乏,且风险广泛存在,由此注定了上市企业在信用建设过程中面临诸多挑战。

(二)上市企业信用建设的对策建议

(1)政府监管要到位。尽管政府在面对上市企业时选择尽可能地减少行政管理力度,但面对违规操作时也绝不能姑息。政府在考虑资源配置的快速有效性后选择市场经济时,将政府职能逐渐转变为监督与管理。政府的监督应有一定的准则,不能过于放松也不能过度干涉。政府不仅同样需要关注市场数据,而且要有更多的、及时的和可靠的信用数据来源。

(2)上市企业要培养留得住的信用管理人才,并建立有效的信用管理体系。企业在上市后,其信用建设上的投资应与企业的发展同步。由于企业内部信息较多,上市企业要培养留得住的管理人员,这不仅仅是管理上可持续的需要,也是企业内部人力资本稳定的需要。在企业内部,一个行之有效的信用管理体系也是不可缺少的。

参考文献:

[1] Sheila J. Backman, John L. Crompton. The usefulness of selected variables for predicting activity loyalty [J]. Leisure Sciences,1991,13(3):205-220.

[2] Sheila J. Backman, John L. Crompton. Differentiating between high, spurious, latent, and low loyalty participants in two leisure activities [J]. Journal of Park & Recreation Administration,1991,9(2):1-17.

[3] 刘代友.浅谈企业信用建设的理论依据及现实意义[J].消费导刊,2007(8):91-92.

[4] 邹蕾,叶华平.基于二元 Logistic 模型的国内上市企业信用评级展望的影响因素研究[J].特区经济,2007(5):128-129.

[5] 张泽京,陈晓红,王傅强.基于 KMV 模型的我国中小上市公司信用风险研究[J].财经研究,2007(11):31-40,52.

[6] 林莎,雷井生.DEA 模型在中小上市企业信用风险的实证研究[J].科研管理,2010,31(3):158-164.

[7] 黄晓波,吴意.中国上市公司信用行为基本特征考察[J].财会月刊,2014(20):115-117.

[8] 肖奎.论我国上市公司监管的根本动因与实现机制——基于上市公司信用的视角[J].上海经济研究,2015(5):112-118.

(李青霞)

社会信用体系建设：内涵、模式与路径选择
——基于苏州市社会信用体系建设现状的研究

早在2003年，苏州就成立了市社会信用体系建设工作领导小组，社会信用体系建设工作正式启动，并一度走在全省前列。2004年在江苏省内率先制定了政府规章《苏州市企业信用信息管理办法》，2005年被江苏省政府确定为信用建设试点市，建成了企业信用信息平台一期工程，归集了工商、国税、地税、质监等26个部门170万条信用记录。2008年以后，由于运营主体经营困难等多种因素，苏州市社会信用体系建设一度陷入停滞状态。2010年，苏州市信用领导小组办公室职能划归经信委，经过调整，信用体系建设工作逐步恢复，进入新一轮发展时期，取得了新的成效。本文基于苏州市社会信用体系建设工作现状，有针对性地探讨适合苏州实际的社会信用体系建设路径和具体措施。

一、苏州市社会信用体系建设基本情况
（一）苏州市基本情况和信用建设基础

作为长三角重要的中心城市之一，苏州的经济社会发展各项指标均位居全省乃至全国前列。2014年，全市完成地区生产总值1.38万亿元，实现财政预算收入1443.8亿元。

苏州市信息化发展水平较高。信息化发展指数及信息基础设施指数、企业两化融合指数在省内领先优势明显。在全省第一个建成了覆盖全市各级党政机关和社会团体的电子政务外网，多次在全国大中城市信息化50强评比中名列前十。苏州市委、市政府历来十分重视信用建设，市领导亲自组织推进信用工作，

信用信息在各个领域得到广泛应用。市公共信用信息数据库和服务平台初步建成,以其为重要支撑的信息应用项目亮点纷呈。信用信息平台市、县两级同步建设项目获省信用办"工作创新奖"。

(二)苏州市社会信用体系建设取得的成效

1. 普遍建立了社会信用体系建设组织机构

苏州市社会信用体系建设形成了由市经信委(信用办)总牵头、市区联动、部门协作的组织架构和推进机制。组建由市长担任组长、政府各部门主要领导任成员的市社会信用体系建设领导小组。由市公共信用信息中心具体承担全市基础信用信息数据库和服务平台运维工作。各市(区)均成立了领导小组,明确了信用职能部门,人员和专项资金基本到位。54个市级成员单位都明确了分管领导、责任处室和联络员。

2. 出台并不断完善社会信用体系建设的制度框架

2012年印发了《关于加快推进社会信用体系建设的实施意见》,2014年,在江苏省率先编制发布《社会信用体系建设规划(2014—2020年)》和《社会信用体系建设2014—2016年行动计划》,出台《公共信用信息归集和使用管理办法》《行政管理中使用信用产品实施办法》《自然人失信惩戒办法》《社会法人失信惩戒办法》等文件,兼具引领性和操作性的制度框架完成初步构建。一些地方和部门制定了配套实施细则,在日常管理工作中逐步应用信用承诺、信用报告、信用审查等制度。

3. 建立了公共信用信息的基础设施和服务平台

苏州市公共信用信息基础数据库和服务平台一、二期工程已通过项目验收,完成了"诚信苏州"网的开发以及企业法人信用数据库和自然人信用数据库的构建。截至2016年7月,"诚信苏州"网发布信息近万条,访问量累计达80万余次,接受网上企业信用查询万余次。微信公众号自2015年8月开通,推送信息600多篇。市、区两级11个平台全部联网,实现了与51个市级部门和省信用中心的数据对接。2 600万余条企业信用信息完成清洗入库,共覆盖101万多工商户、66万多纳税户。自然人信用信息库完成框架开发,共归集25个部门的35类2 986余万条数据,覆盖全市1 300万人口。苏州市公共信用信息基础数据库和服务平台结构如图1所示。

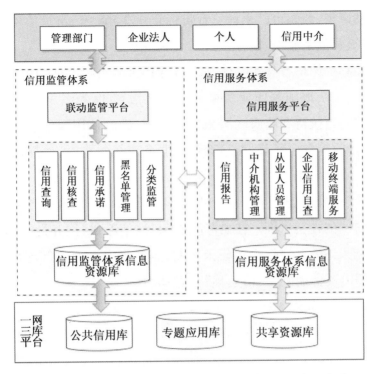

图1 苏州市公共信用信息基础数据库和服务平台结构示意图

4. 全面推动信用信息和产品应用

政府先行,全面推动信用信息和产品应用,主要包括以下两个方面:

一是广泛使用信用承诺、信用核查和信用报告。以2015年为例,在全市20多项行政管理事项中推行"信用承诺",30多项工作中推行"信用审查",8项工作中推行使用第三方"信用报告"。

二是积极推动专题应用。与阿里巴巴蚂蚁金服签署战略合作协议,推出融汇"数据+模型+场景"的市民信用评价产品"桂花分",受到社会广泛关注。推动住建、旅游、商务、安监等部门不断完善行业信用数据平台,配合检验检疫、地税、国税等6家单位承担省级部门在苏探索信用联动监管工作的试点任务。围绕环保、税务、安全监管等重点领域,深化应用服务,联合开展绿色信贷示范应用、"政税银"信用合作应用、企业安全生产差别化授信等跨部门联动项目。先行先试成立苏州市企业信用征信公司,依托市信用平台,为金融机构对中小微企业开展信贷工作提供保障。

5. 服务社会取得明显成效

企业信用管理贯标示范稳步推进。自2011年江苏省"万企贯标、百企示范"

工程正式启动以来,苏州市已累计培育贯标企业 2 568 家,市级信用管理示范企业 247 家,省级示范企业 18 家。

人才培训和机构培育扎实有效。2013 年以来共组织助理信用管理师培训 5 期,累计近 500 人获得国家职业资格证书。共培育 39 家备案信用中介服务机构。通过财政专项扶持和政府购买服务等形式,鼓励信用服务机构参与到贯标和示范辅导、验收等各个环节,在培育信用服务市场的同时,也提升了中介机构的服务水平。

诚信宣传和教育深入开展。积极协调各部门共同开展诚信宣传,营造"守信光荣、失信可耻"的社会氛围。在姑苏晚报和"诚信苏州"网开设"寻访身边的感动"专栏,挖掘采访诚实守信道德模范人物,进行集中宣传。会同苏州市中级人民法院在苏州电视台播放"失信老赖"公益动画。

6. 设立社会信用体系建设专项资金

2014 年,苏州市专门设立了 400 万元的社会信用体系建设专项资金,重点扶持奖励具有创新性、示范性、带动性的信用建设项目。2015 年该专项资金增至 700 万元,扶持方向扩展到信用产品研发和应用、信用信息平台建设、企业信用管理示范创建、信用建设发展的专项研究、信用知识普及教育等五大类。各(县)市、区设立相应的信用专项经费,完善了市、(县)区两级经费保障体系。

二、苏州市社会信用体系建设存在的问题和原因分析

(一)苏州市社会信用体系建设存在的问题

苏州市社会信用体系建设经过几年的强力推进、全面展开,信用环境得到明显改善,全社会信用意识不断增强,取得了一定的成效,但与市场经济发展的需求,以及国家、省对社会信用体系建设的要求相比,还存在相当的差距,政府、企业、个人信用建设和信用中介服务等领域都面临着一些问题。

1. 以政府为主导的信用信息系统建设缺乏完善的制度支撑

由政府主导的信用信息系统,即"一网三库一平台"的建设遇到了一定的困难,尤其是信用信息的归集遭遇体制性障碍,市级政府部门之间、部门与(区县)地方之间的信息未能有效整合,信息共享的技术标准不能统一,数据共享未能完全打破"信息孤岛"现象,造成了大量信息资源的浪费。信用信息归集的时效性、完整性和准确性都得不到保障,信用信息应用始终处于起步阶段,缺少社

影响重大的信用信息应用产品。

2. 作为市场信用主体的广大企业缺乏完备的风控及管理制度

苏州市工业经济发展处于全国领先水平,大型制造型企业多,外向依存度高,而各类企业之间信用管理意识和水平存在较大差异。很多企业信用风险控制和管理制度不健全,导致因授信不当引起的违约现象时有发生,企业对履约计划缺乏管理也造成许多合约不能履行。另外,对客户信用状况的了解不足,也是引起大量经济纠纷和交易损失的主要因素。一些国有企业由于产权制度改革不彻底、内部结构不规范等原因,很难真正建立企业信用服务制度。

3. 个人信用领域缺乏现代信用意识、道德规范和评价标准

从全国范围来看,个人征信的立法都相对滞后,苏州市的个人信用体系建设仍处于起步阶段。除了已建成个人信用信息数据库并归集了大量相关数据外,在个人信用评估、信用意识提升、失信惩罚机制等方面仍有许多亟待解决的问题。普通民众的信用意识尚未建立,社会个人的信用关系得不到充分重视,守信收益和失信成本都相对较低。由于对个人信用的统一评价标准的缺失,不同主体建设的信用信息系统的个人信用数据在内容、格式和应用方面都存在很大差异,不利于个人领域的信用体系建设顺利推进。

4. 信用服务领域缺乏市场化较高的服务体系和有序的市场竞争

目前苏州市信用中介服务行业初具雏形,信用服务市场日趋成熟,但信用主管部门对信用服务机构的管理还需进一步规范,各服务机构之间人员专业素养和服务水平存在较大差距,还不能为市场提供客观、公正和高质量的征信产品。信用服务行业水平较低直接造成信用市场的供需不足,目前信用服务市场的发展主要依赖政府主管部门的培育,企业主动申请评估的数量很少,信用承诺、信用审查和信用报告未能发挥足够的作用。

(二)苏州市社会信用体系建设存在问题的原因分析

1. 相关法律法规建设滞后

无论从国家还是省、市层面来看,信用法律法规的建设都还无法满足市场经济发展的需求,缺少专门的信用服务法律和政策,信用建设缺乏有力的法律保障。目前国家和江苏省已经出台的一些法律法规和管理办法,虽然有一些涉及信用信息归集、使用和资信评级问题,但整体性和针对性都存在不足,信用行业政策法规基本空缺,对信用建设和信用服务缺乏有效的约束与保护。

2. 信用联动监管和惩戒力度不够

信用法律体系的不完善,直接导致了信用联动奖惩机制的不健全和失信惩戒制度的不完善。信用信息的不对称,使失信记录的合法收集和有效传播得不到保障,社会法人和自然人的失信成本过低,造成整个社会的信用观念淡薄。企业赖账、三角债等情况日益普遍,正是由于许多企业对信用关系重要性认识不足。由于对信用服务机构缺乏严格的监管体系和评级标准,政府对整个信用服务行业的监管尚未能形成统一和科学的组织架构。

3. 信用文化环境和意识淡薄

苏州市工业基础好,市场经济起步较早、发展较快,成熟度也较高,但缺乏与之相适应的信用环境,个人和企业的信用观念还比较淡薄,传统的"熟人社会"影响还比较深,尚未形成以契约意识和诚信观念为基础的信用文化氛围。整个社会的信用观念淡薄,社会主体普遍缺乏守信意识和信用道德理念,以讲信用为荣、不讲信用为耻的信用道德评价标准和约束机制还未能完全建立起来。大部分企业内部信用管理制度不健全,对应收账款和商品销售的管理不够科学严谨;对外还没有建立起对客户进行客观分析和筛选,并与诚信客户保持长期联系的有效机制。

4. 信用服务市场供需不足

与全国、全省情况相比,目前苏州市的信用服务市场同样也存在着供需双重不足的情况。一方面,社会主体对信用服务和信用产品的认识和需求都很有限,尤其是企业普遍缺乏使用信用产品的意识,在经济交往中不能很好地利用信用服务和产品来维护自身的利益,政府部门在带头使用信用信息和信用产品方面尚未能充分发挥作用。另一方面,苏州缺乏能提供高质量信用服务和产品的机构或企业,有利于本地信用服务行业健康发展的市场环境尚不成熟。信用数据的开放程度较低,也制约了客观公正和独立开展的信用调查、征信和信用评价等专业信用服务的发展。

三、苏州市社会信用体系建设的对策与建议

基于以上对苏州市信用体系建设现状、问题和成因的分析,根据国务院《社会信用体系建设规划纲要(2014—2020年)》和《江苏省社会信用体系建设规划纲要2015—2020》提出的信用建设目标和具体要求,苏州市社会信用体系建设

工作已经全面进入向纵深推进、以用促建的新阶段。下一步的发展必须依托苏州经济社会发展水平高、城乡一体化程度高、城市信息化水平高等优势,以制度法规建设为重要保障,以信用信息数据整合为有力支撑,以信用信息应用为突破重点,提升信用信息归集和整合水平,加强部门间联动监管,持续创新,重点突破,积累经验,探索建设条块结合、全面覆盖、多层架构、体现苏州特色的社会信用体系。具体应落实在以下几个环节:

(一)以信用法规体系建设为核心,完善信用建设制度环境

结合苏州实际,在遵守国家和江苏省现有法律法规的前提下,率先制定一系列地方信用法规政策,改善苏州信用建设法律环境。在实践操作层面,根据市场经济需要,加强对行政管理事项的事中事后监管,逐步建立和完善信用法律法规体系,明确市场主体间的权利义务关系以及失信违法的后果,保障诚实守信者的合法权益。在已经发布的"三个办法"基础上,制定出台一系列实施细则和保障制度。按照江苏省黑名单公示制度要求,完善失信信息的查询、使用、告知和"黑名单"认定公布等管理办法。

(二)以信用信息共享平台整合为重点,夯实信用建设支撑基础

深入整合现有资源,充分完善信息目录,尽快形成全面覆盖的社会成员信用记录。以需求为导向,进一步深化和拓展信用信息应用。按照风险分散的原则,在责任明确、保护隐私、数据及时准确的前提下,建立横向到边、纵向到底的信息交换共享机制。依托市公共信用信息平台,积极推进市级平台与各地区、各部门系统的数据交换和共享,做好与省平台的数据互联互通,并实现交换常态化。逐步形成覆盖全部信用主体的信息网络,为推动行业信用建设和跨部门信用联动提供有力支撑。按照社会法人、自然人失信惩戒办法和江苏省黑名单公示制度的要求,构筑市级信用联动平台,加强信息汇集和联通,完善红黑榜制度,建设信用预警奖惩平台。

(三)以行业和重点领域信用建设为突破,着力推进信用信息应用

在完善行业信用记录、推进行业信用建设的基础上,突出重点领域和关键环节,引导(县)市、区和相关部门根据职能,制定社会法人和自然人失信行为等级划分规范、应用信用信息和信用产品实施办法。完善在行政管理事项中使用信用报告的主要内容和运用规范。研究出台重点领域联动惩戒制度和运用信用机制加强行政管理事中事后监管办法,建立事中事后监管流程和方式,将信用承诺、信用审查和信用报告制度嵌入行政管理全过程。

（四）以政府引领为驱动，积极培育信用服务市场

充分发挥政府部门在政策引导、资金扶持、带头应用等方面的作用，营造公平竞争的市场环境，培育和发展信用服务业。在诸如市容市政、住建和商务等内部信息化水平较高、信息整合度较好的部门，选择社会关注度高、领导重视的热点，加强数据整合和协调，搭建跨部门专项信用联动平台。探索设立国有的苏州市企业征信服务有限公司，发挥其在信用服务市场中的引领作用。依托市信用平台和金融信用信息基础数据库，提供优质信用服务，缓解中小企业融资难问题，防范系统性金融风险。

参考文献：

[1] 王东胜.社会信用体系原理[M].北京：中央广播电视大学出版社，2011.

[2] 刘建洲.社会信用体系建设：内涵、模式与路径选择[J].中共中央党校学报，2011(3)：50-53.

[3] 宋立、王蕴.关于社会信用体系建设的思考与建议[J].宏观经济管理，2013(2)：24-25,30.

[4] 谢仲庆，刘晓芬.中国信用体系：模式构建及路径选择[J].上海金融，2014(7)：63-66.

[5] 单英杰.加快社会信用体系建设 提升社会信用水平的对策建议[J].经济研究导刊，2015(4)：100-101.

[6] 王馨，张海阳，王世贵.地方社会信用体系建设探讨[J].中国金融，2015(6)：92-93.

[7] 苏州市政府关于印发苏州市社会信用体系建设规划(2014—2020年)的通知，苏府[2015]2号，2015年1月15日.

（徐　铮）

企业信用风险防范对策研究
——基于苏州市"守重"企业的调查分析

一、引 言

2016年是我国"十三五"规划实施的第一年,国家颁布《国务院办公厅关于社会信用体系建设的若干意见》等相关文件,各级地方政府也相应出台了相关的实施意见,这些信用建设规划的制订都在不断推动着我国法制化社会的进程。企业作为市场最基础的组成单元,其信用建设及信用风险的防范机制将直接影响信用市场的建设;企业作为社会的重要部分也将促进社会信用体系的完善。目前我国企业的信用建设仍存在很多问题,本文基于苏州市"守重"企业的调查分析,探讨企业如何建立有效的信用风险防范对策。

二、苏州市"守重"企业信用风险管理的现状

本课题对苏州市所有国家级及省级的"守合同重信用"(以下简称"守重")企业进行了问卷调查,共回收311份调查问卷,剔除7份数据不全、随意填写及填写不完整的问卷,最终有304份有效问卷。本文主要根据这304份有效问卷进行苏州市守合同重信用企业信用风险管理研究分析。

1. 苏州市"守重"企业信用重视情况

根据本课题回收的304份有效问卷,可以分析出,企业对信用管理非常重视的有179家,占比58.88%;很重视的有120家,占比39.47%;一般重视的有5家,占比1.64%。见图1。公司高层管理人员对公司信用管理非常了解的有140家,占比46.05%;很了解的有153家,占比50.33%;一般了解的有11家,占比

3.62%。见图2。

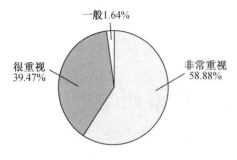
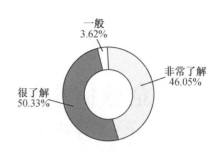

图1 公司对信用管理重视程度　　图2 公司高层管理人员对信用管理了解程度

"守重"企业中专门设有从事信用管理工作的专职人员和部门的有265家，占比87.17%；在筹备过程中的有17家，占比5.59%；还没有设立的企业有21家，占比6.91%；不清楚是否打算设立的有1家，占比0.33%。见表1。从图1、图2和表1可以看出，"守重"企业对于信用管理是非常重视的，管理层对信用管理普遍很了解，同时大部门企业也已经专门设立了或正在筹备设立从事信用管理工作的专职人员和部门。

表1　公司设有从事信用管理工作的专职人员和部门情况

举措	数量	占比
有	265	87.17%
在筹备中	17	5.59%
没有	21	6.91%
不清楚	1	0.33%
总计	304	100.00%

2. 苏州市"守重"企业信用管理制度情况

对新的交易客户，有297家企业要求提供有关身份和资质证明，占比达到了97.70%；只有1家没有相关要求；6家企业对这一情况不是很清楚。见图3。由此可以得出，苏州市"守重"企业对于新的交易客户还是很谨慎的，注重诚信经营。

图3 苏州市"守重"企业对新的交易客户要求提供有关身份和资质证明情况

有162家企业对重大交易要求资本金到位再签合同,占比53.29%;有124家被调查企业表示无明确要求,占比40.79%;剩下的18家企业表示不是很清楚这方面的要求,占比5.92%。见表2。

表2 "守重"企业对重大交易要求资本金到位再签合同情况

举措	数量	占比
有	162	53.29%
没有	124	40.79%
不清楚	18	5.92%
总计	304	100.00%

有180家企业对重大交易的客户要求提供第三方信用服务机构评估,占比59.21%;有104家企业对重大交易客户没有这项要求,占比34.21%;还有20家企业不是很清楚是否对重大交易客户有相关要求,占比6.58%。见表3。

表3 "守重"企业对重大交易的客户要求提供第三方信用服务机构评估情况

举措	数量	占比
有	180	59.21%
没有	104	34.21%
不清楚	20	6.58%
总计	304	100.00%

由表2和表3可知,一半以上的"守重"企业对于重大交易客户相关要求比较完善,尽量规避企业的信用风险;但是仍有超过30%的"守重"企业忽视重大交易可能给企业带来的信用风险,相关的信用制度要求比较低,这样将极大增加企业经营过程中的市场风险。

在信用风险管理过程中,有293家企业认为建立行之有效的信用管理制度和体系是最重要的;其次,授信管理制度和定期复审也是信用风险管理过程中比较重要的,分别有 181 家和 178 家企业选择;潜在客户评估排在第三位,有 135 家企业选择;逾期控制手段(如延长付款期限,停止供货等)、内部分析系统和抵押担保等手段分别有 100 家、101 家、79 家企业认为也是比较重要的信用风险管理措施。见图 4。信用风险管理措施有很多,但是绝大部分企业认为建立行之有效的信用管理制度和体系、授信管理制度、定期复审是最有效的管理措施,其他的信用风险管理措施可以辅助使用。

图 4 "守重"企业认为信用风险管理过程中重要的措施

对回收的 304 份有效问卷进行分析,发现有 216 家"守重"企业认为公司内部信控能力是最有效的规避信用风险的手段;其次是有 88 家"守重"企业认为信用报告及信用额度建议也是相对有效的规避信用风险的手段;对于信用保险,有 69 家"守重"企业选择其作为公司规避信用风险的手段;另外,分别有 29 家和 31 家"守重"企业认为保理和商账追收有助于企业规避信用风险。见图 5。

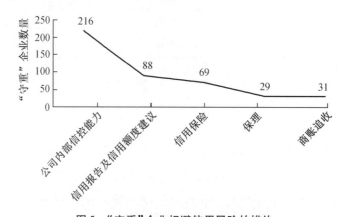

图 5 "守重"企业规避信用风险的措施

3. 苏州市"守重"企业对信用服务需求情况

对于提供企业信用管理专业化服务的行业的了解程度,有 215 家"守重"企业表示对征信服务比较了解,有 199 家"守重"企业对信用调查服务比较了解,有 262 家"守重"企业对信用评级服务比较了解,有 198 家"守重"企业对信用担保服务比较了解,有 60 家"守重"企业对信用保险服务比较了解,有 76 家"守重"企业对信用管理咨询服务比较了解,有 39 家"守重"企业对商账追收服务比较了解,还有 3 家"守重"企业表示对第三方信用服务都不了解。从图 6 可以看出,信用评级、征信、信用调查和信用担保是企业了解最多的服务类型。

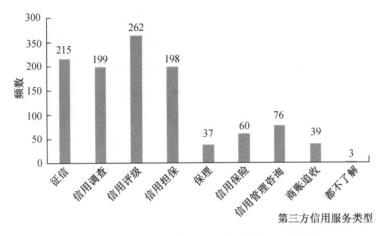

图 6 "守重"企业对第三方信用服务行业了解程度

关于专业机构通过咨询、培训等服务,帮助企业建立起客户信用档案、赊销客户的授信、应收账款催收等一系列信用管理制度,提高企业防范赊销风险能力的信用管理咨询服务,有 80 家"守重"企业表示非常需要这类服务,占比 26.32%;有 178 家"守重"企业表示比较需要这类服务,占比 58.55%;有 28 家"守重"企业表示对这类服务持无所谓态度,占比 9.21%;还有 18 家企业表示不需要这类服务,占比 5.92%。从图 7 可以发现,有 85% 的"守重"企业比较需要甚至非常需要信用管理咨询服务,仅仅有 6% 的"守重"企业表示完全不需要信用管理咨询服务。

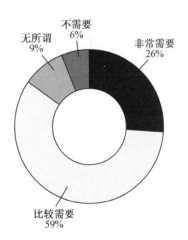

图 7 "守重"企业对信用管理咨询服务需求程度

三、企业信用风险管理存在的问题

1. 企业信用风险防范意识有待加强

从304份对苏州市国家级及省级的守合同重信用企业的调查问卷发现,公司对信用管理重视程度一般的有1.64%,公司高层管理人员对公司信用管理一般性了解的有3.62%。虽然有超过98%的"守重"企业对信用管理比较重视甚至非常重视,超过96%的"守重"企业高层管理人员对公司信用管理制度很了解或者非常了解。虽然苏州市"守重"企业对信用管理已经有了足够的认识,但是非"守重"企业及其高层管理人员的信用管理意识很可能有较大比例的缺失。

在市场经济中,虽然存在双方的合同约束,但是信用风险是跟随交易过程一直存在的。而很多企业仅仅追求短期利益或者是合同上的账面利益,没有认真考察合作对象的交易成交记录或者信用评价,这就给企业带来潜在的经营风险,最终导致逾期付款或者坏账现象,直接影响了企业的利润及资金周转。另外,企业对于信用风险的防范意识也较弱,没有对其加以足够的重视,没有建立相应的信用数据库,也没有对客户进行及时的信息更新。尤其缺少对老客户的定期信用审查,认为一次交易成功则始终可以作为安全的老客户,很多企业因此出现大交易额的坏账现象。以上这些因素都会导致企业的信用风险增加,最终削弱了企业的市场竞争力。

2. 信用风险防范体制仍需完善

接受调查的苏州市"守重"企业中,正在筹备设立从事信用管理工作的专职人员和部门的企业占比5.59%,还没有设立信用管理工作的专职人员和部门的"守重"企业占比6.91%;对于重大交易,有40.79%的"守重"企业没有明确要求资本金到位再签合同,5.92%的"守重"企业对重大交易中要求资本金到位再签合同仍不够清楚;有9.54%的"守重"企业表示公司对新的交易客户建立的内部信用评级制度完善程度一般,0.99%的"守重"企业对新的交易客户的信用评级管理非常不完善。从上述数据可以发现,对于"守重"企业而言,信用风险防范体制还有待完善。

市场经济是信用经济,企业要想在激烈的市场竞争中不断提升自身综合实力,必须要有完善的信用风险防范体制。我国的市场中中小企业较多,很多企业目前还没有建立信用风险防范体制,企业自身对风险的抵抗能力也弱,这将导致企业不能正确地对潜在客户进行科学、有效、系统的信用风险评估。特别是在较大交易额的情况下,企业需要慎重考虑客户,不管是老客户还是新客户,都应该对其目前的状况进行全面的了解,尤其是其信用状况等相关方面,而这些都需要企业有完善的信用风险防范体制。同时,当国家的相关政策条例进行调整时,企业的信用管理条例也未及时跟进调整。这些不健全的信用风险防范体制都给企业经营带来严重的风险。

3. 社会信用体系不够健全

接受调查的"守重"企业中,有84.87%表示比较需要或者是非常需要信用管理咨询服务,尤其在征信服务、信用评级、信用调查和信用担保方面,超过一半的"守重"企业有明显的服务需要。然而,在企业信用管理制度中,仅仅有59.21%的"守重"企业明确要求重大交易客户提供第三方信用服务机构评估,还有40.79%的"守重"企业没有明确要求重大交易客户提供第三方信用服务机构评估。从上述数据可知,第三方信用服务机构对企业信用管理的参与还有待加强。

企业需要靠诚信经营,市场更需要维护好诚信环境。社会信用体系的建立,会直接推动企业信用风险防范机制的建立。但是目前,我国社会信用环境以及企业的信用管理都落后于发达国家。由于市场中交易信息的不对称,很多行业仍然无法开发其可公开的信用信息,导致企业在获取信用信息的时候存在诸多不便。另外我国社会信用方面的政策法规仍不完善,关于个人及企业的信用信息归集、管理及失信惩戒等方面的信用法规都不明确,或者是已经颁布但是地方政府并未提出相应的实施方案,从而这些政策法规并未发挥其真正的作用。企业由于信用风险等原因导致合法利益得不到保护,最终常常是很多讲信用的企业利益损害更大。另外,行业协会在企业信用建设中的作用也没有得到充分发挥。上述情况将导致企业不敢讲诚信或者不敢于用法律保护自身的合法权益,社会信用体系建设的进程也将大大延长。

四、企业信用风险防范的对策

1. 强化企业信用风险防范意识

企业需要从管理层到普通员工加强企业信用风险意识,重视企业信用风险防范机制的建立。近几年来,随着我国法制化社会进程的推进,社会信用体系的建设,行业及企业也必须开始重视信用体系建设。企业不仅应把信用体系建设作为公司发展的基本需求,甚至应该把它融入企业文化中,建设适合企业自身情况的信用文化。同时,企业应该对全体员工进行阶段性的信用风险意识教育,邀请政府或者第三方信用机构的信用风险管理专家对公司的信用风险管理基础、财务管理等与信用风险防范相关的课程进行现场的讲解,从而让公司全体员工感受到企业信用风险是时刻存在于企业中的,让员工在实践中不断提升信用风险防范意识。

公司高层管理人员对企业信用的重视将会极大地带动普通员工加强企业信用风险意识、责任意识以及危机意识。同时,公司高层管理人员也要加强与企业信用管理专职人员和部门的沟通、协调、交流与合作。最终,在整个企业中牢固树立企业风险防范管理的使命感、紧迫感,增强企业风险防范管理的自觉性、坚定性与创造性,从而树立正确的企业风险防范管理理念。

2. 健全企业信用风险防范机制

企业信用风险防范机制是企业管理的预防机制,企业应设立专门的信用管理部门,由专职人员负责客户信息的归集、录入及评估、后续交易跟进等相关信用信息管理,及时查询企业信用信息公示系统及其他相关信用信息公示平台,建立并及时更新客户信用信息管理数据库,并对客户进行信用评估和分级管理。信用管理部门应在选择客户前对客户的信用进行审查,根据数据库的信息对客户进行信用评估,尤其要根据不同的销售额进行严格的评定。对于金额较大的交易,信用管理部门应审查一下该客户最新披露的财务报表,了解该客户目前的资产和负债情况,结合该客户的信用评级,最终确定该客户的信用额度,超过了该额度企业应该进行严格把关,甚至可以采用到货后付款以及担保等保障方式。对于交易后期的应收账款,要时刻跟进,及时催收账款,以加快资金回笼。

对于客户的资信管理,凡是影响或者决定客户信用的信息都应列入客户信用信息的范围,包括法人信用及其关键信息、企业名称和地址、企业所有权、企业的经营范围及所属行业、企业注册日期、企业内部组织结构及主要管理者、财务信息及其关键信息、客户的资产负债状况、品牌信用及其关键信息、产品的品质特征等。客户资信系统也应与企业内部相关部门相链接,随时更新客户的信息。

首先,对于客户的授信管理,应结合企业信用风险管理软件,根据业务人员或管理人员掌握的客户信用信息进行判断,重大交易中还应加入第三方信用服务机构的评估。

其次,企业也要根据自身实际情况,从客户的财务状况和偿付能力、客户的重要程度、管理目标以及新客户评估等方面确定信用额度。在对客户确定了信用额度后,企业还需定期进行审议,及时向银行咨询了解客户的情况,根据客户信息的变化相应地调整客户的授信级别。

最后,对于应收账款的监控,应根据应收账款回收时间加以分类,监督应收账款支付状况,对公司的应收账款情况做动态的跟踪记录。对于逾期的应收账款,可通过自行追讨、委托专业机构追讨、仲裁、诉讼等方式予以追回,并做好坏账准备。

3. 推动社会信用体系建设

首先,政府作为企业信用体系的主导者,应为社会信用体系制定健全的法律法规,以营造和维护良好的社会信用环境。《国务院办公厅关于社会信用体系建设的若干意见》《江苏省2013—2020年社会信用体系建设规划和2013—2015年行动计划》等的出台仅仅是指导性意见,对于征信机构开展业务的权利和义务、信用信息的收集、披露与商业秘密保护、隐私权保护等重大问题,政府部门可以借鉴国外相关立法的先进经验,结合中国的国情制定更加细化的法律条例。对于与社会信用建设有紧密联系的工商行政管理部门、金融监管部门及其他部门的联动,仍需要政府部门制定权责明确、联动奖惩的法律机制,以搭建"一处失信,处处受限"的信用约束机制。

其次,第三方信用服务机构以及行业协会作为社会信用体系的重要组成部门,政府部门应赋予其相应获取信息的渠道和相关的指导意见等,引导第三方信用服务机构和行业协会参与企业信用体系建设。

我国当前正在建设社会信用体系,全国自上而下都在重视信用体系建设,对于经济转型期的中国这也是十分必要的。企业作为社会中重要的组成部分,应从自身的信用建设做起,做好信用风险的防范管理,加强部门间的沟通协作,形成信息共享、健全统一的管理体系。同时,企业自身也要不断加强防御信用风险,加大对产品研发以及品牌开发的投入,不断增加产品的附加值以及品牌的竞争力,加快企业的转型升级,提升企业的综合竞争力和抵御信用风险的水平,促进企业长足发展和社会经济的健康、有序发展。

参考文献：

[1] 胡涛.中小外贸企业的信用风险传染与防范对策研究——基于"义乌国际贸易综合服务及经济案事件预警平台"的典型案例分析[J].中国商贸,2015(4):106-108.

[2] 李默.工商企业信用风险管理的相关思考[J].商场现代化,2015(24):94-95.

[3] 邓雨菡.新经济形势下商业银行的信用风险与防范[J].湖南商学院学报,2016(1):97-100.

[4] 潘文渊.企业信用风险防范机制浅析——以民营上市公司为视角[J].当代会计,2016(2):37-38.

[5] 张亮.保险资产管理信用风险预警监测系统研究——基于央行征信系统的视角[J].中国保险,2016(2):31-35.

（胡　菊）

地方商会与企业信用建设
——以苏州商会为例

企业信用是社会信用体系的基础和核心,影响着市场经济秩序的稳定。企业信用也是企业重要的无形资产,对企业的生产经营和声誉也有至关重要的作用。随着中国经济的快速发展,社会主义市场经济早在20世纪90年代就已经步入了信用经济的时代,但由于相关信用法律的缺失和企业信用制度建设的滞后,市场上违约、欺诈、造假的事件层出不穷,造成了社会信用度的降低,导致企业交易成本增加,市场主体受到不同程度的损失和伤害。同时,由于缺乏科学的惩戒机制,使不法当事人多次以同样的方式侵害消费者。2016年6月,中央全面深化改革领导小组通过了《关于加快推进失信被执行人信用监督、警示和惩戒机制建设的意见》,强调了加快推进对失信被执行人信用监督、警示和惩戒建设,有利于促使被执行人自觉履行生效法律文书决定的义务,提升司法公信力,推进社会诚信体系建设。构建"一处失信、处处受限"的信用惩戒大格局,让失信者寸步难行。社会信用体系的建设是全面深化改革的重要内容之一,企业及其相关者的信用建设是社会信用体系建设的重要一环,而渗透到各行业、各区域的企业联合自治组织如商会、行业协会等则是推动企业信用建设的重要力量。

一、苏州商会及其发展演变

商会是工商联领导下的重要的社会组织力量,除了联络商情、加强交流外,商会对入会企业树立良好的信用具有重要的作用。苏州商会创始于1905年(清末光绪三十一年),历经晚清、北洋政府、民国政府时期,新中国成立前为全国著名商会之一,与京、津、沪、宁、汉、穗等地商会并列。1949年4月苏州解放之后,改组为苏州工商业联合会。创办之初,苏州商会即以"保护营业、启发智识、维持公益、调息纷争"为宗旨。对于商会成员的信用,商会章程也有明确的规定:"营业卑贱者、欠债倒闭未清偿者、与人诉讼未结案者"等不得入会;凡有犯下"干犯刑宪;不守会章;违背本会宗旨;败坏本会名誉;损害公益,侵辱同类;行止有亏,同人不齿"各项,经人举发查有实据者,经会中议决即令出会。苏州商会成立之初,即非常注重入会企业的信用,为商会树立了良好的声誉。

新时期的苏州市商会于1992年成立,2007年更名为苏州市总商会。截至2015年底,会员数突破4万个,全市各级工商联有商会组织430个,其中乡镇商会60个,街道商会58个,行业商会219个,异地商会74个,已经形成了区域商会与行业商会并存的规模庞大的商会网络。苏州市总商会的主要职能与任务,除了政治上参与国家大政方针、政治协商、民主监督之外,在社会责任和社会信用体系建设方面,引导会员弘扬中华民族传统美德,热心社会公益事业,积极参与"光彩事业"。致富思源、富而思进、扶危济困、共同富裕、义利兼顾、德行并重、发展企业、回馈社会等写进了商会的主要职能与任务,体现了新时期的商会除了在资源共享、联络商情、承担社会责任等方面发挥作用之外,也把诚实守信、义利兼顾的社会信用建设放在了重要的位置。

二、商会对企业信用建设的作用

1. 承接政府职能转移,扩展商会相关职能

随着经济社会的发展,商会在联系企业与政府、企业与社会之间发挥着越来越多和越来越重要的作用。十八届三中全会提出全面深化行政体制改革和简政放权,对社会组织的改革和发展做出了重大部署。在加快推进政府职能转变的过程中,商会承接政府转移职能、参与社会管理被提到了前所未有的高度。苏州市行业商会承接政府转移职能、创新社会管理主要体现在以下方面:接受部门委托,开展行业统计工作;密切部门协作,开展行业考评工作;积极主动作为,投身政府购买服务的新举措;发挥专业优势,承接行业培训职能;整合各界力量,构建行业服务平台。在承接政府职能转移的过程中,苏州商会能够逐步厘清政府与社会组织之间的关系,有效地提升了商会的社会职能和组织运作的效率。

2. 开展会员企业的信用评级与宣传

苏州商会主要由行业商会、区域性商会与异地商会构成。行业商会由行业类同类企业或经济组织组成,与传统的行业协会类似,是靠"业缘"组合,实行行业服务和自律管理的社会团体。行业商会在制定行业标准、参与行业管理、收集行业信息等方面有着明显的作用和优势。苏州行业商会包含苏州市百货业同业商会、光缆商会、融资担保业商会等40多家市属商会,行业商会的行业覆盖面广,会员数众多,会员企业在各行业具有较高的代表性。区域性商会主要包含乡镇商会和街道商会。苏州民营企业发达,在广大乡镇和街道企业星罗棋布,这些商会具有明显的地域性特征,有助于地域性企业的资源共享、抱团发展。异地商会是指同乡的非苏州籍企业家建立的企业联合组织。截至2014年底,在苏州设立的市属异地商会有25家,苏州下属区内设立的异地商会有43家,会员企业一万多家。各商会会员企业在苏州形成了巨大的网络,在商会内部做好局部的信用建设,对于建设苏州区域的企业信用体系具有非常重要的作用。随着商会职能的扩大,通过统计工作和行业考评等工作,各级商会对会员企业的信用状况有相对更加全面的了解,如苏州市融资担保商会对照担保机构信用评级制度,对开展担保业务一年以上的担保信用机构开展信用评级,引导和帮助担保机构提高风险防范能力和经营管理水平。2013年以来,苏州市餐饮协会在对行业进行摸底调查的基础上,制定完善了《餐饮行业创建放心消费行业达标考核验收标准》。商会通过制定行业标准、信用评级,能够较好地对会员企业进行信用筛选与识别,对信用度高、诚信经营的企业进行公开的表彰宣传,能够在商会或行业内起到很好的宣传示范作用。同时,制定行业自律的标准,对违背行业准则和失信的企业开展剔除制度,使商会能有较好的信誉度和美誉度。

3. 商会对企业信用的服务功能

2014年10月,民政部联合中央编办、发改委、工商总局等部门出台《关于推进行业协会商会诚信自律建设工作的意见》(以下简称《意见》)。该意见提出行业协会商会要建立健全会员企业信用档案,依法收集、纪录和整理会员企业在生产、经营中产生的有关信用信息;通过与有资质的第三方信用服务机构合作,依法开展企业信用评价工作;主动与行业主管部门、国家统一信用信息平台、征信机构以及有上下游产业关系的行业组织进行对接,建立信用信息交换共享机制;加强会员企业信用管理专业知识培训,协助会员企业建立科学的信用管理流程和信用风险管理制度,帮助会员企业形成有效的信用风险防范机制,提高会员企业信用管理能力。《意见》要求,行业协会商会要根据行业发展要求,研究制定自律规约,积极规范会员企业的生产和经营行为,引导本行业的经营者依法竞争,自觉维护市场竞争秩序,充分发挥市场监管中的自律作用。

在具体措施上,苏州市总商会成立了"苏州民商小微企业城市商业合作社",主要面向小微企业和商业合作社,为会员提供项目及人力资源、资金、产品、技术、市场、法律等各种信息和咨询服务工作,建立会员信息网站及数据库,指导和监督会员诚实守信、合法经营。为会员企业建立科技平台,提供招才引智和科技创新政策等方面的服务。开展行业商会与职教联盟的合作,产教结合、校商合作,推进职业教育校企合作的持续发展,提高职业技能人才培养质量,同时为从业人员的职业培训和技能提升提供平台和基地。与苏州市司法局、律师协会联合发起成立苏州市总商会中小企业法律服务中心,为会员企业提供法商服务,帮助会员企业增强风险防范意识,提高经营管理水平;引导会员企业正确处理由生产经营行为产生的各种关系,运用法律手段来助推企业的创新发展。商会的这些具体举措,为推动企业健康发展、建立互信机制、提高企业信用创造了良好的外部环境和法律保障。

三、商会对企业信用建设的局限性

1. 商会的权能和公信力不足

工商联是党和政府领导下的民间组织,商会也是在政府主导下建立的社会组织,新中国成立后商会是在计划经济的背景下,政府主导成立的经济管理部门。改革开放之后,由于社会经济的日渐活跃,企业组织不断发展壮大,建立在同乡同业的异地商会、行业协会商会等民间商会逐步建立,尤其在经济发达的东部沿海地区,商会组织向基层组织和企业渗透得更深。然而,由于中国缺乏自治的市民社会的传统,商会在组织结构、章程规范、实际运作等方面缺乏创新。商会在组织结构上面有明确的自上而下的层级机构,但在基层商会的组织运作方面较为松散;在章程中重视政治上的联络组织功能,而对会员企业信用建设缺乏明确的规范和约束。在实际运作过程中,商会对会员企业的约束仅限于规劝与道德限制的范围之内,并没有处罚或实质性约束的权力,这使得商会的权能不足,其公信力也因不同商会组织能力或商会会长单位的组织力和公信力而有所差别。

2. 企业缺乏诚信自律意识

过去的30多年,中国经济实现了高速持续增长,企业也迎来了蓬勃发展,而经济机制的建设在面对自发的企业和个人行为的过程中具有滞后性,使得企业的失信行为面临的道德和法律风险较低,导致中国的企业在整体上缺少诚信自律的传统,企业的生产经营往往把经济利益放在首位,而较少注重企业的诚信经营和自身的完善,在企业面临市场风险和竞争压力时往往通过钻营和投机取巧规避风险和获利,很少考虑通过持久的诚信经营和规范化科学化的管理方式制胜。在这样一种背景之下,商会作为企业相互联络、自发组织的机构,进行诚信自律和守信用建设的任务艰巨。

3. 商会组织建设与服务能力有限

近年来,虽然商会的组织在不断扩展,在经济较为发达的苏州地区,行业协会、商会几乎涵盖了所有的行业,异地商会的组织也在不断扩大,但是商会并不能囊括所有企业,加入商会是企业的自发行为,企业加入商会的目的也各有不同。同时,商会对会员企业的服务更多的在于信息的交流和商情的联络,商会的组织建设和服务能力在企业信用的培育和建设等方面的作用有限。

四、发挥商会促进企业信用建设作用的建议

1. 完善商会的组织和权能

商会作为中介组织,由于其历史原因,与政府相关的职能部门联系较为密切,协会的资金来源主要为政府的项目和会员的会费收入,这使得商会在处理与政府和会员关系的时候比较微妙。商会在组织运作过程中需要厘清与政府和会员企业之间的关系,明确商会的组织和权能,逐步转变职能,在政府相关的框架之内行使职权,为会员企业服务,成为沟通政府和企业之间关系的社会组织。规模较大、较为成熟的商会组织可以对商会内部企业开展年度企业信用等级评价,对信用优质企业进行推广,通过正面宣传,促进各企业树立诚信守法经营的理念,在商会会员内部逐渐建立局部诚信体系。同时,商会应加强与政府、会员企业第三方、信用评级机构的联系,利用企业信用评级消除交易双方的信息不对称,减少违约风险。另外,还可建立会员单位信用档案,构建行业或商会立信声明和社会信用监督平台。

2. 推动商会的诚信建设,促进诚信中国的建设

商会组织自身的诚信自律对于树立商会形象、提升商会的吸引力和凝聚力具有重要的作用。商会的组织结构和运行机制由于规模不同、行业不同,会有所差异,但建立良好的商会生态环境和运行机制,加强对会员企业的诚信建设,对于推动商会的诚信建设有重要作用。对于能力突出的商会组织,应加大其参与商会信用建设的程度,配合工商和行政执法,成为企业信用体系建设的枢纽。

参考文献:

[1] 洪海. 关于对企业信用信息记录的立法思考[J]. 工商行政管理,2016(9):70-72.

[2] 习近平主持深改组会议:让失信者寸步难行,http://www.creditchina.gov.cn/newsdetail/7143.

[3] 章开沅等. 苏州商会档案丛编[M]. 武汉:华中师范大学出版社,1991.

[4] 苏州市工商业联合会网,http://www.szcc.org.cn.

[5] 苏州市工商业联合会,苏州市中小企业局,苏州市工商行政管理局. 2014苏州市民营经济发展报告[M]. 苏州:古吴轩出版社,2015.

[6] 新华网:8部门出台意见推进行业协会商会诚信自律建设,http://news.xinhuanet.com/politics/2014-11/13/c_1113236933.htm.

(胡 勇)

案例篇

用诚信浇灌盛世彩虹
——盛虹集团的企业信用建设

盛虹集团成立于1992年,总部位于苏州盛泽,是集石化、纺织、能源、地产、酒店五大产业于一体的国家级创新型产业集团。公司发展20多年来,已成长为全球最大的差别化功能性纤维生产基地,全球最大的印染加工企业。企业竞争力和产品品牌价值均居于行业前列,位列2015年度中国企业500强第182位。先后荣获"国家科技进步奖""中国工业大奖表彰奖""国家技术创新示范企业""全国循环经济先进单位""国家火炬计划重点高新技术企业"等荣誉。"盛虹"品牌荣获"中国驰名商标""中国纺织服装影响力大奖"等荣誉。

盛虹集团奉行全方位的信誉理念,视诚信为立身之本、发展之基,坚持"诚信、信用"的原则,保证产品质量,认真履行合同,恪守对外承诺,保证合作者的正当利益,确保对外披露信息的真实性,牢固树立诚信可靠、满载盛誉的大企业形象。公司获评江苏省级"守合同重信用"企业及国家级2014—2015年度"守合同重信用"企业。

一、领导重视,分工协作,齐抓共管,完善企业信用体系

在市场经济发展的今天,企业信用已经成为企业的一种无形资本,是否讲求诚信经营已经成为判断企业是否具备较强竞争力的重要指标之一。公司始终坚持围绕"领导重视,分工协作,齐抓共管"的工作思路不动摇,坚持把完善企业信用体系作为头等大事来抓,建立了以总经理负责制为核心,其他领导及中层经理分工协作的工作准则,在全公司上下形成了共创企业信用体系的局面。

公司着眼于员工道德宣传教育,着力于增强诚信意识,打造诚信平台,造就忠诚员工队伍。依托"以德为本、以诚拓行、以质立市、以信取誉、义利共赢"的企业文化体系,公司制订学习计划,领导带头学习,并组织员工开展知识培训、法制讲座、技术咨询、企业诚信文化交流等活动,利用多种形式落实企业的经营准则和行为规范。2014年,集团组织财务员工听取"财务管理中的合同控制"讲座。讲座从多个方面要求公司财务管理人员加强理念转变,将合同控制纳入到日常财务管理中来。在合同的起草环节要做好财务控制,事前防范,事中控制,事后补救,以获得企业的利益最大化;在履行合同过程中,加强各部门间的沟通协作,严控各项目的支出,在做好基础服务的基础上加强合同控制,保证企业的良好信誉。2015年,集团组织中高层领导学习"内部控制与风险管理"知识,了解企业内部控制和风险管理制度及规范,为加强企业领导内部控制和风险管理意识提供保障。另外,公司在每个季度都邀请导师进行"公司财务分析与风险防范"相关培训,实施风险防范,加强企业信用体系建设。

二、加强合同签订的流程管理,完善各项制度

公司进一步强化了对信用、合同工作的组织管理。公司组建了一只专(兼)职信用、合同管理员队伍,形成了公司合同管理由管理机构具体负责和管理人员经办负责的有序运行机制。目前,公司合同信用管理机构健全,管理人员到位,信用审查和合同签订流程明确。在签订合同前,公司对供应商进行详细的资质审查,充分利用企业信用信息公示系统对供应商提供的相关信息进行审核。在采购合同签订环节,公司自制供方质量保证调查表、采购方评价表、供应商资信调查表、合同评审单、产品质量保证书、廉政协议等,确保采购环节的依法依规。

针对合同签订环节,集团制定了详细的合同管理办法:合同签订前,由合同承办部门指定合同承办人,落实、跟踪合同的签订履行,并进行意向接触、资信调查,会同法务部门草拟合同文本,合同承办部门组织相关部门进行合同会审后,呈送公司法定代表人决策、签署;在合同签署后,承办部门将正式合同分送相关部门;合同履行过程中,合同承办部门对合同的履行状况进行跟踪统计,对合同履行过程中出现的问题及时沟通解决,如需要对合同进行变更,承办部门将及时与相关部门会商,进行合同变更,如遇合同纠纷,合同承办部门将会同法务部门进行协商、调解或启动司法程序;在合同履行完成后,由合同承办部门和法务部

门进行合同执行情况评估,并整理成台账归档保存。具体流程见下图。

```
合同准备阶段
    业务部门进行合同策划
         ↓
      合同调查
         ↓
    拟定合同文本 ←──┐
         ↓         │
    审核合同文本    │是
         ↓         │
   合同文本审核稿 ──┘
   是否需重大修改

合同签署阶段
    正式签署合同
         ↓
    正式合同分送相关部门

合同履行阶段
      履行合同
         ↓
    ┌────┴────┐
  正常履行   需要变更、转让和终止合同
    ↓
 履行完毕,解除合同关系

合同履行后管理阶段
   对合同执行情况进行评估
         ↓
     合同资料整理归档
```

公司合同签订的流程管理

目前,公司所有的合同均需公司合同管理部门参与洽谈、起草。在合同商定过程中,合同发起部门和相关负责人做到严把法人资格关、个人身份关、合同条款关、履约能力关、资信等级关、担保能力关,严格按照公司的经营范围对外依法开展经营活动。近年来,公司没有发生一起合同、信用事故,做到了合同、信用管理工作"零失误"。

三、硬化诚信经营的载体,助力企业品牌竞争

诚信是企业的灵魂,是企业生存和发展的根基;品牌是企业的形象和内涵,是企业开拓市场和发展的后劲。品牌的支撑点就是可靠的产品品质和企业诚信

文化，而品牌又是企业诚信文化的重要载体，两者良性互动。因此，在现代市场竞争中，既是品牌竞争，更是名牌竞争。公司高度重视品牌培育管理体系建设，建立了以集团品牌文化领导小组为首的专业品牌培育管理机构——品牌培育管理办公室。通过各种形式的培训和交流，学习、体会、落实建立企业品牌管理体系的长效机制，编写管理手册，制定并完善相关管理制度。设立了品牌培育管理专项经费，每年投入2000万元以上用于品牌培育管理工作。

诚实守信的企业品质能够形成名牌并形成名牌效应。盛虹集团董事长缪汉根在多个场合强调，"做企业，贵在一个'诚'字，盛虹的每一位员工都要严格按照合同的要求履行应尽的义务，用实际行动兑现盛虹对诚信经营的承诺，不能失信于合作伙伴，以'对内诚信、外德社会'的精神，树立企业品牌，追求与客户的共同增值"。在缪汉根董事长的带领下，盛虹集团在全体员工中弘扬"树立行业第一品牌、打造世界一流名企业"的企业使命；树立"高、严、细、实"的质量理念；坚持"观念创市、行为拓市、信誉立市、竞合盛市"的市场理念，以文化为载体，着力企业信用建设，助力企业品牌建设。公司先后获得ISO9001质量管理体系和ISO14001环境管理体系认证证书，并与公司的品牌培育管理体系、能源管理体系、知识产权管理体系及两化融合管理体系多体系充分融合，相互作用，有效落实，本质贯标。在生态控制方面，2011年，盛虹集团化纤及印染板块产品碳足迹核算分别通过国际权威机构英国 Intertek 公司的验证，并被正式授权使用"绿叶"标签。另外，盛虹印染还获得瑞士纺织检定有限公司颁发的 Oeko-Tex Standard Step 生态工厂认证证书，成为国内第三家获得该认证的企业。

"人无信不立，商无信不富，企无信难存"，盛虹集团秉承"对内诚信、外德社会"的精神，本着"诚信不欺、一诺千金"的原则，制定企业经营发展战略，积极推进信用建设，提高企业发展质量，追求与客户、与员工共同增值的目标，使企业步入一个崭新的发展阶段。

（井道权）

中国装备，装备世界
——新美星的信用管理实践

一、公司发展概况

江苏新美星包装机械股份有限公司位于张家港经济技术开发区，占地面积超过15万平方米，是中国最大的液体（饮料）包装机械研发与制造基地。2016年4月25日，新美星在深交所成功上市（股票代码：300509），成为中国液态食品装备领域上市企业。

长期以来，新美星始终坚持"创新驱动发展、品质赢得市场"的理念，在饮料、乳品、酒类、调味品和日化品五大领域为全球用户提供水处理、前调配、吹瓶、灌装、二次包装、搬运机器人、智能立体仓储等成套智能装备及全面解决方案，实现着"中国装备、装备世界"的梦想。从前期的配方工艺支持到客户工厂的工程布局，从中期的设备研制、工程施工再到后期的培训服务支持，新美星至今已成功为可口可乐、达能、雀巢、娃哈哈、康师傅、达利、怡宝、景田、盼盼、中富、统一、银鹭、海天、鲁花、加加、纳爱斯等国内外著名液体（饮料）工厂提供了优质的设备和完善的服务，产品覆盖全国并销往全球70多个国家和地区。

坚持高端定位，坚持技术创新，新美星是国家重点高新技术企业、高新技术企业和省创新型企业，建有江苏省液体包装工程技术研究中心、江苏省企业技术中心和江苏省企业研究生工作站，公司将每年销售收入的4%~5%用于研究与开发，积极进行软硬件智能化升级，从而形成了强大的产品研发能力，开创了数十项"中国第一"。公司先后承担过国家级科技项目8项、省级科技项目3项，主持或参加国家标准和行业标准制定8项。特别是在国产无菌冷灌装技术和吹灌旋一体机技术领域,新美星更是步步领先,引领行业发展。

凭借技术优势、品牌及客户优势、液态食品包装一体化全面解决方案优势、多应用领域的优势、产品高性价比优势等综合竞争优势,新美星经营业绩持续增长,取得了经济效益和社会效益的双重丰收。

二、公司守合同重信用实施情况

市场经济是信用经济,合同信誉关系到企业的兴衰成败,良好的合同信誉是体现企业竞争力的重要方面。多年来,公司始终把信用责任意识和信用义务观念放在首位,始终坚持以法律规范人,以信誉吸引人,从而立足市场和开拓市场。

1. 成立以董事长为首的信用管理委员会

公司总经理为信用管理委员会的分管领导。公司总经办、财务中心、营销中心、生产中心等相关部门抽调专门人员负责信用管理事务;明确赋予信用管理委员会客户资信管理、信用档案管理、客户授信管理、合同管理、商账管理、外部信用工具应用等信用管理职能。公司外部聘请专业律师事务所律师为企业长期法律顾问,为企业信用管理工作提供法律依据和保障。

2. 制定全面的信用管理制度

公司制定的信用管理制度包括信用管理岗位责任制度、法人授权委托及合同签订前的评审制度、客户授信与年审评价制度、客户信用档案建立与管理制度、应收账款与商账追收管理制度、失信违法行为责任追究制度、合同管理制度、财务管理制度、培训管理制度等。此制度由公司董事长签署并以文件形式正式发布。

3. 建立并完善了信用信息系统,实现软件化办公

目前公司已有 CRM、ERP、HR、OA 等信息化软件系统,包括客户信息查询、客户关系管理、供应商往来记录查询、项目进度管理、发货流程控制、应收账款预警跟踪、商账追收、个人业绩考核指标体系、内部管理统计报告等。

4. 建立客户及供应商资信评价体系,确保能够及时掌握信用管理的变化情况

公司建立了客户及供应商档案,包括名称、住所、法定代表人、注册资金、电话、信用标准(对客户资信情况进行要求的最低标准)、信用等级等内容,并及时进行动态更新。公司不断加强对客户及供应商的跟踪管理,补充信用信息,每年

年末对他们的信用状况进行汇总分析,形成书面的年审评价报告,并根据年审报告及时调整信用等级与授信额度。

5. 建立和完善信用档案管理系统

公司根据客户信息形成规范的信用档案并实现电子化。档案的内容包括客户基本资料、营业执照、税务登记证、各种资质证书和许可证书、客户信用申请表、现场调查表、对账单、付款承诺、其他资料等。信用档案有专人负责更新和维护,有严格的查阅权限和程序,并保留查阅记录。

6. 制定规范的合同管理制度

公司所有合同都必须按部门编号,信用管理员负责建立和保存合同管理台账。合同承办人办理完毕签订、变更、履行及解除合同的各项手续后一个月内,应将合同档案资料移交信用管理员,信用管理员对合同档案资料核实后一个月内移交档案室归档。在合同管理上,公司对合同履约的风险会进行全面评估,对合同履约也会进行跟踪、监督,同时建立反馈机制,对合同不能履行的建立责任追究和失信惩戒机制。合同履行中的履约情况有专人进行跟踪,合同履行后的完成情况也会认真仔细地评估。同时,公司定期组织合同法律法规的学习,结合信用管理中遇到的问题,学习新法规,解决新问题。另外,还组织研讨会进行案例分析并做好书面记录。

7. 建立和完善商账管理制度及流程

公司建立了应收账款账目,明确应收货款,分期应收账款和应收票据的数额、期限、应付款人等内容。建立应收账款账龄分析分级表,将应收账款按账龄分为合同期内、进入预警期内、到期、逾期、进入最后通牒期、进入专业追账期、付诸法律期和坏账期八级,制订相应的催收措施。对应收账款加强日常监督,根据实际情况每周或每月打印出会计账上全部接近到期的应收账款记录并进行分析和诊断,对每笔账款做出处理意见。制订商账(逾期应收账款)追收办法,培训催收、追收人员。

三、公司信用管理实施成效

1. 防范信用风险

新美星自建立信用管理以来,加强了对客户及供应商的信息调查,对客户进行评估筛选,将风险防范工作前移,从源头上防范和杜绝客户风险,大大减少因客户原因造成的信用风险;加强了营业决策阶段的控制,加强对合同的审查,加强对交易成本的控制,对高风险的交易、重大风险隐患事项,都由管理决策机构审核批准,防风险于未然;采用各种风险转移手段和催收技巧,将呆、坏账控制在最小范围。

2. 提升企业综合竞争力

信用管理在企业管理中具有核心作用,也是诸多管理中最有效和见效快的管理之一。信用管理涉及企业的计划、采购、生产和信息管理各个领域。新美星通过建立健全的信用管理机制,不断提升信用管理水平,适应信用经济发展,运用信用销售手段,增强了企业竞争力,扩大了市场份额,实现了应收账款收回最优化,坏账损失率也降到最低,最大限度地提升了企业的效益和价值。

企业诚信、企业信用、企业形象是企业的品牌,是企业无形资产的重要组成部分。新美星坚持"信守合约、文明经营、履行承诺、公平竞争"的经营指导思想,在企业信用管理方面做了大量的工作,将信用管理工作贯穿于原材料的采购、产品质量的监控、信用额度的设定、应收账款的管理、营销、财务管理等各个环节。认识到位,组织到位,投入到位,管理到位。公司进一步建立了完善的企业合同信用管理评价体系,并连续多年获得江苏省级"守合同重信用"企业荣誉称号。

四、公司社会责任履行情况

新美星信奉负责任的行业领导风格,在创造盈利增长、追求业务可持续发展的同时,也积极承担构建和谐社会的美好希冀,创造最佳的社会、经济和环境效益。提高产值,服务社会,奉献社会,是新美星安身立命的基点和源泉。关心关爱员工的身心健康,倡导企业文化建设,践行科技的传承和创新,保护生态环境的美好,是新美星持续发展的智慧之翼。

公司采用先进的工艺流程和设备技术严把产品质量关,为客户提供安全、可靠、诚信的产品和服务,并建立完善的售后服务机制;尊重和关爱职工,并将员工合法权益落到实处,按时签订劳动合同,缴纳五险,积极组织员工培训、员工体检,保持员工收入合理增长。在安全方面,制定安全操作规程、生产设备维护管理条例、事故应急预案、安全问责制、劳动保护用品发放记录表、个体防护器材检查台账等。诚信经营,依法纳税,增加就业,促进地方经济发展。公司通过了

ISO9001质量体系认证,企业资信等级为AAA级,从未发生过严重的违法违规失信事件,树立了良好的社会形象。

近年来,在新美星党组织和工会的协调下,新美星企业文化建设生机勃勃,社会主义核心价值观认真落到实处。运动会、年会、联欢会多姿多彩;美文美图大赛、技能竞赛此起彼伏;企业内刊贴近工作生活,寓教于乐。同时,新美星大力弘扬乐善好施、扶贫济困的传统美德,从汶川地震的捐款,到"爱满港城"慈善募捐、为西藏阿里地区的孩子们提供援助,再到新美星"互助基金会"的成立,为困难群众、员工和弱势群体提供了大量的帮助和关爱。

五、结　语

新经济、新作为、新希望。新美星将继续加强对信用管理工作的探索和实践,持续改进工作中不断出现的新问题,促进企业良好持续发展,为社会及地方经济做出更大的贡献。同时,作为中国高端液体(饮料)包装机械专家与领导者,新美星将以"振兴民族工业"为己任,深入贯彻"+互联网"策略,将技术创新和目标管理有机融汇,以产存一体化液态食品智能工厂全生命周期服务为核心,进行市场开拓与科技创新,紧跟"工业4.0"步伐,向着"中国制造2025"进发,不断推动中国制造向中国创造转变、中国速度向中国质量转变、中国产品向中国品牌转变,使公司进一步做精做强,力争成为全球领先的液体包装解决方案供应商。

中国装备,装备世界。新美星将与业界企业一道,开启属于"中国智造"的美好时代!

（印　刚）

与世界同步，创民族辉煌
——金陵体育的企业社会责任

一、企业简介

江苏金陵体育器材股份有限公司创建于1987年，位于中国沿海和长江两大经济带交汇处的新兴港口工业城市——张家港市，公司占地面积16万平方米，职工700余名。伴随着这座新兴港口工业城市的不断发展，金陵体育抓住改革开放的历史机遇，由单一篮球器材生产商，蜕变成为以体育器材、场馆建设、健身路径、赛事保障、计时计分系统、舞台机械为核心业务的集团化股份公司。公司集设计、生产、安装、赛事服务为一体，综合实力、经营业绩在同行业处于领先地位。产品不仅畅销国内，还远销美国、俄罗斯等80多个国家和地区，是业内研发能力最强、产品规格最全、品种最多的文体设施和赛事服务综合服务商。公司是中国体育总局重点支持的骨干企业、中国体育用品联合会副主席单位、中国文教体育用品协会常务理事单位、全国"守合同重信用"企业、江苏省高新技术企业；是篮球架、田径器材等多项国家标准和行业标准的主要起草单位。

三十年风雨奋进，三十年不断求索，江苏金陵体育器材股份有限公司从单一器材生产小厂发展为国际化的体育装备综合服务商。从1990年北京亚运会到2008年北京奥运会，再到南京青奥会、巴西奥运会等全球高端赛事，向世人展现了一个在中国体育器材行业大放异彩、享誉业界的体育品牌，一个锐意进取、铸造卓越的一流体育企业。金陵体育立足国内，服务全球，为客户提供最完善、可靠的文体设施整体集成解决方案，并凭借先进的技术、优异的品质不断影响着人们的文化体育生活。如今，金陵体育正沿着光辉的足迹、迎着新生的朝阳，步履坚定地谱写着中国民族体育产业的新篇章,在新时代以全新的面貌"与世界同步,创民族辉煌"!

二、金陵体育的社会责任实践

金陵体育要打造国际化民族体育品牌,其社会责任除了能够向社会提供优质的产品和服务以外,还包含诚信为本、依法纳税、关爱员工、绿色发展、节约资源、热心公益、回报社会等。

(一) 精益求精,做行业质量的领跑者

细节铸造成功,超越成就辉煌,金陵体育秉承"您的满意是金陵永恒的追求"的理念,自成立以来,企业经营业绩稳健上升。

金陵人从每一个细节着手,从多角度进行考虑,从研发设计到质量管理不断改进,在材料采购、生产过程、质量检验、产品配送、现场安装、售后维护等整个生产和销售周期进行全程控制。

公司生产作业的每道工序都有详细的作业指导书和工艺标准,严格按标准落实。在质量控制上,从产品设计之初就开始考虑产品的质量把控,在加工工艺的编制、生产图纸的绘制、原材料的采购要求等各个方面制定详细的质量要求。在产品的生产过程中,通过自检、互检、巡检、专检来保证产品质量,同时充分发挥骨干员工的带头作用,聘任班组长为兼职检验员,在产品加工过程中实时监控产品质量,保证流到下道工序的产品的合格率。

同时,公司携手中国人民保险公司对所生产的每件产品进行质量承保,彻底消除用户的顾虑,赢得了国内外客户的广泛赞誉。

公司先后通过 ISO9001:2008 国际质量体系认证、ISO14001:2004 环境管理体系国际认证和 ISO18001:1999 职业健康安全管理体系认证。

2006 年、2007 年公司篮球架产品、田径竞赛器材相继获得"中国名牌产品"称号,2008 年公司的"金陵"商标荣膺"中国驰名商标"称号。

公司生产的塑胶运动场地、场馆设施产品通过国家权威部门的认定,获得国家体育场地设施工程专业承包二级资质证书,健身路径系列器材通过国体认证,电子显示屏产品通过国家 3C 专业认证。

(二) 注重科技创新和人才建设,担当行业发展责任

1. 科技创新

金陵体育作为国家体育总局重点支持的骨干企业,在器材的研发工作上不遗余力,多次参与国家标准和行业标准的制定。公司产品一直以来保持高端体育器材的领跑地位,产品涉及篮足排器材、田径器材、游泳器材、乒羽网器材、手曲棒器材、举摔柔器材、健身路径、座椅及场馆设施、塑胶运动地板、光电器材,销售服务网络覆盖全国。

金陵体育把"建设国际一流体育装备制造企业"作为目标,2015年斥资建设6 100平方方科技研发中心。该中心作为将来金陵体育的科技创新体系的核心力量,将致力于为金陵体育运动器材的产品研发、技术改造、技术革新和自动化生产线的开发与升级提供全面的解决方案,以及满足客户个性化需求,为体育器材的技术创新注入新力量。

金陵体育正凭借着过硬的品质、良好的企业信誉和以客户为焦点的服务理念,定义行业标杆:2002年,公司电动液压篮球架通过国际篮联(FIBA)专业认证;2004年,公司田径器材近30个品种通过了国际田联(IAAF)专业认证;2006年,公司成为国际篮联(FIBA)亚洲地区唯一合作伙伴,并且有8款篮球架产品获得国际篮联专业认证;2009年,公司手球器材通过国际手球总会(IHF)专业认证;2013年,公司与国际排联(FIVB)签署合作协议,正式成为国际排联官方合作伙伴。

公司多年以来先后为1990年北京亚运会、2008年北京奥运会、2010年第16届广州亚运会、第七届至第十一届全运会、历届CBA篮球联赛、多届NBA中国赛、第21届世界大学生运动会、第14届世界女篮锦标赛、第11届国际青年田径大奖赛、2014年南京青奥会等重要赛事提供优质体育器材和服务。

与此同时,金陵椅业作为江苏金陵体育器材股份有限公司旗下致力于从事体育场馆、剧院、学校、会议中心、礼堂等公共空间座椅生产的专业研发生产部门,吸收国内外制椅名企的先进经验,充分利用人体工程学原理和计算机辅助设计技术,研制开发了更适合国人生理曲线的公共座椅、体育场馆座椅、活动看台、软包座椅等多系列、多档次的座椅产品。

多年来,金陵椅业以优异的产品质量和完善的售后服务体系备受客户青睐,先后成为2008年北京奥运会、2014南京青奥会、第26届世界大学生运动会主体

育场、福州海峡奥体中心、第九届全运会主体育场、第十届至十二届全运会等会场座椅供应商,同时还承接了国家游泳中心——水立方、国家体育馆、上海宝山体育中心、合肥体育中心、上海金山体育中心、山西太原体育场、泰国国家体育场、马里体育场、巴林体育中心、委内瑞拉体育中心等一系列国内国际重点场馆项目。

金陵体育在连续大跨步的蓬勃发展中,闯出了一条具有民族体育品牌特色的奋斗发展之路。

2. 人才建设

人才生产力是核心驱动力,目前公司建有1个硕士研究生工作站,拥有高级工程师2人、中级和初级工程师近50人及其他研发人员总共近80人,研发人员占员工总数的10%以上。公司制定了14个篮球架、田径的国家标准,获得国家专利100多个。其中2015年获得发明专利3个、实用新型专利5个、软件著作权2个,制定行业标准2个。同时,公司作为高新技术企业立项4个研发项目,分别为:自行车竞赛系统、弹性篮圈、泳池垫层和笼式足球。

30年来,金陵体育通过多渠道吸纳人才,建立完善人事管理制度,强化紧缺人才培养,打造了一大批富有体育热情的优秀人才。无论是研发生产,还是售后服务,金陵人始终将"敬业、奉献、责任、团队"的企业精神作为自己恪守的信念准则,将员工的个体价值观汇集成"争创世界民族品牌,实现体育产业报国"的集体价值观。

(三)积极承担社会公益事业

除了利用体育运动向社会传递正能量,提倡运动健康的生活方式之外,作为一家有社会责任的民族体育装备企业,金陵体育一直不遗余力支持公益事业,希望尽到最大的社会责任,如积极参与姚基金、CBA西部行、冠名亚洲东区女子排球锦标赛等活动,并在抗震救灾、支教助学、援藏支边、社会娱乐文化生活、社会体育赛事等公益事业上鼎力相助。

三、走向世界,创民族品牌辉煌

2013年3月8日,公司总经理李剑刚先生代表金陵体育在瑞士与国际排联签署合作协议,正式成为国际排联官方合作伙伴。自此打破了近40年来国际排联比赛由洋品牌"包揽天下"的局面,"金陵体育"品牌成为国际排联和2016年巴西奥运会所有排球项目的指定器材,为金陵体育实现品牌国际化掀开了新的一页。

21世纪的中国,随着综合国力的不断提升,已经成为全球体育产业发展最快的国家。日益增长的国民文体生活需求,为金陵体育走向世界提供了坚实的基础和广阔的发展空间。展望未来,责任和使命正指引着金陵体育在中国体育产业腾飞之路上继续奋发图强。

(孙　军,林淳才)

五洋集团的风险管理

一、江苏五洋集团简介

江苏五洋集团始创于 1990 年,地处区位优越、交通便捷、经济发达、文化积淀深厚的江南历史名城太仓。五洋坚持以人为本、团结进取的理念,营造诚信经营、和合发展的文化,施展创业不息、创新不止的作为,努力奋斗 20 余载,由单一经营纺织原料国内贸易的服务部起步,逐渐发展成拥有 22 家子公司,业务涵盖国内外贸易和进出口代理、房地产开发、金融投资、实业发展等四大板块的集团企业。先后获评太仓市"民营企业二十强""纳税大户""苏州市房地产开发企业综合实力 20 强",集团母公司获苏州及太仓市"外贸出口先进企业"和"出口创汇大户"称号。企业经营实力壮大与精神文明建设互推共进,先后获得国家工商行政管理总局公示的"全国守合同重信用企业"、江苏省精神文明建设指导委员会评定的"文明单位"等荣誉。

二、公司对风险管理部职能的认识

集团之所以设立风险管理部门,出发点是公司稳健、可持续发展的需要,主要目的是实现企业在未来发展过程中将各种不确定因素产生的结果控制在预期可接受的范围内,以确保在企业安全的前提下实现预期利润。风险管理追求管控的结果,但主要的工作在于对过程的控制。五洋集团成立至今发展较为稳健,但随着业务范围和规模的扩大,加上经济形势变化等多方面因素的影响,个别信用风险暴露,管理和处置的难度加大。基于此,新部门应在风险点识别与提示、风险应对与处置、企业合规建议、执行力强化与监督等方面发挥作用,涉及法律、审计、审批、合规、监督等多方面。

二、五洋集团风险管理的主要工作及相关建议

1. 风险事件处置

公司对于已发生风险的事件进行处置，多措并举，包括协商、化解、诉讼、调解等，为处置顺利，各业务部门在开展业务时注重以下问题：

（1）加强与合作单位沟通，切实了解对方一手信息，特别关注资产、负债等线索。

（2）更高标准地落实和完善业务往来、资金结算等方面的手续，在合作的规范性上严格把关，重要资料书面留存，比如加盖对方印鉴的对账凭据。

（3）加强合同执行管理，对于合同执行中的重要人物、事件、时点予以重视，尽量留存书面资料，以备在后续处置中最大限度地保护公司利益。

同时，业务进入诉讼阶段以后，债务清收的第一责任人仍然是业务部门。公司拟在条件成熟时建立强制诉讼制度。所谓强制诉讼，比如，一笔应收账款无法收回，先给予业务部门3个月的清收宽限期，如3个月无法清收，案卷全部移交法律部门进行诉讼，同时对发生风险的原因进行初步认定，视原因进行初步责任认定，待诉讼终结后根据损失额、初步责任认定事实进行最终的责任认定。所以说，强制诉讼的核心是通过责任约束交易行为，而不仅仅是诉讼本身。

2. 法律审核及外聘律师管理

一是圈定需法律审核的事项范围，从胜诉权角度保护集团整体利益。建议将所有涉及对外的事项全部纳入法律审核范围，当然这里面有重点和非重点，有急有缓，部门内部在把握时应进行繁简处理，甚至可以将明显风险可控的事项设置为事后审查项目，不影响业务部门正常开展工作。

二是合理确定法律审核尽职要点，把握和控制实质性风险。一方面要提高集团内部风控人员的法律水平和意识，使其能够分辨风险；另一方面要加强与外聘律师的沟通，对关键问题或者标的额较大的事项要求律师出具法律意见书。需要出具法律意见书的事项拟定为：① 新领域事项；② 标的额超过300万元的对外事项；③ 对外投资类协议事项；④ 大额资产运作事项；⑤ 难以准确认定的复杂事项。

三是逐步加强外聘律师管理，主要的出发点：① 加强合作的紧密度和参与

度。② 调动律师处理代理案件的能动性,最大限度发挥法律手段和非法律手段的作用。③ 考虑公司涉及的行业较多,事项较广,而单一律师的专长都是不同的,对于重要的法律事项,应在律师费相当的情况下聘请相关领域有专业经验或者有特殊人脉关系的律师。

3. 合作单位信用管理

这里所说的合作单位主要是与五洋集团发生应收款关系或者类似于应收款关系的客户,主要集中于贸易、实体等方面。

一是做好信用管理的几项常规工作:① 建立合作单位名录,定期通过全国企业信用信息公示系统等平台查询合作单位的基本情况,主要关注合法性。② 督促业务部门至少每季度收集一次合作企业的财务数据,至少每半年对合作单位的具体状况及合作方式等形成书面材料,便于识别风险点及早应对。③ 落实专人对个别重点合作企业进行定期或不定期的现场走访、调研,掌握一手材料,防范较大风险发生。

二是将风险管控的战线前移,做好新合作单位的合法性审核工作。目前业务部门的审核要求均口头提出,这样有两个弊端:① 业务部门将风险审核的全部任务交给风险管理部,放松自身应该对新合作单位的调查和合作可行性的研究。② 没有基础资料的前期收集,使得风控人员无法有的放矢地开展审核工作,而且相关风控建议无法体现在最后的合作中,基于此,建议业务部门提交书面审核请求,请求中包括拟合作单位的基本情况、基本财务数据等以及需要风控审核的重点事项;对于新合作单位的审核,贸易类的以合法性审核为主,其他类别进行实质审核,并在书面审核请求申请上签署审核意见,留档备查;对于新合作企业在合作成立后的一个月内进行检查,检查的重点是合作事项合法性和真实有效性。

三是持续关注信用风险,将风险处置的前线前移,主要工作是:① 关注业务集中度较大的行业风险,必要时提出风险提示并对相关合作情况进行细化。② 对于出现风险信号的合作项目加强关注,及时采取对策(改变合作方式、缩减合作规模、增强担保补偿等),不能等到出现了风险再介入,贻误处置时机。③ 优化对合作客户资信调查、付款方式、到款回收等方面的控制和选择,降低实质风险,逐步建立可行的信用限额管理制度。

4. 集团资信建设及主体管理

一是关注集团资信管理各项基础工作：① 做好营业执照等证照的按期年审、信息更新等工作。② 关注集团声誉风险，关注与集团相关的信息事件，谨慎应对。③ 积极争取、申报各项企业荣誉，为企业文化建设作出贡献。

二是沟通好工商、税务等部门，做好新设立公司的前期筹备和注册等工作；做好拟关闭企业的后续管理及工商注销等手续；做好集团与他方合资项目的对接、协助、帮办等具体工作，确保合资项目的责任落实。

三是从法人治理框架和股权结构调整等角度出发，协助做好集团总部对下属单位的宏观管理。

5. 审计及风险提示

集团内审的主要功能在于发现问题，为合规管理服务，为集团层面的决策提供依据。作为风控部门，对于发现的问题及时向上级汇报，是否启动整改程序、问责程序、处置程序由上级决定，但发现的风险点，要么以风险提示的方式下发，要么作为后续审计的重点，这是风控部门需要重点关注的。

一是做好年度常规审计工作，之所以是常规，一方面是雷打不动的，每年每家下属单位至少一次；另一方面是全面的，涉及内部财务和外部合作单位对账等各方面，全面审计需要其他部门予以相应配合，必要时需要聘请外部机构参与。在具体操作上，对单一审计项目的审计流程是：① 集团层面成立审计小组，做好分工。② 向被审计单位发出通知。③ 要求被审计单位在审计小组进驻前先行自查，形成自查报告，这也是个自我纠错的过程。④ 被审计单位配合审计小组完成审计工作，审计小组形成审计报告。⑤ 与被审计单位就审计报告进行充分沟通。⑥ 向上级提交审计报告并商议后续管理方案。⑦ 后续审计及方案落实监督。

二是适时启动各类专项审计工作，之所以是专项，一方面可能是已经知道问题所在，需要摸清楚；另一方面是需要专门了解某方面的情况以利于决策，特点是快、准、狠。专项审计原则上由本部门单独进行，是否成立专门的工作组或者是否需要通知下属单位等事项均一事一议。

三是审计报告的利用及风险提示工作，主要有：① 审计报告作为管理的抓手之一，针对不同的下属单位形成相应的整改建议，特别是针对管理力量薄弱的单位，提高集团管理的有效性。② 对于管理能力较强的单位，过多的关注审计发现的问题反而不利于业务的开展,可以将相关风险点和相应的风险应对建议以本部门名义进行风险提示,同样可以达到管理的目的。③ 风险提示的内容不局限于审计发现的问题,对于集团中普遍存在的问题或者宏观层面的困境进行提示,不要求强制执行,仅作为各单位决策的参考。

6. 公司风险管理的具体措施

风险管理是一个很宽泛的概念,这里说的风险管理主要是指风险管理的一些具体措施:

一是建立集团风险分散方案,"不要把鸡蛋放在一个篮子里",具体做法上有以下建议:

(1) 老业务老办法,新业务新办法,老业务划定时间表,逐渐用新办法规范。

(2) 单一行业集中度控制(集团理事会层面考虑的问题)分为两个层次,一个是集团战略层面,如房地产、实业、贸易之间的资源配置;另一个是单一板块单一行业的集中度,如贸易领域中某种贸易品的集中度。

(3) 单一客户集中度,建议施行分级管理模式(额度仅是建议):业务员,不超过50万元,下属单位负责人一票否决;下属单位负责人,不超过150万元,分管副总裁一票否决;分管副总裁,不超过300万元,总裁一票否决;总裁,不超过1 000万元,董事长一票否决;超过1 000万元,由公司董事会决定。这里说的审批是客户集中度审批,非具体业务审批,如某一客户如果计划合作量180万元,那由分管副总裁决定,总裁可以一票否决,但这个客户可能尚未与集团合作或者合作金额很小,这是一个风险管理提前介入的手段,实践中效果很好。

(4) 单一业务人员承接业务限额管理,主要可以从对接客户数量和金额两方面进行约束(因对情况不了解无从展开),主要的考虑是防范业务人员道德风险和商业风险(如被竞争对手聘请)。

(5) 风险分散方案是动态的,应随着市场变化进行适时调整。

二是做好部分风险的转移工作,主要的考虑是通过保险等方式转嫁部分信用风险。

三是风险规避,即退出某一行业、某一市场,现在的投资机会实际上是很多的,在没有前景或者压力较大的领域应及时退出,腾出精力和资金进行新的尝试。

风险管理实质上是权衡利弊,所有手段能否奏效取决于制定的方案是否合理,决策是否切中要害,各项措施是否执行有力。这项工作不是某一个人或部门能够完成的,需整个公司齐心协力。

7. 公司合规管理

合规管理的实质是提高内部管理水平和员工整体素质,是一个长期的过程,这项工作计划于 2017 年启动,主要的思路包括五个方面:一是内部规章制度的梳理和完善;二是员工合法合规意识的培训以及合规文化建设;三是各项业务工作尽职要求;四是各项标准化建设;五是定期、不定期的风险排查。

(丁迎斌)

"守合同重信用"助推苏州一建腾飞

苏州第一建筑集团有限公司是一家具有国家特级施工资质的全民所有制建筑企业,从业人员2 537人,注册资金40 880万元。主要经营范围:承包境外工业与民用建筑工程及境内国际招标工程;上述境外工程所需的设备、材料出口;对外派遣实施上述境外工程所需的劳务人员;承接工业与民用建筑工程、机电设备安装、装饰装潢工程、预应力工程、消防自控工程、地基工程、市政工程、钢结构工程、建筑防水工程、机械(起重)设备安装工程;建筑机械设备、钢管、钢模的维修、租赁;物业管理;批发和零售建材、建筑机械、五金交电、化工原料及产品(除危险品)、纺织原料(除蚕茧);承接金属材料加工;提供经济合同担保、商务咨询、国际货运代理;建筑行业建筑工程设计;地下综合管廊设计、投资、建设及维护管理,与地下管廊相关的配套工程的投资及建设;其他管(隧)道工程的投资和建设。

苏州第一建筑集团有限公司经过60多年的团结拼搏、奋斗开拓,已发展成为一家拥有8个土建分公司和14个经营配套性分(子)公司的规模企业,在省内外都拥有承包项目。公司具备开发、设计、科研、施工、安装、装潢、租赁、材供、物业管理的"一条龙"总承包能力,各类经济技术指标居省、市同行业前列。

在合同管理工作方面,公司自1988年至2015年已连续获得江苏省以及苏州市"守合同重信用企业"荣誉,并获评2010—2013年度全国"守合同重信用"企业,企业的市场占有率逐年递增,业务不断向周边省市拓展,企业信誉与企业效益不断上升。与此同时,随着公司对ISO9001质量体系的贯彻和认证,公司各方面管理均上了一个台阶,合同管理工作也借着"贯标"的东风不断加以改进和提高。

2016年又是公司发展的重要一年,公司将坚持不懈、不折不扣地按照"贯标"要求和标准进一步加强合同管理工作。合同评审是ISO9001的基本要素之一,也是公司的一项重要而艰巨的工作。公司将认真做好合同的评审,以及围绕合同评审而展开合同的起草、预审、分类、登记、分发、保管、统计等一系列工作。公司还建立了合同管理网络,对不符合规定要求的合同给予坚决的抵制,加强对合同签订的重视度。从一开始就努力杜绝由于合同文本签订不完善而导致的不良后果,使企业免受不必要的损失。诚信,攸关企业的命运,公司必须遵守道德经营原则,同心协力促进发展。

"守合同重信用"荣誉的获得是建筑企业社会信誉和实力的具体体现,也是公司全面履行合同的体现。近两年来,公司按标准合同文本签订合同203份,约定到期合同187份,按时完成或工期经业主签证认可的工程合同167份,合同履约率达89.3%。公司坚信"守信者,必得益;失信者,必失利"。由于公司严格贯彻ISO9001质量体系,并按照其要求对每份合同均进行三次评审,因此,在合同签订时避免了很多有可能发生矛盾、造成经济损失的条款,即使在合同履行过程中存在争议的条款也都及时得到提出并适时通过协商进行了妥善处理。

凭借"守合同重信用"企业的信用,公司参与市场竞争赢得商机、外引内联参与合资联营、拓展市场、促进销售的情况及典型事例主要有以下几个方面:

第一,公司在生产经营工作中一贯严格按合同办事,恪守信用,赢得了主管单位和顾客的信任和高度赞誉。在公司承建的项目中,一些顾客从不熟悉到熟悉,从不了解到了解,有的在第一期项目结束后接着请公司续建第二期乃至第三期、第四期项目,甚至还将公司推荐给其他顾客。与此同时,"守合同重信用"企业荣誉的获得,不管是在本地招投标还是在外地承揽项目的过程中,都起到了不可忽视的作用,不仅为企业战胜对手承揽项目增加了一定的优势,而且在最大范围内推广了企业的品牌,建立了良好的诚信形象。

第二,施工工程合同管理是企业重要的日常工作重点之一,也关系到企业的生存,它牵涉部门多、人员广。从集团公司到各分(子)公司,从分(子)公司到施工项目,从施工人员到项目经理,从经营到生产计划、材料、财务、质量、清欠等部门都存在着相关工作。在合同评审划分方面,集团公司各部门、各分公司都严格按照集团公司ISO9001:2008版质量认证程序文件规定和要求进行:① Ⅰ类工程：土建工程,合同造价20 000万元以上或单体建筑面积50 000m²(群体建筑面积70 000m²)以上,檐口高度100米以上,地下室三层及以上或跨度30米以上;市政及设备安装工程,合同造价3 000万元以上;钢结构工程,跨度30米以上;网架工程,边长80米以上。② Ⅱ类工程：土建工程,合同造价20 000万元以下10 000万元以上或单体建筑面积50 000m²以下30 000m²以上(群体建筑面积70 000m²以下50 000m²以上),檐口高度60米以上、地下室二层(含二层)或跨度30米以下18米以上;市政及设备安装工程,合同造价3 000万元以下1 000万元以上;钢结构工程,跨度30米以下18米以上;网架工程,边长80米以下50米以上。③ Ⅲ类工程：Ⅱ类以下工程均属三类工程。集团公司对所有合同文本均进行评审,对开标前有关涉及合同方面的承诺和中标后对工程合同的起草、评审、签约、履行都按照招标文件及投标书要求进行全过程参与和管理,与各相关部门和各分公司积极配合,规范合同文本,按照"重合同守信用"的标准严格要求。各分公司均配备合同管理专职或兼职人员,对在合同履行中所发生的纠纷进行协调时,不以任何口头同意作为依据。各分公司不断加强对分包合同的管理工作,参加经营管理部门组织的合同培训,使合同管理更加规范化,做好对所有合同的分类、分发、保管、记录及统计的工作,特别是对Ⅰ类、Ⅱ类工程项目合同必须提供原件,确保合同的正常履约,对不符合原则要求的合同一律退回。

第三,近两年公司参与诉讼和仲裁的情况。对通过清欠无法还款的工程项目,公司提起诉讼,运用法律手段来维护企业的合法债权。工程合同是诉讼的必要证据材料,通过合同可确定诉讼主体,有针对性地主张债权。例如：公司承建的某公司新建厂房工程结欠公司300多万元工程款,由于该公司与其下属三产公司互相推诿致使清欠工作一直力度不大。后经提起诉讼收到了明显效果。首先依工程合同明确了以签约人及该公司为被告,并依合同中明确的其他条款规定,确定了对方的违约责任及违约金数额等问题,为诉讼的顺利进行提供了有利条件。由此可见,工程合同对企业维护自身利益起着重要的保障作用。

第四,公司努力塑造自身诚信形象,工程竣工后认真做好对产品质量的维护工作。公司对竣工已交付使用的项目进行了每年1~2次工程质量回访,回访中及时做好工程质量回访记录,对于回访过程中发现的质量问题进行分析和处置,确认为施工原因的,及时落实相关人员,在15日内整改完毕。项目部实施因施工责任造成的质量问题在保修期内进行无偿保修,对非施工责任造成的质量问题,对业主提出的修理提供有偿服务。例如,公司 2014 年 7 月 4 日交付使用的苏州生物纳米科技园信达生物制药项目,2015 年 3 月 11 日回访过程中,发现 M1 二层南幕墙上挑板有渗水现象,A1 顶层总裁办公室有渗水现象,经分析确是由公司施工原因造成的质量问题且在保修期内。公司随后立刻由技术部、质量部编制质量问题的处理方案,总工程师审核批准后实施,于同年 3 月 18 日前将两处渗漏问题修补完成,顾客满意。2016 年上半年计划回访 33 只项目,实际回访 33 只项目,工程回访率为 100%,回访中发现的质量问题全部得到整改。业主对公司竣工后的回访频次、维修人员的服务态度、维修质量等较为满意,质量管理和实体质量均在受控中。到目前为止,公司尚未接到顾客的相关质量投诉,预防措施较为有效。公司 2015 年度工程竣工验收总共 74 只单体,总面积达 149.6 万 m^2,工程竣工验收一次合格率达 100%;基础与主体验收均一次通过,顾客均满意。竣工验收一次合格率为 100%,满足顾客要求和施工标准及市场要求。公司坚持一诺千金,坚信诚信者必为诚信所善待。承诺容易,践诺难,故公司一旦承诺必然践诺。由于公司对合同进行了严格、科学的管理,近两年来从未受到工商行政管理机关和其他行政执法机关的处罚。

  合同管理、诚信建设是一项艰巨的任重而道远的工作,苏州一建公司将不遗余力地做好此项工作,为企业树立更好的诚信形象,为整个社会经济市场向"诚信"方向发展贡献自己的一份力量。

(张 倩)

诚实守信是企业成功的基石
——中亿丰建设集团信用管理实践

中亿丰建设集团股份有限公司原名"苏州二建建筑集团有限公司",始建于1952年,历经60余年,已成为江苏省知名大型建筑承包商,拥有房屋建筑工程施工总承包特级资质,是一家以大型工程总承包施工为主营业务,在城市规划、建筑设计、基础设施、交通、房地产、商业综合体、民用住宅、公共建筑等各个领域提供全产业链全过程建设与服务的大型的综合性建筑集团企业。长期以来,中亿丰建设集团坚持把"诚信为本、德行一致"作为集团的发展理念,以"信为本、诚为基、德为源"作为集团的核心价值观,将"守信"作为集团永续经营、基业长青的文化基石。依靠全体职工团结拼搏,不断开拓创新,目前中亿丰建设集团拥有分公司16家,子公司11家,资产50余亿元,年总产值逾150亿元,连续多年被评为全国优秀施工企业、全国建筑业综合竞争力百强企业,荣获住房与城乡建设部"创鲁班奖特别荣誉企业"称号,位列江苏省建筑业综合实力前十强,连续十年蝉联"ENR/建筑时报"中国总承包商80强,并入围中国民营企业500强。

一、坚持诚信为本、德行一致的发展理念,在和合相融中推动了集团公司做强做优

吴地文化具有厚德载物的和谐性、兼容并蓄的开放性、经世致用的务实性、开拓进取的创造性、崇文重教的学理性。公司背靠吴地文化,在发展之初就将"以人为本、以和为贵、合作致胜"理念渗入企业文化建设的各个角落,在发展中不断总结提炼,塑造了具有集团自身特色的"信为本、诚为基、德为源"的核心价值观、"和谐共生、合作致胜"的经营理念和"和而不同、存同求异"的管理理念。

市场经济强调的是信用经济,中亿丰建设集团注重契约精神和诚信至上的原则,认为市场经济环境下任何理由在守约面前都是不可取的,任何时候都要言必信、行必果。在建筑施工中,项目经常受业主、天气、外部环境等诸多因素影响,考验着建筑企业对"金钱"与"信用"的把握,但中亿丰建设集团始终将"信为本、诚为基、德为源"作为发展根基,为满足特殊顾客(如学校、商场、开发商)需求,经常会增加额外的投入,为的就是信任和尊重。在供应链合作中,坚持"和谐共生、合作致胜"理念,包容不同个体的差异,通过"和"与"合",从生产、技术、价格、市场、管理等各个方面进行整合,求同存异,与合作伙伴之间形成优势互补,形成共同发展和互利共赢的和合发展力。这些年,与集团公司形成固定合作伙伴关系的企业达到近千家,其中有多家企业已进入了资本市场,成为子行业中的标杆企业(苏州设计、园区设计、金螳螂、柯利达等)。凡与中亿丰合作的伙伴,他们共同的感想是:中亿丰集团是负责任、守信用、懂分享的企业,没有因为占据产业链的重要位置而以"大"压"小"、以"上"压"下",而是平等合作、诚实守信、和谐共处、共同发展。正是由于中亿丰集团注重"和谐共生、合作致胜",注重"和而不同、存同求异",因而大大降低了机会成本和交易成本。2015年,集团公司完成施工产值、承接工程合同额双双超150亿元,利税总额近5亿元,在产值、合同和纳税方面是创建"守重"企业活动前的10倍以上,取得了历史性的突破。

二、坚持百年大计、质量为本,把提高工程质量作为企业诚信的基石

质量是企业的生命,尤其是对于事关人民群众生命财产安全的建筑行业而言,施工质量更为重要。在工程施工中,中亿丰集团牢固树立"百年大计,质量为本"的指导思想,积极实施品牌战略,全面推行ISO9001质量管理运行体系,出精品,创品牌,树形象。

没有规矩,不成方圆。为规范内部管理,集团公司制定了《公司制度体系汇编》,明确了各环节的刚性要求;为规范员工行为,制定了《经营管理工作手册》。为加强工作质量督查,集团公司建立了ERP系统,实时监控各基层、项目部、作业班子生产经营状况。目前,施工现场实时监控平台已能对集团公司分布在全国近10个省市20多个县市近百个工程的施工现场进行实时监控,对各工程的施工安全、工程质量、现场文明、材料验收、办公生活卫生状况进行动态扫描,对违反操作规范、违反安全规程、违反规章制度等行为及时叫停,确保了合同履约质量。为加强内部管理,保证工程质量,集团公司还建立了内部不良行为处置平台,各个职能部门记录内部稽查和外部反馈反映出的企业内部各种不良违规行为,再通过安全管理委员会例会商讨惩戒方案和整改措施,并将此在内部形成失信案例通报全集团,着力将失信苗子扼杀在萌芽状态,力争"建设一项工程,创立一个品牌,完成一个项目,树立一座丰碑"。多年来,中亿丰建设集团所承建的建筑工程均一次性通过质量验收,工程合格率保持100%,从未因施工质量问题产生合同纠纷,在社会上树立了良好的企业信誉。在企业运行中,集团公司还以"缔造一流城市建设服务商"为愿景,注重营造集团与社会、集团与环境之间的和谐关系,自觉担起推动社会发展、促进公平正义、发展和谐劳动关系的责任;自觉恪守感恩时代、倾情回报社会的责任,积极参与各类公益事业及慈善活动;自觉构建人与自然之间的和谐关系,坚持以绿色生态、高科技、智能化为手段,以智慧建造、幸福筑城为理念,依靠科技进步,强化管理,开拓创新,以一流品质创造一流品牌。集团历年来屡创佳绩,信誉卓著,创部、省、市优质工程300多项,其中"鲁班奖"等国家级优质工程奖20余项。

三、坚持守合同、重信用,在履约守信中得到了市场的丰富回报

守合同、重信用是企业管理中的一项重要内容,企业管理要走科学化、规范化、现代化管理模式,必须要加强合同管理工作。为了使"守合同重信用"工作扎扎实实、卓有成效地开展下去,集团公司不断加强对合同工作的领导,努力夯实履约守信的根基。

建筑企业要做到守合同、重信用,必须要重点关注项目信息评审、工程招投标、合同签订三个环节。为了加强合同管理,增强诚信意识和风险意识,集团公司制订了《信息评审制度》《招标投标评审制度》和《合同评审制度》,针对合同管理的不同环节牢牢把握了"守、重、诚"三个字的真谛。"守"就是要求所有分公司和子公司在与客户签合同时,对未经评审项目杜绝投标报名,对满足顾客能力未经评审不盲目送标,对合同条款不评审的不草率签合同。通过项目信息评审,让公司准确地识别和把握了客户需求,既为交付产品打下承诺基础,同时也识别和控制了风险,及时将一些有潜在风险的项目拒之门外。"重"就是在合同履约

过程中,加强对合同履约情况的检查,保证合同管理的有效履行,坚持"施工现场"和"建筑市场"两场联动,通过高规格的现场文明水平、高等级的工程质量水平、高标准的顾客服务水平取信于顾客,以现场保市场,以现场拓市场。强调定期检查合同评审内容是否符合顾客、相关方及法律法规的规定要求,对在施工程的合同执行情况进行检查验证,对完工工程的合同履约情况进行评价,制定改进措施,不断提高顾客满意度。"诚"就是在合同履约过后,通过履约回访,进一步了解顾客需求变化趋势,寻找响应和满足客户需求的改进机会,并将此作为经营管理人员培训的重点,以此提高经营管理人员对合同的参与意识、对风险的防范意识和履行合同的诚信意识,提升为顾客创造价值的业务能力。2015年集团公司通过第三方用户满意度测评,各项满意度指数均超过90分,其中,"服务""施工能力""咨询投诉""管理水平""工程质量""服务承诺"满意度指数均有进一步提高。

另外,为防止分公司和子公司发生围标、串标、挂靠、转包等不诚信经营行为,集团公司还制定了《加强经营投标管理工作的规定》,严格遵守建筑市场招投标活动的各项规则,坚决杜绝违法违规、不良现象的发生。通过这些措施,有力地树立了企业品牌和形象。2015年,公司共签订各类建筑工程施工合同126份,涉及工程造价96.63亿元,同比增长3.6%;对外签订各类建筑专业分包合同(包括各类补充协议)共计192份,涉及工程造价26.96亿元,同比增长1.1%。从公司合同履约过程的检查和各项统计情况来看,合同履约率100%。

中亿丰集团公司将以国家级"守合同重信用"企业荣誉的再次成功获得为助力,继续秉承"信为本、诚为基、德为源"的经营理念,不断提高诚信服务意识,积极营造合法经营、依法经营、诚信经营的良好氛围,不断加强和完善合同管理,确保合同履约,不断关注和提高顾客满意度,做到以诚取信,以信取誉,以誉取益,推动企业生产经营持续快速健康发展。

(吴仲强)

医疗器械企业质量信用追溯系统
——以英维康(苏州)公司为例

追溯体系建设是采集记录产品生产、流通、消费等环节信息,实现来源可查、去向可追、责任可究,强化全过程质安全管理与风险控制的有效措施。当发生不良事件时,通过追溯体系,可以快速定位生产厂家、生产批次以及原材料供应商。这样可以快速制定纠正预防措施,最大限度地降低不良事件对社会的影响。

国务院《质量发展纲要(2011—2020年)》指出,要"搭建以组织机构代码实名制为基础,以物品编码管理为溯源手段的质量信息平台,推动行业质量信用建设,实现银行、商务、海关、税务、工商、质检、工业、农业、环保、统计等多部门质量信用信息互通共享"。随着市场经济的发展,质量信用越来越受到广泛关注,它关乎企业存亡和消费者的生命健康。特别是医疗器械行业质量信用在企业的经营过程中发挥着至关重要的作用。随着社会的发展和科技的进步,医疗器械对人的生命健康的作用越来越大,但医疗器械质量的好坏也关系着人的生命安全。一旦发生群体不良事件,将对社会产生严重的影响。因此各国政府都对医疗器械行业进行严格的监管,并鼓励企业建立产品的可追溯系统。

一、医疗器械的可追溯性
(一)美国医疗器械追溯要求
1. 美国医疗器械追溯要求的相关法规

随着美国食品药品监督管理局(FDA)于1990年颁布安全医疗器械法案(SMDA,Safe Medical Devices Act),美国联邦食品药品及化妆品法案(FD&C Act,

Federal Food,Drug,and Cosmetic Act)中增加了对特定医疗器械进行追溯的要求,并于1997年随着FDA现代化法案(FDAMA)的颁布进行了修订。该项法律的目的在于确保FDA可以要求某一医疗器械制造商迅速了解某器械产品的销售信息并将该器械撤出市场。2010年,FDA颁布了新一版本的《医疗器械追溯要求》指南性文件。该份文件中对美国医器械上市后追溯要求的相关法律法规、需进行追溯的医疗器械种类、制造商及经销商的职责等内容进行了详细规定。

2. 美国医疗器械追溯制度的特点

(1)制定了较为详细的医疗器械追溯要求。首先,美国医疗器械追溯制度中对生产、销售、使用的各个环节部门职责进行了明确规定,在法规层面加强了制造商、经销商和医疗机构之间的信息沟通,减少因信息不对等而造成的医疗器械上市后追溯困难的问题。其次,由于提出了明确的职责要求,也给医疗器械制造商主动对其产品进行有效追溯并及时更新追溯信息提供了动力和指南。由制造商负责组织相关资源对产品进行追溯、报告,而监管机构仅负责日常的监督管理,可以最大程度降低监管机构的负担,节省监管资源。最后,FDA在监管方面将境外医疗器械的进口经销商视为该器械的制造商,由其负责相关医疗器械的追溯事宜;将境外医疗器械产品与境内医疗器械产品等同监管,加强了对境外医疗器械的监管力度,提高了对境外医疗器械经销商的约束力,进一步保证了境外医疗器械产品的追溯要求。

(2)设置了追溯方法及追溯信息的检查措施。完美的制度如果没有有力的监管措施就意味着无法有效执行。FDA要求对制造商设计的追溯方法进行审查,既可保证该方法的合理性,亦可防止制造商私自修改追溯方法。地方监管部门可以根据审查后的方案核实制造商是否履行职责,确保了追溯制度的严格执行。

(3)提出了需追溯的医疗器械产品清单。医疗器械种类繁多,如果对全部高风险医疗器械均进行上市后追溯,则必将占用制造商的大量资源,推高生产运营成本,给制造商带来不必要的负担。因此,FDA仅根据需要对特定的医疗器械提出追溯要求,通过通告及上市批准时附加命令的手段控制被追溯医疗器械产品的种类及规模,并随着研究的深入及认知的更新,适当进行调整,确保了产业的良性发展。

(二) 中国医疗器械追溯要求

与美国相比,我国的医疗器械监管体系中针对医疗器械追溯性的相关法律法规或指南文件相对缺乏。2016年4月27日,国家食品药品监督管理总局(CFDA)发布了《关于进一步完善食品药品追溯体系的意见(征求意见稿)》,对食品、药品和医疗器械提出了相应的要求:"医疗器械使用单位应对其购进的医疗器械采取适宜的记录或标识方式,掌握购进来源;对购入的第三类医疗器械,必须妥善保存其原始资料,确保信息具有可追溯性;对购入的植入性和介入类医疗器械建立使用记录,植入性医疗器械使用记录永久保存,并使用计算机系统进行有效管理。"医疗器械生产经营企业和使用单位以植入性医疗器械等高风险医疗器械为重点推进追溯体系建设,并尽可能采用普遍适用的产品标识的方式。

二、唯一医疗器械标识

在医疗器械的追溯系统中,唯一器械标识是器械可追溯的前提。

1. 唯一医疗器械标识(UDI)的概念

唯一医疗器械标识是英文 Unique Device Identification 的翻译(通常缩写为 UDI)。国际医疗器械监管者论坛(IMDRF)目前的定义:UDI 是根据国际或等同转换的国家物品编码标准系统,采用数字或字母表示的代码。这个代码按照医疗器械追溯的要求构成,在全球范围以内,是一个特定的医疗器械的唯一标识,用于识别上市后需要追溯的医疗器械产品。UDI 可以作为"钥匙"进入相关的数据库并获取与之关联的特定医疗器械预先存放的信息。

2. 实施唯一医疗器械标识(UDI)的意义

UDI 作为一种标识,能够区别不同国家厂商生产的不同型号规格的产品;能够获取医疗器械注册相关的部分信息;能够在医疗器械产品上进行标记;能够在现代管理技术中进行快速检索;能够对出厂和采购的产品进行区分,包括在不同时间段获得的产品。

3. 欧洲、日本、美国 UDI 的实施情况

从2011年5月起,欧盟强制使用欧盟医疗器械数据库 EUDAMED(European Databank on Medical)。目前,欧盟计划发布新版医疗器械指令 MDD(Medical Devices Directive),提出在该版 MDD 发布后5年内,对所有医疗器械实施 UDI;届时,EUDAMED 中批准上市信息将与产品的实际使用情况相互关联,为追溯创

造条件。现阶段,为尽量减少各成员差异,欧盟委员会提出了 UDI 实施框架建议。

日本从 20 世纪 80 年代开始就积极推动医药信息化建设。在国家层面以 GS1 组织为技术核心,所有相关的国家机构共享日本 GS1 的研究结果,目前 IMDRF UDI 的实施要求,对日本信息基础是完全兼容的。

美国 2007 年提出实施 UDI 的原则要求,2013 年 9 月 FDA 发布《UDI 最终法规》,修订《食品、药品和化妆品法案》相关条款,提出编码机构认可标准,建立了 UDI 数据库,2014 年 6 月 27 日发布《UDI 数据库行业及监管人员指南》,以使贴标商能在 2017 年 9 月完成第Ⅲ类产品、在 2020 年 9 月完成全部产品的器械标识(DI)及相关静态数据提交。

三、英维康(苏州)公司的追溯系统

(一)公司简介

英维康集团成立于 1885 年,总部位于美国俄亥俄州,是家庭护理和长期护理类医疗器械全球领先的制造商和分销商。英维康集团在全球拥有 5 000 多员工,产品销往全球 80 多个国家。英维康康复器械(苏州)有限公司[以下简称"英维康(苏州)公司"]于 2004 年在苏州工业园区成立,是英维康集团在中国设立的一个工厂。主要产品有家用氧气呼吸机、手动轮椅、电动轮椅、助行器、提升机。员工人数从 2004 年的 40 人增加到了目前的 173 人。2015 年英维康苏州的年产值达到了人民币 2 亿 6 千多万元。

(二)公司质量方针

质量体系是英维康的核心。它是指导公司全体员工通力协作到达可持续发展彼岸的灯塔。同时,也是指引员工日常工作中每一个基本环节和满足客户需求的重要航标。质量体系为公司建立和评审质量目标、持续改进工作提供了一个基本框架。

英维康的每一个员工承诺为创建满足并高于法规要求的文化而竭尽全力,这是英维康保持在医疗器械行业领导地位的关键,也是其竞争优势。公司员工不断求索,一丝不苟地执行英维康完整高效的质量体系和规章制度。英维康欢迎任何可以帮助其改进的审核及评审,公司将一如既往,在一个开放、透明及负责任的企业文化中,继续开展培训和创新工作,百尺竿头,更进一步。

(三) 英维康(苏州)公司的追溯系统

英维康(苏州)公司是英维康在中国的一个工厂,主要生产一类和二类医疗器械。有部分医疗器械出口到美国,所以英维康(苏州)公司按照 FDA 的法规要求建立了产品的追溯系统。对于出口美国的二类医疗器械均已实施 UDI。当需要追溯时,根据器械上 UDI 所含的 DI(器械标识)信息追溯至生产商。生产商根据 UDI 上的 PI(生产标识),如生产日期和序列号,在 ERP 系统中找到生产批次和工单号。在 ERP 系统中记录了工单的详细信息,包括生产日期、零部件以及零部件的发料批次和数量。然后根据零部件的批次,可以追溯至供应商和该批次的收货时间。

(王雄伟)

附录一　苏州市守合同重信用企业情况调查问卷

苏州市守合同重信用企业情况调查问卷

企业名称：_____

企业地址：_____ 邮政编码：_____

联系人：_____ 工作部门：_____ 职　　务：_____

联系电话：_____ 传真：_____

电子邮箱：_____

苏州市市场监督管理学会
苏州大学 MBA 案例研究中心　联合课题组

苏州市守合同重信用企业情况调查问卷

说明：

1. 本问卷设计的选择题，一般为单项选择，如果是多选的可以选择两个以上。
2. 本问卷设计数据的填空题，请尽量填写准确数据，如不能非常准确估计，请填写约数。
3. 本问卷所获资料仅用于课题研究的整体分析，不会做个体披露。（调查问卷将作为研究统计资料予以保密）

一、企业基本情况

1. 贵企业名称：＿＿＿＿＿＿＿＿＿＿＿＿
2. 贵企业所属行业（参考国民经济行业分类进行填写）：＿＿＿＿＿＿＿＿＿＿＿＿
3. 贵企业成立日期：＿＿＿＿＿＿＿＿＿＿＿＿
4. 贵企业注册资本（万元）：＿＿＿＿＿＿＿＿＿＿＿＿
5. 贵企业现有的规模（员工人数）：＿＿＿＿＿＿＿＿＿＿＿＿
6. 贵企业主营业务：＿＿＿＿＿＿＿＿＿＿＿＿
7. 贵企业2015年的营业收入（万元）：＿＿＿＿＿＿＿＿＿＿＿＿
8. 贵企业性质为（　　）。

　　A. 国有企业　　　　B. 集体企业　　　C. 民营企业

　　D. 外商投资企业　　E. 其他
9. 贵企业是否为上市公司？（　　）

　　A. 是　　　　　　　B. 否
10. 贵企业被认定的"守合同重信用"级别为（　　）。

　　A. 国家级　　　B. 省级　　　C. 前两者都被认定过　　　D. 市级
11. 贵企业银行信用评级为（　　）。

　　A. AAA　　　　B. AA　　　　C. A　　　　D. BBB

　　E. BB　　　　　F. B　　　　　G. CCC　　　H. CC

　　I. C　　　　　　J. 无

二、企业信用管理情况

12. 贵公司高层管理人员了解公司信用管理程度：（　　）

　　A. 非常了解　　B. 很了解　　　C. 一般

　　D. 较少了解　　E. 不了解
13. 贵公司对信用管理的重视程度：（　　）

　　A. 非常重视　　B. 很重视　　　C. 一般

D. 较少重视　　　　E. 不重视

14. 贵公司是否设有从事信用管理工作的专职人员和部门？（　　）
    A. 有　　　　B. 在筹备中　　　C. 没有　　　　D. 不清楚

15. 贵公司对新的交易客户是否要求提供有关身份和资质证明？（　　）
    A. 有　　　　B. 没有　　　　C. 不清楚

16. 贵公司对重大交易是否要求资本金到位再签合同？（　　）
    A. 有　　　　B. 没有　　　　C. 不清楚

17. 贵公司对新的交易客户是否建立完善的内部信用评级制度？（　　）
    A. 非常完善　　B. 很完善　　　C. 一般
    D. 不完善　　　E. 没有

18. 贵公司对客户符不符合赊销的条件是否有明确的制度规定？（　　）
    A. 非常明确　　B. 很明确　　　C. 一般
    D. 不明确　　　E. 没有

19. 贵公司对重大交易的客户是否要求提供第三方信用服务机构评估？（　　）
    A. 有　　　　B. 没有　　　　C. 不清楚

20. 在信用风险管理过程中，贵公司认为最重要的是：（最多可选4项）（　　）
    A. 建立行之有效的信用管理制度和体系　　B. 潜在客户评估
    C. 授信管理制度　　　　　　　　　　　　D. 定期复审
    E. 逾期控制手段（如延长付款期限、停止供货等）
    F. 内部分析系统　　　　　　　　　　　　G. 抵押担保
    H. 债款追收　　　　　　　　　　　　　　I. 风险管理工具的应用
    J. 其他（请说明）_____

21. 您认为在信用管理过程中最困难的环节是（　　）
    A. 获取客户可靠信息　　　　B. 给予合适的付款条件和信用额度
    C. 管理应收账款　　　　　　D. 收回货款
    E. 其他（请说明）：_____

22. 您认为最有助于贵公司规避信用风险的手段是：（　　）
    A. 公司内部信控能力　　　　B. 信用报告及信用额度建议
    C. 信用保险　　　　　　　　D. 保理
    E. 商账追收
    F. 其他（请说明）：_____

23. 在发达的市场经济中，有一系列的信用服务机构为其提供企业信用管理专业化的服务。下列信用服务行业，哪些您比较了解？（多选）（　　）
    A. 征信　　　　B. 信用调查　　　C. 信用评级
    D. 信用担保　　E. 保理　　　　　F. 信用保险
    G. 信用管理咨询　H. 商账追收　　I. 都不了解

24. 信用管理咨询服务就是由专业机构通过咨询、培训等服务，帮助企业建立起客户信用档案、赊销客户的授信、应收账款催收等一系列信用管理制度，提高企业防范赊

销风险的能力。您认为,贵公司有没有这类服务需求?(　　)

　　A. 非常需要　　　B. 比较需要　　　C. 无所谓　　　D. 不需要

三、《企业信息公示暂行条例》实施情况

25. 在此之前,您听说过《企业信息公示暂行条例》吗?(　　)

　　A. 非常了解　　　　　　　　　B. 比较了解

　　C. 听说过,但不太了解　　　　D. 没听说过

26. 在此之前,您听说过"企业信用信息公示系统"吗?(　　)

　　A. 非常了解　　　　　　　　　B. 比较了解

　　C. 听说过,但不太了解　　　　D. 没听说过

27. 在与其他企业进行交易前,您是否会在工商部门的"企业信用信息公示系统"上查询相关企业的信息?(　　)

　　A. 经常查询　　　　　　　　　B. 偶尔查询

　　C. 知道该系统,但从没有查询过　D. 不知道该系统

28. 据您所知,贵企业是否有专门负责企业信用公示的部门或人员?(　　)

　　A. 有　　　　B. 没有　　　　C. 不清楚

29. 据您所知,贵企业是否向工商部门报送过企业年度报告?(　　)

　　A. 有　　　　B. 没有　　　　C. 不清楚

30. 据您所知,贵企业是否根据新条例的实施对交易管理制度进行相应调整?(　　)

　　A. 很大调整　　B. 较大调整　　C. 一般

　　D. 较少调整　　E. 无调整

31. 您知道企业年度报告的报送日期是什么时候吗?(　　)

　　A. 每年 6 月 30 日前　　　　B. 每年 9 月 30 日前

　　C. 每年 12 月 30 日前　　　 D. 不太清楚

32. 您知道企业的重要信息(如股权转让、行政处罚等)应自形成之日起多少个工作日内向社会公示吗?(　　)

　　A. 10 个工作日　B. 20 个工作日　C. 30 个工作日　D. 不太清楚

33. 贵企业是否通过"企业信用信息公示系统"向社会公示过行政处罚或行政许可信息?(　　)

　　A. 向社会公示过相关信息　　　B. 没有向社会公示过相关信息

　　C. 没有行政处罚或行政许可信息　D. 不了解这方面的情况

34. 据您所知,工商部门是否随机抽查过您所在企业的信息公示情况?(　　)

　　A. 有　　　　B. 没有　　　　C. 不清楚

35. 您对"经营异常名录制度"了解吗?(　　)

　　A. 非常了解　　B. 比较了解　　C. 一般

　　D. 较少了解　　E. 不了解

36. 您对"严重违法企业名单制度"了解吗?(　　)

　　A. 非常了解　　B. 比较了解　　C. 一般

　　D. 较少了解　　E. 不了解

37. 您认为"企业信用信息公示系统"对维护企业合法权益的作用有多大？（　　）
　　A. 作用很大　　　B. 有些作用　　　C. 没有作用　　　D. 无法判断

38. 在当前的信用环境下，您认为企业信息公示是否有必要？（　　）
　　A. 非常有必要　　B. 有必要　　　　C. 没必要　　　　D. 无所谓

39. 您认为企业信息公示是否会侵犯到国家秘密、商业秘密或个人隐私？（　　）
　　A. 会　　　　　　B. 可能会　　　　C. 不会　　　　　D. 不清楚

40. 您认为企业信息公示制度是否有助于改进企业的信用状况，从而促进企业诚信经营？（　　）
　　A. 非常有帮助　　B. 有一点作用　　C. 没有帮助　　　D. 还有待观察

41. 除了工商部门的"企业信用信息公示系统"外，您了解哪些企业信用信息公示平台？（多选）（　　）
　　A. 中国人民银行的征信平台
　　B. 交通部门的公路建设市场信用信息平台
　　C. 商务部、国资委的"全国行业信用公共服务平台"
　　D. 海关的企业进出口信用信息公示平台
　　E. 人民法院的诉讼或失信被执行人信息平台
　　F. 相关行业协会的信用信息平台
　　G. 以上都不了解

四、观点和建议

42. 您认为企业信用体系建设给企业经营发展带来了哪些促进作用？

43. 您认为企业信用体系建设过程中，哪些方面还存在不足？有何具体改进建议？

44. 您认为地方政府在企业信用建设方面如何更有效地发挥作用？

附录二　相关政策法规

社会信用体系建设规划纲要(2014—2020年)

国务院关于印发社会信用体系建设规划纲要(2014—2020年)的通知

国发〔2014〕21号

各省、自治区、直辖市人民政府，国务院各部委、各直属机构：

现将《社会信用体系建设规划纲要(2014—2020年)》印发给你们，请认真贯彻执行。

国务院

2014年6月14日

社会信用体系建设规划纲要

(2014—2020年)

社会信用体系是社会主义市场经济体制和社会治理体制的重要组成部分。它以法律、法规、标准和契约为依据，以健全覆盖社会成员的信用记录和信用基础设施网络为基础，以信用信息合规应用和信用服务体系为支撑，以树立诚信文化理念、弘扬诚信传统美德为内在要求，以守信激励和失信约束为奖惩机制，目的是提高全社会的诚信意识和信用水平。

加快社会信用体系建设是全面落实科学发展观、构建社会主义和谐社会的重要基础，是完善社会主义市场经济体制、加强和创新社会治理的重要手段，对增强社会成员诚信意识，营造优良信用环境，提升国家整体竞争力，促进社会发展与文明进步具有重要意义。

根据党的十八大提出的"加强政务诚信、商务诚信、社会诚信和司法公信建设"，党的十八届三中全会提出的"建立健全社会征信体系，褒扬诚信，惩戒失信"，《中共中央国务院关于加强和创新社会管理的意见》提出的"建立健全社会诚信制度"，以及《中华人民共和国国民经济和社会发展第十二个五年规划纲要》(以下简称"十二五"规划纲要)提出的"加快社会信用体系建设"的总体要求，制定本规划纲要。规划期为2014—2020年。

一、社会信用体系建设总体思路

（一）发展现状

党中央、国务院高度重视社会信用体系建设。有关地区、部门和单位探索推进，社会信用体系建设取得积极进展。国务院建立社会信用体系建设部际联席会议制度统筹推进信用体系建设，公布实施《征信业管理条例》，一批信用体系建设的规章和标准相继出台。全国集中统一的金融信用信息基础数据库建成，小微企业和农村信用体系建设积极推进；各部门推动信用信息公开，开展行业信用评价，实施信用分类监管；各行业积极开展诚信宣传教育和诚信自律活动；各地区探索建立综合性信用信息共享平台，促进本地区各部门、各单位的信用信息整合应用；社会对信用服务产品的需求日益上升，信用服务市场规模不断扩大。

我国社会信用体系建设虽然取得一定进展，但与经济发展水平和社会发展阶段不匹配、不协调、不适应的矛盾仍然突出。存在的主要问题包括：覆盖全社会的征信系统尚未形成，社会成员信用记录严重缺失，守信激励和失信惩戒机制尚不健全，守信激励不足，失信成本偏低；信用服务市场不发达，服务体系不成熟，服务行为不规范，服务机构公信力不足，信用信息主体权益保护机制缺失；社会诚信意识和信用水平偏低，履约践诺、诚实守信的社会氛围尚未形成，重特大生产安全事故、食品药品安全事件时有发生，商业欺诈、制假售假、偷逃骗税、虚报冒领、学术不端等现象屡禁不止，政务诚信度、司法公信度离人民群众的期待还有一定差距等。

（二）形势和要求

我国正处于深化经济体制改革和完善社会主义市场经济体制的攻坚期。现代市场经济是信用经济，建立健全社会信用体系，是整顿和规范市场经济秩序、改善市场信用环境、降低交易成本、防范经济风险的重要举措，是减少政府对经济的行政干预、完善社会主义市场经济体制的迫切要求。

我国正处于加快转变发展方式、实现科学发展的战略机遇期。加快推进社会信用体系建设，是促进资源优化配置、扩大内需、促进产业结构优化升级的重要前提，是完善科学发展机制的迫切要求。

我国正处于经济社会转型的关键期。利益主体更加多元化，各种社会矛盾凸显，社会组织形式及管理方式也在发生深刻变化。全面推进社会信用体系建设，是增强社会诚信、促进社会互信、减少社会矛盾的有效手段，是加强和创新社会治理、构建社会主义和谐社会的迫切要求。

我国正处于在更大范围、更宽领域、更深层次上提高开放型经济水平的拓展期。经济全球化使我国对外开放程度不断提高，与其他国家和地区的经济社会交流更加密切。完善社会信用体系，是深化国际合作与交往，树立国际品牌和声誉，降低对外交易成本，提升国家软实力和国际影响力的必要条件，是推动建立客观、公正、合理、平衡的国际信用评级体系，适应全球化新形势，驾驭全球化新格局的迫切要求。

（三）指导思想和目标原则

全面推动社会信用体系建设，必须坚持以邓小平理论、"三个代表"重要思想、科学发展观为指导，按照党的十八大、十八届三中全会和"十二五"规划纲要精神，以健全信用法律法规和标准体系、形成覆盖全社会的征信系统为基础,以推进政务诚信、商务诚信、社会诚信和司法公信建设为主要内容,以推进诚信文化建设、建立守信激励和失信惩戒机制为重点,以推进行业信用建设、地方信用建设和信用服务市场发展为支撑,以提高全社会诚信意识和信用水平、改善经济社会运行环境为目的,以人为本,在全社会广泛形成守信光荣、失信可耻的浓厚氛围,使诚实守信成为全民的自觉行为规范。

社会信用体系建设的主要目标是:到2020年,社会信用基础性法律法规和标准体系基本建立,以信用信息资源共享为基础的覆盖全社会的征信系统基本建成,信用监管体制基本健全,信用服务市场体系比较完善,守信激励和失信惩戒机制全面发挥作用。政务诚信、商务诚信、社会诚信和司法公信建设取得明显进展,市场和社会满意度大幅提高。全社会诚信意识普遍增强,经济社会发展信用环境明显改善,经济社会秩序显著好转。

社会信用体系建设的主要原则是:

政府推动,社会共建。充分发挥政府的组织、引导、推动和示范作用。政府负责制定实施发展规划,健全法规和标准,培育和监管信用服务市场。注重发挥市场机制作用,协调并优化资源配置,鼓励和调动社会力量,广泛参与,共同推进,形成社会信用体系建设合力。

健全法制,规范发展。逐步建立健全信用法律法规体系和信用标准体系,加强信用信息管理,规范信用服务体系发展,维护信用信息安全和信息主体权益。

统筹规划,分步实施。针对社会信用体系建设的长期性、系统性和复杂性,强化顶层设计,立足当前,着眼长远,统筹全局,系统规划,有计划、分步骤地组织实施。

重点突破,强化应用。选择重点领域和典型地区开展信用建设示范。积极推广信用产品的社会化应用,促进信用信息互联互通、协同共享,健全社会信用奖惩联动机制,营造诚实、自律、守信、互信的社会信用环境。

二、推进重点领域诚信建设

(一)加快推进政务诚信建设

政务诚信是社会信用体系建设的关键,各类政务行为主体的诚信水平,对其他社会主体诚信建设发挥着重要的表率和导向作用。

坚持依法行政。将依法行政贯穿于决策、执行、监督和服务的全过程,全面推进政务公开,在保护国家信息安全、商业秘密和个人隐私的前提下,依法公开在行政管理中掌握的信用信息,建立有效的信息共享机制。切实提高政府工作效率和服务水平,转变政府职能。健全权力运行制约和监督体系,确保决策权、执行权、监督权既相互制约又相互协调。完善政府决策机制和程序,提高决策透明度。进一步推广重大决策事项公示和听证制度,拓宽公众参与政府决策的渠道,加强对权力运行的社会监督和约束,提升政府公信力,树立政府公开、公平、清廉的诚信形象。

发挥政府诚信建设示范作用。各级人民政府首先要加强自身诚信建设,以政府的诚信施政,带动全社会诚信意识的树立和诚信水平的提高。在行政许可、政府采购、招标投标、劳动就业、社会保障、科研管理、干部选拔任用和管理监督、申请政府资金支持等领域,率先使用信用信息和信用产品,培育信用服务市场发展。

加快政府守信践诺机制建设。严格履行政府向社会作出的承诺,把政务履约和守诺服务纳入政府绩效评价体系,把发展规划和政府工作报告关于经济社会发展目标落实情况以及为百姓办实事的践诺情况作为评价政府诚信水平的重要内容,推动各地区、各部门逐步建立健全政务和行政承诺考核制度。各级人民政府对依法作出的政策承诺和签订的各类合同要认真履约和兑现。要积极营造公平竞争、统一高效的市场环境,不得施行地方保护主义措施,如滥用行政权力封锁市场、包庇纵容行政区域内社会主体的违法违规和失信行为等。要支持统计部门依法统计、真实统计。政府举债要依法依规、规模适度、风险可控、程序透明。政府收支必须强化预算约束,提高透明度。加强和完善群众监督和舆论监督机制。完善政务诚信约束和问责机制。各级人民政府要自觉接受本级人大的法律监督和政协的民主监督。加大监察、审计等部门对行政行为的监督和审计力度。

加强公务员诚信管理和教育。建立公务员诚信档案,依法依规将公务员个人有关事项报告、廉政记录、年度考核结果、相关违法违纪违约行为等信用信息纳入档案,将公务员诚信记录作为干部考核、任用和奖惩的重要依据。深入开展公务员诚信、守法和道德教育,加强法律知识和信用知识学习,编制公务员诚信手册,增强公务员法律和诚信意识,建立一支守法守信、高效廉洁的公务员队伍。

(二) 深入推进商务诚信建设

提高商务诚信水平是社会信用体系建设的重点,是商务关系有效维护、商务运行成本有效降低、营商环境有效改善的基本条件,是各类商务主体可持续发展的生存之本,也是各类经济活动高效开展的基础保障。

生产领域信用建设。建立安全生产信用公告制度,完善安全生产承诺和安全生产不良信用记录及安全生产失信行为惩戒制度。以煤矿、非煤矿山、危险化学品、烟花爆竹、特种设备生产企业以及民用爆炸物品生产、销售企业和爆破企业或单位为重点,健全安全生产准入和退出信用审核机制,促进企业落实安全生产主体责任。以食品、药品、日用消费品、农产品和农业投入品为重点,加强各类生产经营主体生产和加工环节的信用管理,建立产品质量信用信息异地和部门间共享制度。推动建立质量信用征信系统,加快完善12365产品质量投诉举报咨询服务平台,建立质量诚信报告、失信黑名单披露、市场禁入和退出制度。

流通领域信用建设。研究制定商贸流通领域企业信用信息征集共享制度,完善商贸流通企业信用评价基本规则和指标体系。推进批发零售、商贸物流、住宿餐饮及居民服务行业信用建设,开展企业信用分类管理。完善零售商与供应商信用合作模式。强化反垄断与反不正当竞争执法,加大对市场混淆行为、虚假宣传、商业欺诈、商业诋毁、商业贿赂等违法行为的查处力度,对典型案件、重大案件予以曝光,增加企业失信成本,促进诚信经营和公平竞争。逐步建立以商品条形码等标识为基础的全国商品流通追溯体系。加强检验检疫质量诚信体系建设。支持商贸服务企业信用融资,发展商业保理,规范预付消费行为。鼓励企业扩大信用销售,促进个人信用消费。推进对外经济贸易信用建设,进一步加强对外贸易、对外援助、对外投资合作等领域的信用信息管理、信用风险监测预警和企业信用等级分类管理。借助电子口岸管理平台,建立完善进出口企业信用评价体系、信用分类管理和联合监管制度。

金融领域信用建设。创新金融信用产品,改善金融服务,维护金融消费者个人信息安全,保护金融消费者合法权益。加大对金融欺诈、恶意逃废银行债务、内幕交易、制售假保单、骗保骗赔、披露虚假信息、非法集资、逃套骗汇等金融失信行为的惩戒力度,规范金融市场秩序。加强金融信用信息基础设施建设,进一步扩大信用记录的覆盖面,强化金融业对守信者的激励作用和对失信者的约束作用。

税务领域信用建设。建立跨部门信用信息共享机制。开展纳税人基础信息、各类交易信息、财产保有和转让信息以及纳税记录等涉税信息的交换、比对和应用工作。进一步完善纳税信用等级评定和发布制度,加强税务领域信用分类管理,发挥信用评定差异对纳税人的奖惩作用。建立税收违法黑名单制度。推进纳税信用与其他社会信用联动管理,提升纳税人税法遵从度。

价格领域信用建设。指导企业和经营者加强价格自律,规范和引导经营者价格行为,实行经营者明码标价和收费公示制度,着力推行"明码实价"。督促经营者加强内部价格管理,根据经营者条件建立健全内部价格管理制度。完善经营者价格诚信制度,做好信息披露工作,推动实施奖惩制度。强化价格执法检查与反垄断执法,依法查处捏造和散布涨价信息、价格欺诈、价格垄断等价格失信行为,对典型案例予以公开曝光,规范市场价格秩序。

工程建设领域信用建设。推进工程建设市场信用体系建设。加快工程建设市场信用法规制度建设,制定工程建设市场各方主体和从业人员信用标准。推进工程建设领域项目信息公开和诚信体系建设,依托政府网站,全面设立项目信息和信用信息公开共享专栏,集中公开工程建设项目信息和信用信息,推动建设全国性的综合检索平台,实现工程建设项目信息和信用信息公开共享的"一站式"综合检索服务。深入开展工程质量诚信建设。完善工程建设市场准入退出制度,加大对发生重大工程质量、安全责任事故或有其他重大失信行为的企业及负有责任的从业人员的惩戒力度。建立企业和从业人员信用评价结果与资质审批、执业资格注册、资质资格取消等审批审核事项的关联管理机制。建立科学、有效的建设领域从业人员信用评价机制和失信责任追溯制度,将肢解发包、转包、违法分包、拖欠工程款和农民工工资等列入失信责任追究范围。

政府采购领域信用建设。加强政府采购信用管理,强化联动惩戒,保护政府采购当事人的合法权益。制定供应商、评审专家、政府采购代理机构以及相关从业人员的信用记录标准。依法建立政府采购供应商不良行为记录名单,对列入不良行为记录名单的供应商,在一定期限内禁止参加政府采购活动。完善政府采购市场的准入和退出机制,充分利用工商、税务、金融、检察等其他部门提供的信用信息,加强对政府采购当事人和相关人员的信用管理。加快建设全国统一的政府采购管理交易系统,提高政府采购活动透明度,实现信用信息的统一发布和共享。

招标投标领域信用建设。扩大招标投标信用信息公开和共享范围,建立涵盖招标投标情况的信用评价指标和评价标准体系,健全招标投标信用信息公开和共享制度。进一步贯彻落实招标投标违法行为记录公告制度,推动完善奖惩联动机制。依托电子招标投标系统及其公共服务平台,实现招标投标和合同履行等信用信息的互联互通、实时交换和整合共享。鼓励市场主体运用基本信用信息和第三方信用评价结果,并将其作为投标人资格审查、评标、定标和合同签订的重要依据。

交通运输领域信用建设。形成部门规章制度和地方性法规、地方政府规章相结合的交通运输信用法规体系。完善信用考核标准,实施分类考核监管。针对公路、铁路、水路、民航、管道等运输市场不同经营门类分别制定考核指标,加强信用考核评价监督管理,积极引导第三方机构参与信用考核评价,逐步建立交通运输管理机构与社会信用评价机构相结合,具有监督、申诉和复核机制的综合考核评价体系。将各类交通运输违法行为列入失信记录。鼓励和支持各单位在采购交通运输服务、招标投标、人员招聘等方面优先选择信用考核等级高的交通运输企业和从业人员。对失信企业和从业人员,要加强监管和惩戒,逐步建立跨地区、跨行业信用奖惩联动机制。

电子商务领域信用建设。建立健全电子商务企业客户信用管理和交易信用评估制度,加强电子商务企业自身开发和销售信用产品的质量监督。推行电子商务主体身份标识制度,完善网店实名制。加强网店产品质量检查,严厉查处电子商务领域制假售假、传销活动、虚假广告、以次充好、服务违约等欺诈行为。打击内外勾结、伪造流量和商业信誉的行为,对失信主体建立行业限期禁入制度。促进电子商务信用信息与社会其他领域相关信息的交换和共享,推动电子商务与线下交易信用评价。完善电子商务信用服务保障制度,推动信用调查、信用评估、信用担保、信用保险、信用支付、商账管理等第三方信用服务和产品在电子商务中的推广应用。开展电子商务网站可信认证服务工作,推广应用网站可信标识,为电子商务用户识别假冒、钓鱼网站提供手段。

统计领域信用建设。开展企业诚信统计承诺活动,营造诚实报数光荣、失信造假可耻的良好风气。完善统计诚信评价标准体系。建立健全企业统计诚信评价制度和统计从业人员诚信档案。加强执法检查,严厉查处统计领域的弄虚作假行为,建立统计失信行为通报和公开曝光制度。加大对统计失信企业的联合惩戒力度。将统计失信企业名单档案及其违法违规信息纳入金融、工商等行业和部门信用信息系统,将统计信用记录与企业融资、政府补贴、工商注册登记等直接挂钩,切实强化对统计失信行为的惩戒和制约。

中介服务业信用建设。建立完善中介服务机构及其从业人员的信用记录和披露制度,并作为市场行政执法部门实施信用分类管理的重要依据。重点加强公证仲裁类、律师类、会计类、担保类、鉴证类、检验检测类、评估类、认证类、代理类、经纪类、职业介绍类、咨询类、交易类等机构信用分类管理,探索建立科学合理的评估指标体系、评估制度和工作机制。

会展、广告领域信用建设。推动展会主办机构诚信办展,践行诚信服务公约,建立信用档案和违法违规单位信息披露制度,推广信用服务和产品的应用。加强广告业诚信建设,建立健全广告业信用分类管理制度,打击各类虚假广告,突出广告制作、传播环节各参与者责任,完善广告活动主体失信惩戒机制和严重失信淘汰机制。

企业诚信管理制度建设。开展各行业企业诚信承诺活动,加大诚信企业示范宣传和典型失信案件曝光力度,引导企业增强社会责任感,在生产经营、财务管理和劳动用工管理等各环节中强化信用自律,改善商务信用生态环境。鼓励企业建立客户档案、开展客户诚信评价,将客户诚信交易记录纳入应收账款管理、信用销售授信额度计量,建立科学的企业信用管理流程,防范信用风险,提升企业综合竞争力。强化企业在发债、借款、担保等债权债务信用交易及生产经营活动中诚信履约。鼓励和支持有条件的企业设立信用管理师。鼓励企业建立内部职工诚信考核与评价制度。加强供水、供电、供热、燃气、电信、铁路、航空等关系人民群众日常生活行业企业的自身信用建设。

(三)全面推进社会诚信建设

社会诚信是社会信用体系建设的基础,社会成员之间只有以诚相待、以信为本,才会形成和谐友爱的人际关系,才能促进社会文明进步,实现社会和谐稳定和长治久安。

医药卫生和计划生育领域信用建设。加强医疗卫生机构信用管理和行业诚信作风建设。树立大医精诚的价值理念,坚持仁心仁术的执业操守。培育诚信执业、诚信采购、诚信诊疗、诚信收费、诚信医保理念,坚持合理检查、合理用药、合理治疗、合理收费等诚信医疗服务准则,全面建立药品价格、医疗服务价格公示制度,开展诚信医院、诚信药店创建活动,制定医疗机构和执业医师、药师、护士等医务人员信用评价指标标准,推进医院评审评价和医师定期考核,开展医务人员医德综合评价,惩戒收受贿赂、过度诊疗等违法和失信行为,建立诚信医疗服务体系。加快完善药品安全领域信用制度,建立药品研发、生产和流通企业信用档案。积极开展以"诚信至上,以质取胜"为主题的药品安全诚信承诺活动,切实提高药品安全信用监管水平,严厉打击制假贩假行为,保障人民群众用药安全有效。加强人口计生领域信用建设,开展人口和计划生育信用信息共享工作。

社会保障领域信用建设。在救灾、救助、养老、社会保险、慈善、彩票等方面,建立全面的诚信制度,打击各类诈捐骗捐等失信行为。建立健全社会救助、保障性住房等民生政策实施中的申请、审核、退出等各环节的诚信制度,加强对申请相关民生政策的条件审核,强化对社会救助动态管理及保障房使用的监管,将失信和违规的个人纳入信用黑名单。构建居民家庭经济状况核对信息系统,建立和完善低收入家庭认定机制,确保社会救助、保障性住房等民生政策公平、公正和健康运行。建立健全社会保险诚信管理制度,加强社会保险经办管理,加强社会保险领域的劳动保障监督执法,规范参保缴费行为,加大对医保定点医院、定点药店、工伤保险协议医疗机构等社会保险协议服务机构及其工作人员、各类参保人员的违规、欺诈、骗保等行为的惩戒力度,防止和打击各种骗保行为。进一步完善社会保险基金管理制度,提高基金征收、管理、支付等各环节的透明度,推动社会保险诚信制度建设,规范参保缴费行为,确保社会保险基金的安全运行。

劳动用工领域信用建设。进一步落实和完善企业劳动保障守法诚信制度,制定重大劳动保障违法行为社会公示办法。建立用人单位拖欠工资违法行为公示制度,健全用人单位劳动保障诚信等级评价办法。规范用工行为,加强对劳动合同履行和仲裁的管理,推动企业积极开展和谐劳动关系创建活动。加强劳动保障监督执法,加大对违法行为的打击力度。加强人力资源市场诚信建设,规范职业中介行为,打击各种黑中介、黑用工等违法失信行为。

教育、科研领域信用建设。加强教师和科研人员诚信教育。开展教师诚信承诺活动,自觉接受广大学生、家长和社会各界的监督。发挥教师诚信执教、为人师表的影响作用。加强学生诚信教育,培养诚实守信良好习惯,为提高全民族诚信素质奠定基础。探索建立教育机构及其从业人员、教师和学生、科研机构和科技社团及科研人员的信用评价制度,将信用评价与考试招生、学籍管理、学历学位授予、科研项目立项、专业技术职务评聘、岗位聘用、评选表彰等挂钩,努力解决学历造假、论文抄袭、学术不端、考试招生作弊等问题。

文化、体育、旅游领域信用建设。依托全国文化市场技术监管与公共服务平台,建立健全娱乐、演出、艺术品、网络文化等领域文化企业主体、从业人员以及文化产品的信用信息数据库;依法制定文化市场诚信管理措施,加强文化市场动态监管。制定职业体育从业人员诚信从业准则,建立职业体育从业人员、职业体育俱乐部和中介企业信用等级的第三方评估制度,推进相关信用信息记录和信用评级在参加或举办职业体育赛事、职业体育准入、转会等方面广泛运用。制定旅游从业人员诚信服务准则,建立旅游业消费者意见反馈和投诉记录与公开制度,建立旅行社、旅游景区和宾馆饭店信用等级第三方评估制度。

知识产权领域信用建设。建立健全知识产权诚信管理制度,出台知识产权保护信用评价办法。重点打击侵犯知识产权和制售假冒伪劣商品行为,将知识产权侵权行为信息纳入失信记录,强化对盗版侵权等知识产权侵权失信行为的联合惩戒,提升全社会的知识产权保护意识。开展知识产权服务机构信用建设,探索建立各类知识产权服务标准化体系和诚信评价制度。

环境保护和能源节约领域信用建设。推进国家环境监测、信息与统计能力建设,加强环保信用数据的采集和整理,实现环境保护工作业务协同和信息共享,完善环境信息公开目录。建立环境管理、监测信息公开制度。完善环评文件责任追究机制,建立环评机构及其从业人员、评估专家诚信档案数据库,强化对环评机构及其从业人员、评估专家的信用考核分类监管。建立企业对所排放污染物开展自行监测并公布污染物排放情况以及突发环境事件发生和处理情况制度。建立企业环境行为信用评价制度,定期发布评价结果,并组织开展动态分类管理,根据企业的信用等级予以相应的鼓励、警示或惩戒。完善企业环境行为信用信息共享机制,加强与银行、证券、保险、商务等部门的联动。加强国家能源利用数据统计、分析与信息上报能力建设。加强重点用能单位节能目标责任考核,定期公布考核结果,研究建立重点用能单位信用评价机制。强化对能源审计、节能评估和审查机构及其从业人员的信用评级和监管。研究开展节能服务公司信用评价工作,并逐步向全社会定期发布信用评级结果。加强对环资项目评审专家从业情况的信用考核管理。

社会组织诚信建设。依托法人单位信息资源库,加快完善社会组织登记管理信息。健全社会组织信息公开制度,引导社会组织提升运作的公开性和透明度,规范社会组织信息公开行为。把诚信建设内容纳入各类社会组织章程,强化社会组织诚信自律,提高社会组织公信力。发挥行业协会(商会)在行业信用建设中的作用,加强会员诚信宣传教育和培训。

自然人信用建设。突出自然人信用建设在社会信用体系建设中的基础性作用,依托国家人口信息资源库,建立完善自然人在经济社会活动中的信用记录,实现全国范围内自然人信用记录全覆盖。加强重点人群职业信用建设,建立公务员、企业法定代表人、律师、会计从业人员、注册会计师、统计从业人员、注册税务师、审计师、评估师、认证和检验检测从业人员、证券期货从业人员、上市公司高管人员、保险经纪人、医务人员、教师、科研人员、专利服务从业人员、项目经理、新闻媒体从业人员、导游、执业兽医等人员信用记录,推广使用职业信用报告,引导职业道德建设与行为规范。

互联网应用及服务领域信用建设。大力推进网络诚信建设,培育依法办网、诚信用网理念,逐步落实网络实名制,完善网络信用建设的法律保障,大力推进网络信用监管机制建设。建立网络信用评价体系,对互联网企业的服务经营行为、上网人员的网上行为进行信用评估,记录信用等级。建立涵盖互联网企业、上网个人的网络信用档案,积极推进建立网络信用信息与社会其他领域相关信用信息的交换共享机制,大力推动网络信用信息在社会各领域推广应用。建立网络信用黑名单制度,将实施网络欺诈、造谣传谣、侵害他人合法权益等严重网络失信行为的企业、个人列入黑名单,对列入黑名单的主体采取网上行为限制、行业禁入等措施,通报相关部门并进行公开曝光。

(四)大力推进司法公信建设

司法公信是社会信用体系建设的重要内容,是树立司法权威的前提,是社会公平正义的底线。

法院公信建设。提升司法审判信息化水平,实现覆盖审判工作全过程的全国四级法院审判信息互联互通。推进强制执行案件信息公开,完善执行联动机制,提高生效法律文书执行率。发挥审判职能作用,鼓励诚信交易、倡导互信合作,制裁商业欺诈和恣意违约毁约等失信行为,引导诚实守信风尚。

检察公信建设。进一步深化检务公开,创新检务公开的手段和途径,广泛听取群众意见,保障人民群众对检察工作的知情权、参与权、表达权和监督权。继续推行"阳光办案",严格管理制度,强化内外部监督,建立健全专项检查、同步监督、责任追究机制。充分发挥法律监督职能作用,加大查办和预防职务犯罪力度,促进诚信建设。完善行贿犯罪档案查询制度,规范和加强查询工作管理,建立健全行贿犯罪档案查询与应用的社会联动机制。

公共安全领域公信建设。全面推行"阳光执法",依法及时公开执法办案的制度规范、程序时限等信息,对于办案进展等不宜向社会公开,但涉及特定权利义务,需要特定对象知悉的信息,应当告知特定对象,或者为特定对象提供查询服务。进一步加强人口信息同各地区、各部门信息资源的交换和共享,完善国家人口信息资源库建设。将公民交通安全违法情况纳入诚信档案,促进全社会成员提高交通安全意识。定期向社会公开火灾高危单位消防安全评估结果,并作为单位信用等级的重要参考依据。将社会单位遵守消防安全法律法规情况纳入诚信管理,强化社会单位消防安全主体责任。

司法行政系统公信建设。进一步提高监狱、戒毒场所、社区矫正机构管理的规范化、制度化水平,维护服刑人员、戒毒人员、社区矫正人员合法权益。大力推进司法行政信息公开,进一步规范和创新律师、公证、基层法律服务、法律援助、司法考试、司法鉴定等信息管理和披露手段,保障人民群众的知情权。

司法执法和从业人员信用建设。建立各级公安、司法行政等工作人员信用档案,依法依规将徇私枉法以及不作为等不良记录纳入档案,并作为考核评价和奖惩依据。推进律师、公证员、基层法律服务工作者、法律援助人员、司法鉴定人员等诚信规范执业。建立司法从业人员诚信承诺制度。

健全促进司法公信的制度基础。深化司法体制和工作机制改革,推进执法规范化建设,严密执法程序,坚持有法必依、违法必究和法律面前人人平等,提高司法工作的科学化、制度化和规范化水平。充分发挥人大、政协和社会公众对司法工作的监督作用,完善司法机关之间的相互监督制约机制,强化司法机关的内部监督,实现以监督促公平、促公正、促公信。

三、加强诚信教育与诚信文化建设

诚信教育与诚信文化建设是引领社会成员诚信自律、提升社会成员道德素养的重要途径,是社会主义核心价值体系建设的重要内容。

(一)普及诚信教育

以建设社会主义核心价值体系、培育和践行社会主义核心价值观为根本,将诚信教育贯穿公民道德建设和精神文明创建全过程。推进公民道德建设工程,加强社会公德、职业道德、家庭美德和个人品德教育,传承中华传统美德,弘扬时代新风,在全社会形成"以诚实守信为荣、以见利忘义为耻"的良好风尚。

在各级各类教育和培训中进一步充实诚信教育内容。大力开展信用宣传普及教育进机关、进企业、进学校、进社区、进村屯、进家庭活动。

建好用好道德讲堂,倡导爱国、敬业、诚信、友善等价值理念和道德规范。开展群众道德评议活动,对诚信缺失、不讲信用现象进行分析评议,引导人们诚实守信、遵德守礼。

(二)加强诚信文化建设

弘扬诚信文化。以社会成员为对象,以诚信宣传为手段,以诚信教育为载体,大力倡导诚信道德规范,弘扬中华民族积极向善、诚实守信的传统文化和现代市场经济的契约精神,形成崇尚诚信、践行诚信的社会风尚。

树立诚信典型。充分发挥电视、广播、报纸、网络等媒体的宣传引导作用,结合道德模范评选和各行业诚信创建活动,树立社会诚信典范,使社会成员学有榜样、赶有目标,使诚实守信成为全社会的自觉追求。

深入开展诚信主题活动。有步骤、有重点地组织开展"诚信活动周"、"质量月"、"安全生产月"、"诚信兴商宣传月"、"3·5"学雷锋活动日、"3·15"国际消费者权益保护日、"6·14"信用记录关爱日、"12·4"全国法制宣传日等公益活动,突出诚信主题,营造诚信和谐的社会氛围。

大力开展重点行业领域诚信问题专项治理。深入开展道德领域突出问题专项教育和治理活动,针对诚信缺失问题突出、诚信建设需求迫切的行业领域开展专项治理,坚决纠正以权谋私、造假欺诈、见利忘义、损人利己的歪风邪气,树立行业诚信风尚。

(三)加快信用专业人才培养

加强信用管理学科专业建设。把信用管理列为国家经济体制改革与社会治理发展急需的新兴、重点学科,支持有条件的高校设置信用管理专业或开设相关课程,在研究生培养中开设信用管理研究方向。开展信用理论、信用管理、信用技术、信用标准、信用政策等方面研究。

加强信用管理职业培训与专业考评。建立健全信用管理职业培训与专业考评制度。推广信用管理职业资格培训,培养信用管理专业化队伍。促进和加强信用从业人员、信用管理人员的交流与培训,为社会信用体系建设提供人力资源支撑。

四、加快推进信用信息系统建设和应用

健全社会成员信用记录是社会信用体系建设的基本要求。发挥行业、地方、市场的力量和作用,加快推进信用信息系统建设,完善信用信息的记录、整合和应用,是形成守信激励和失信惩戒机制的基础和前提。

(一)行业信用信息系统建设

加强重点领域信用记录建设。以工商、纳税、价格、进出口、安全生产、产品质量、环境保护、食品药品、医疗卫生、知识产权、流通服务、工程建设、电子商务、交通运输、合同履约、人力资源和社会保障、教育科研等领域为重点,完善行业信用记录和从业人员信用档案。

建立行业信用信息数据库。各部门要以数据标准化和应用标准化为原则,依托国家各项重大信息化工程,整合行业内的信用信息资源,实现信用记录的电子化存储,加快建设信用信息系统,加快推进行业间信用信息互联互通。各行业分别负责本行业信用信息的组织与发布。

(二)地方信用信息系统建设

加快推进政务信用信息整合。各地区要对本地区各部门、各单位履行公共管理职能过程中产生的信用信息进行记录、完善、整合,形成统一的信用信息共享平台,为企业、个人和社会征信机构等查询政务信用信息提供便利。

加强地区内信用信息的应用。各地区要制定政务信用信息公开目录,形成信息公开的监督机制。大力推进本地区各部门、各单位政务信用信息的交换与共享,在公共管理中加强信用信息应用,提高履职效率。

(三)征信系统建设

加快征信系统建设。征信机构开展征信业务,应建立以企事业单位及其他社会组织、个人为对象的征信系统,依法采集、整理、保存、加工企事业单位及其他社会组织、个人的信用信息,并采取合理措施保障信用信息的准确性。各地区、各行业要支持征信机构建立征信系统。

对外提供专业化征信服务。征信机构要根据市场需求,对外提供专业化的征信服务,有序推进信用服务产品创新。建立健全并严格执行内部风险防范、避免利益冲突和保障信息安全的规章制度,依法向客户提供方便、快捷、高效的征信服务,进一步扩大信用报告在银行业、证券业、保险业及政府部门行政执法等多种领域中的应用。

(四)金融业统一征信平台建设

完善金融信用信息基础数据库。继续推进金融信用信息基础数据库建设,提升数据质量,完善系统功能,加强系统安全运行管理,进一步扩大信用报告的覆盖范围,提升系统对外服务水平。

推动金融业统一征信平台建设。继续推动银行、证券、保险、外汇等金融管理部门之间信用信息系统的链接，推动金融业统一征信平台建设，推进金融监管部门信用信息的交换与共享。

（五）推进信用信息的交换与共享

逐步推进政务信用信息的交换与共享。各地区、各行业要以需求为导向，在保护隐私、责任明确、数据及时准确的前提下，按照风险分散的原则，建立信用信息交换共享机制，统筹利用现有信用信息系统基础设施，依法推进各信用信息系统的互联互通和信用信息的交换共享，逐步形成覆盖全部信用主体、所有信用信息类别、全国所有区域的信用信息网络。各行业主管部门要对信用信息进行分类分级管理，确定查询权限，特殊查询需求特殊申请。

依法推进政务信用信息系统与征信系统间的信息交换与共享。发挥市场激励机制的作用，鼓励社会征信机构加强对已公开政务信用信息和非政务信用信息的整合，建立面向不同对象的征信服务产品体系，满足社会多层次、多样化和专业化的征信服务需求。

五、完善以奖惩制度为重点的社会信用体系运行机制

运行机制是保障社会信用体系各系统协调运行的制度基础。其中，守信激励和失信惩戒机制直接作用于各个社会主体信用行为，是社会信用体系运行的核心机制。

（一）构建守信激励和失信惩戒机制

加强对守信主体的奖励和激励。加大对守信行为的表彰和宣传力度。按规定对诚信企业和模范个人给予表彰，通过新闻媒体广泛宣传，营造守信光荣的舆论氛围。发展改革、财政、金融、环境保护、住房城乡建设、交通运输、商务、工商、税务、质检、安全监管、海关、知识产权等部门，在市场监管和公共服务过程中，要深化信用信息和信用产品的应用，对诚实守信者实行优先办理、简化程序等"绿色通道"支持激励政策。

加强对失信主体的约束和惩戒。强化行政监管性约束和惩戒。在现有行政处罚措施的基础上，健全失信惩戒制度，建立各行业黑名单制度和市场退出机制。推动各级人民政府在市场监管和公共服务的市场准入、资质认定、行政审批、政策扶持等方面实施信用分类监管，结合监管对象的失信类别和程度，使失信者受到惩戒。逐步建立行政许可申请人信用承诺制度，并开展申请人信用审查，确保申请人在政府推荐的征信机构中有信用记录，配合征信机构开展信用信息采集工作。推动形成市场性约束和惩戒。制定信用基准性评价指标体系和评价方法，完善失信信息记录和披露制度，使失信者在市场交易中受到制约。推动形成行业性约束和惩戒。通过行业协会制定行业自律规则并监督会员遵守。对违规的失信者，按照情节轻重，对机构会员和个人会员实行警告、行业内通报批评、公开谴责等惩戒措施。推动形成社会性约束和惩戒。完善社会舆论监督机制，加强对失信行为的披露和曝光，发挥群众评议讨论、批评报道等作用，通过社会的道德谴责，形成社会震慑力，约束社会成员的失信行为。

建立失信行为有奖举报制度。切实落实对举报人的奖励，保护举报人的合法权益。

建立多部门、跨地区信用联合奖惩机制。通过信用信息交换共享，实现多部门、跨地区信用奖惩联动，使守信者处处受益、失信者寸步难行。

（二）建立健全信用法律法规和标准体系

完善信用法律法规体系。推进信用立法工作，使信用信息征集、查询、应用、互联互通、信用信息安全和主体权益保护等有法可依。出台《征信业管理条例》相关配套制度和实施细则，建立异议处理、投诉办理和侵权责任追究制度。

推进行业、部门和地方信用制度建设。各地区、各部门分别根据本地区、相关行业信用体系建设的需要，制定地区或行业信用建设的规章制度，明确信用信息记录主体的责任，保证信用信息的客观、真实、准确和及时更新，完善信用信息共享公开制度，推动信用信息资源的有序开发利用。

建立信用信息分类管理制度。制定信用信息目录，明确信用信息分类，按照信用信息的属性，结合保护个人隐私和商业秘密，依法推进信用信息在采集、共享、使用、公开等环节的分类管理。加大对贩卖个人隐私和商业秘密行为的查处力度。

加快信用信息标准体系建设。制定全国统一的信用信息采集和分类管理标准，统一信用指标目录和建设规范。

建立统一社会信用代码制度。建立自然人、法人和其他组织统一社会信用代码制度。完善相关制度标准，推动在经济社会活动中广泛使用统一社会信用代码。

（三）培育和规范信用服务市场

发展各类信用服务机构。逐步建立公共信用服务机构和社会信用服务机构互为补充、信用信息基础服务和增值服务相辅相成的多层次、全方位的信用服务组织体系。

推进并规范信用评级行业发展。培育发展本土评级机构，增强我国评级机构的国际影响力。规范发展信用评级市场，提高信用评级行业的整体公信力。探索创新双评级、再评级制度。鼓励我国评级机构参与国际竞争和制定国际标准，加强与其他国家信用评级机构的协调和合作。

推动信用服务产品广泛运用。拓展信用服务产品应用范围，加大信用服务产品在社会治理和市场交易中的应用。鼓励信用服务产品开发和创新，推动信用保险、信用担保、商业保理、履约担保、信用管理咨询及培训等信用服务业务发展。

建立政务信用信息有序开放制度。明确政务信用信息的开放分类和基本目录，有序扩大政务信用信息对社会的开放，优化信用调查、信用评级和信用管理等行业的发展环境。

完善信用服务市场监管体制。根据信用服务市场、机构业务的不同特点，依法实施分类监管，完善监管制度，明确监管职责，切实维护市场秩序。推动制定信用服务相关法律制度，建立信用服务机构准入与退出机制，实现从业资格认定的公开透明，进一步完善信用服务业务规范，促进信用服务业健康发展。

推动信用服务机构完善法人治理。强化信用服务机构内部控制，完善约束机制，提升信用服务质量。

加强信用服务机构自身信用建设。信用服务机构要确立行为准则，加强规范管理，提高服务质量，坚持公正性和独立性，提升公信力。鼓励各类信用服务机构设立首席信用监督官，加强自身信用管理。

加强信用服务行业自律。推动建立信用服务行业自律组织，在组织内建立信用服务机构和从业人员基本行为准则和业务规范,强化自律约束,全面提升信用服务机构诚信水平。

(四)保护信用信息主体权益

健全信用信息主体权益保护机制。充分发挥行政监管、行业自律和社会监督在信用信息主体权益保护中的作用,综合运用法律、经济和行政等手段,切实保护信用信息主体权益。加强对信用信息主体的引导教育,不断增强其维护自身合法权益的意识。

建立自我纠错、主动自新的社会鼓励与关爱机制。以建立针对未成年人失信行为的教育机制为重点,通过对已悔过改正旧有轻微失信行为的社会成员予以适当保护,形成守信正向激励机制。

建立信用信息侵权责任追究机制。制定信用信息异议处理、投诉办理、诉讼管理制度及操作细则。进一步加大执法力度,对信用服务机构泄露国家秘密、商业秘密和侵犯个人隐私等违法行为,依法予以严厉处罚。通过各类媒体披露各种侵害信息主体权益的行为,强化社会监督作用。

(五)强化信用信息安全管理

健全信用信息安全管理体制。完善信用信息保护和网络信任体系,建立健全信用信息安全监控体系。加大信用信息安全监督检查力度,开展信用信息安全风险评估,实行信用信息安全等级保护。开展信用信息系统安全认证,加强信用信息服务系统安全管理。建立和完善信用信息安全应急处理机制。加强信用信息安全基础设施建设。

加强信用服务机构信用信息安全内部管理。强化信用服务机构信息安全防护能力,加大安全保障、技术研发和资金投入,高起点、高标准建设信用信息安全保障系统。依法制定和实施信用信息采集、整理、加工、保存、使用等方面的规章制度。

六、建立实施支撑体系

(一)强化责任落实

各地区、各部门要统一思想,按照本规划纲要总体要求,成立规划纲要推进小组,根据职责分工和工作实际,制定具体落实方案。

各地区、各部门要定期对本地区、相关行业社会信用体系建设情况进行总结和评估,及时发现问题并提出改进措施。

对社会信用体系建设成效突出的地区、部门和单位,按规定予以表彰。对推进不力、失信现象多发地区、部门和单位的负责人,按规定实施行政问责。

(二)加大政策支持

各级人民政府要根据社会信用体系建设需要,将应由政府负担的经费纳入财政预算予以保障。加大对信用基础设施建设、重点领域创新示范工程等方面的资金支持。

鼓励各地区、各部门结合规划纲要部署和自身工作实际,在社会信用体系建设创新示范领域先行先试,并在政府投资、融资安排等方面给予支持。

(三)实施专项工程

政务信息公开工程。深入贯彻实施《中华人民共和国政府信息公开条例》,按照主动公开、依申请公开进行分类管理,切实加大政务信息公开力度,树立公开、透明的政府形象。

农村信用体系建设工程。为农户、农场、农民合作社、休闲农业和农产品生产、加工企业等农村社会成员建立信用档案,夯实农村信用体系建设的基础。开展信用户、信用村、信用乡(镇)创建活动,深入推进青年信用示范户工作,发挥典型示范作用,使农民在参与中受到教育,得到实惠,在实践中提高信用意识。推进农产品生产、加工、流通企业和休闲农业等涉农企业信用建设。建立健全农民信用联保制度,推进和发展农业保险,完善农村信用担保体系。

小微企业信用体系建设工程。建立健全适合小微企业特点的信用记录和评价体系,完善小微企业信用信息查询、共享服务网络及区域性小微企业信用记录。引导各类信用服务机构为小微企业提供信用服务,创新小微企业集合信用服务方式,鼓励开展形式多样的小微企业诚信宣传和培训活动,为小微企业便利融资和健康发展营造良好的信用环境。

(四)推动创新示范

地方信用建设综合示范。示范地区率先对本地区各部门、各单位的信用信息进行整合,形成统一的信用信息共享平台,依法向社会有序开放。示范地区各部门在开展经济社会管理和提供公共服务过程中,强化使用信用信息和信用产品,并作为政府管理和服务的必备要件。建立健全社会信用奖惩联动机制,使守信者得到激励和奖励,失信者受到制约和惩戒。对违法违规等典型失信行为予以公开,对严重失信行为加大打击力度。探索建立地方政府信用评价标准和方法,在发行地方政府债券等符合法律法规规定的信用融资活动中试行开展地方政府综合信用评价。

区域信用建设合作示范。探索建立区域信用联动机制,开展区域信用体系建设创新示范,推进信用信息交换共享,实现跨地区信用奖惩联动,优化区域信用环境。

重点领域和行业信用信息应用示范。在食品药品安全、环境保护、安全生产、产品质量、工程建设、电子商务、证券期货、融资担保、政府采购、招标投标等领域,试点推行信用报告制度。

(五)健全组织保障

完善组织协调机制。完善社会信用体系建设部际联席会议制度,充分发挥其统筹协调作用,加强对各地区、各部门社会信用体系建设工作的指导、督促和检查。健全组织机构,各地区、各部门要设立专门机构负责推动社会信用体系建设。成立全国性信用协会,加强行业自律,充分发挥各类社会组织在推进社会信用体系建设中的作用。

建立地方政府推进机制。地方各级人民政府要将社会信用体系建设纳入重要工作日程,推进政务诚信、商务诚信、社会诚信和司法公信建设,加强督查,强化考核,把社会信用体系建设工作作为目标责任考核和政绩考核的重要内容。

建立工作通报和协调制度。社会信用体系建设部际联席会议定期召开工作协调会议,通报工作进展情况,及时研究解决社会信用体系建设中的重大问题。

企业信息公示暂行条例

中华人民共和国国务院令

第 654 号

《企业信息公示暂行条例》已经 2014 年 7 月 23 日国务院第 57 次常务会议通过,现予公布,自 2014 年 10 月 1 日起施行。

总理 李克强

2014 年 8 月 7 日

企业信息公示暂行条例

第一条　为了保障公平竞争,促进企业诚信自律,规范企业信息公示,强化企业信用约束,维护交易安全,提高政府监管效能,扩大社会监督,制定本条例。

第二条　本条例所称企业信息,是指在工商行政管理部门登记的企业从事生产经营活动过程中形成的信息,以及政府部门在履行职责过程中产生的能够反映企业状况的信息。

第三条　企业信息公示应当真实、及时。公示的企业信息涉及国家秘密、国家安全或者社会公共利益的,应当报请主管的保密行政管理部门或者国家安全机关批准。县级以上地方人民政府有关部门公示的企业信息涉及企业商业秘密或者个人隐私的,应当报请上级主管部门批准。

第四条　省、自治区、直辖市人民政府领导本行政区域的企业信息公示工作,按照国家社会信用信息平台建设的总体要求,推动本行政区域企业信用信息公示系统的建设。

第五条　国务院工商行政管理部门推进、监督企业信息公示工作,组织企业信用信息公示系统的建设。国务院其他有关部门依照本条例规定做好企业信息公示相关工作。

县级以上地方人民政府有关部门依照本条例规定做好企业信息公示工作。

第六条　工商行政管理部门应当通过企业信用信息公示系统,公示其在履行职责过程中产生的下列企业信息:

(一) 注册登记、备案信息;

(二) 动产抵押登记信息;

(三) 股权出质登记信息;

(四) 行政处罚信息;

(五) 其他依法应当公示的信息。

前款规定的企业信息应当自产生之日起20个工作日内予以公示。

第七条 工商行政管理部门以外的其他政府部门（以下简称其他政府部门）应当公示其在履行职责过程中产生的下列企业信息：

（一）行政许可准予、变更、延续信息；

（二）行政处罚信息；

（三）其他依法应当公示的信息。

其他政府部门可以通过企业信用信息公示系统，也可以通过其他系统公示前款规定的企业信息。工商行政管理部门和其他政府部门应当按照国家社会信用信息平台建设的总体要求，实现企业信息的互联共享。

第八条 企业应当于每年1月1日至6月30日，通过企业信用信息公示系统向工商行政管理部门报送上一年度年度报告，并向社会公示。

当年设立登记的企业，自下一年起报送并公示年度报告。

第九条 企业年度报告内容包括：

（一）企业通信地址、邮政编码、联系电话、电子邮箱等信息；

（二）企业开业、歇业、清算等存续状态信息；

（三）企业投资设立企业、购买股权信息；

（四）企业为有限责任公司或者股份有限公司的，其股东或者发起人认缴和实缴的出资额、出资时间、出资方式等信息；

（五）有限责任公司股东股权转让等股权变更信息；

（六）企业网站以及从事网络经营的网店的名称、网址等信息；

（七）企业从业人数、资产总额、负债总额、对外提供保证担保、所有者权益合计、营业总收入、主营业务收入、利润总额、净利润、纳税总额信息。

前款第一项至第六项规定的信息应当向社会公示，第七项规定的信息由企业选择是否向社会公示。

经企业同意，公民、法人或者其他组织可以查询企业选择不公示的信息。

第十条 企业应当自下列信息形成之日起20个工作日内通过企业信用信息公示系统向社会公示：

（一）有限责任公司股东或者股份有限公司发起人认缴和实缴的出资额、出资时间、出资方式等信息；

（二）有限责任公司股东股权转让等股权变更信息；

（三）行政许可取得、变更、延续信息；

（四）知识产权出质登记信息；

（五）受到行政处罚的信息；

（六）其他依法应当公示的信息。

工商行政管理部门发现企业未依照前款规定履行公示义务的，应当责令其限期履行。

第十一条 政府部门和企业分别对其公示信息的真实性、及时性负责。

第十二条 政府部门发现其公示的信息不准确的，应当及时更正。公民、法人或者其他组织有证据证明政府部门公示的信息不准确的,有权要求该政府部门予以更正。

企业发现其公示的信息不准确的,应当及时更正;但是,企业年度报告公示信息的更正应当在每年 6 月 30 日之前完成。更正前后的信息应当同时公示。

第十三条　公民、法人或者其他组织发现企业公示的信息虚假的,可以向工商行政管理部门举报,接到举报的工商行政管理部门应当自接到举报材料之日起 20 个工作日内进行核查,予以处理,并将处理情况书面告知举报人。

公民、法人或者其他组织对依照本条例规定公示的企业信息有疑问的,可以向政府部门申请查询,收到查询申请的政府部门应当自收到申请之日起 20 个工作日内书面答复申请人。

第十四条　国务院工商行政管理部门和省、自治区、直辖市人民政府工商行政管理部门应当按照公平规范的要求,根据企业注册号等随机摇号,确定抽查的企业,组织对企业公示信息的情况进行检查。

工商行政管理部门抽查企业公示的信息,可以采取书面检查、实地核查、网络监测等方式。工商行政管理部门抽查企业公示的信息,可以委托会计师事务所、税务师事务所、律师事务所等专业机构开展相关工作,并依法利用其他政府部门作出的检查、核查结果或者专业机构作出的专业结论。

抽查结果由工商行政管理部门通过企业信用信息公示系统向社会公布。

第十五条　工商行政管理部门对企业公示的信息依法开展抽查或者根据举报进行核查,企业应当配合,接受询问调查,如实反映情况,提供相关材料。

对不予配合情节严重的企业,工商行政管理部门应当通过企业信用信息公示系统公示。

第十六条　任何公民、法人或者其他组织不得非法修改公示的企业信息,不得非法获取企业信息。

第十七条　有下列情形之一的,由县级以上工商行政管理部门列入经营异常名录,通过企业信用信息公示系统向社会公示,提醒其履行公示义务;情节严重的,由有关主管部门依照有关法律、行政法规规定给予行政处罚;造成他人损失的,依法承担赔偿责任;构成犯罪的,依法追究刑事责任:

(一) 企业未按照本条例规定的期限公示年度报告或者未按照工商行政管理部门责令的期限公示有关企业信息的;

(二) 企业公示信息隐瞒真实情况、弄虚作假的。

被列入经营异常名录的企业依照本条例规定履行公示义务的,由县级以上工商行政管理部门移出经营异常名录;满 3 年未依照本条例规定履行公示义务的,由国务院工商行政管理部门或者省、自治区、直辖市人民政府工商行政管理部门列入严重违法企业名单,并通过企业信用信息公示系统向社会公示。被列入严重违法企业名单的企业的法定代表人、负责人,3 年内不得担任其他企业的法定代表人、负责人。

企业自被列入严重违法企业名单之日起满 5 年未再发生第一款规定情形的,由国务院工商行政管理部门或者省、自治区、直辖市人民政府工商行政管理部门移出严重违法企业名单。

第十八条　县级以上地方人民政府及其有关部门应当建立健全信用约束机制,在政府采购、工程招投标、国有土地出让、授予荣誉称号等工作中,将企业信息作为重要考量因素,对被列入经营异常名录或者严重违法企业名单的企业依法予以限制或者禁入。

第十九条　政府部门未依照本条例规定履行职责的,由监察机关、上一级政府部门责令改正;情节严重的,对负有责任的主管人员和其他直接责任人员依法给予处分;构成犯罪的,依法追究刑事责任。

第二十条　非法修改公示的企业信息,或者非法获取企业信息的,依照有关法律、行政法规规定追究法律责任。

第二十一条　公民、法人或者其他组织认为政府部门在企业信息公示工作中的具体行政行为侵犯其合法权益的,可以依法申请行政复议或者提起行政诉讼。

第二十二条　企业依照本条例规定公示信息,不免除其依照其他有关法律、行政法规规定公示信息的义务。

第二十三条　法律、法规授权的具有管理公共事务职能的组织公示企业信息适用本条例关于政府部门公示企业信息的规定。

第二十四条　国务院工商行政管理部门负责制定企业信用信息公示系统的技术规范。

个体工商户、农民专业合作社信息公示的具体办法由国务院工商行政管理部门另行制定。

第二十五条　本条例自 2014 年 10 月 1 日起施行。

工商总局关于"守合同重信用"企业公示工作的若干意见

各省、自治区、直辖市工商行政管理局、市场监督管理部门：

为认真贯彻落实《国务院关于促进市场公平竞争维护市场正常秩序的若干意见》（国发〔2014〕20号）和《国务院关于印发社会信用体系建设规划纲要（2014—2020年）的通知》（国发〔2014〕21号）精神，进一步推进"守合同重信用"（以下简称"守重"）企业公示工作，现提出如下意见：

一、指导思想、基本原则和目标要求

（一）指导思想

深入贯彻落实党的十八大和十八届二中、三中、四中全会精神，按照国务院关于"运用信息公示、信息共享和信用约束等手段，营造诚实、自律、守信、互信的社会信用环境，促进各类市场主体守合同、重信用"的要求，在总结近年来工商总局和各地工商、市场监管部门"守重"企业公示工作经验的基础上，完善各项制度、规范工作流程、统一公示标准、明确努力方向，通过对市场主体合同信用行为的正向激励，探索信用监管，落实宽进严管，促进社会信用体系建设。

（二）基本原则

"守重"企业公示活动遵循下列原则：

1. 自愿申报。是否参加"守重"企业公示活动，由企业自主决定、自愿报名参加，企业对所提交信息的真实性负责。公示机关不向企业收取任何费用。

2. 公正公开。对企业的评价由"守重"企业信用标准体系软件依据企业填报信息测评形成，公示机关不搞评比达标。公示活动的标准公开、程序公开、结果公开，各企业之间规则平等、权利平等、机会平等。

3. 动态监管。对公示企业的合同信用监管通过抽查等多种方式实施，以属地管理为原则，发现问题及时处理。工商、市场监管部门的监管贯穿整个公示期间。

4. 社会监督。在公示期内，公示机关在其网站公示企业的相关合同信用信息，社会公众可以对企业合同信用信息的真实性进行监督和投诉举报。

（三）目标要求

逐步完善全系统统一的"守重"企业信用标准体系和评价软件，建立健全科学规范的各级"守重"企业公示工作制度和工作机制，推动各地"守重"企业公示活动的普遍开展，提升企业合同信用建设水平，努力营造鼓励诚信、惩戒失信的市场氛围，全面深化商务诚信建设。

二、"守重"企业公示的概念、范围及职责分工

（四）概念

"守重"企业公示，是工商、市场监管部门在企业自愿申报的基础上对企业合同信用信息等进行记录并向社会公示的行政指导活动。

工商、市场监管部门依托合同行政监管职能组织开展的旨在推进企业信用建设的

"守重"企业公示活动,是长期以来我国社会信用体系建设的重要组成部分。

（五）范围

全国范围内依法登记注册的符合申报资格的企业均可申报参加"守重"企业公示活动。

企业法人依法设立的分支机构,经法人授权,具有独立资产、实行独立核算、对外独立签约的,通过申报资格审核后可申报参加"守重"企业公示活动。

（六）职责分工

工商总局、省级和副省级市以及省辖市级工商、市场监管部门（包括直辖市所辖区县级工商、市场监管部门）,应当按照本意见要求,分级开展"守重"企业公示活动。

工商总局负责对全系统"守重"企业公示工作进行指导和监督,组织开展总局"守重"企业公示。各省级工商、市场监管部门负责总局公示活动的落实、公示资格审查等,并负责本地区"守重"企业公示工作的制度设计、组织开展和指导监督。

三、"守重"企业公示活动企业申报条件及工作流程

工商总局公示"守重"企业,采取企业自愿申报,各地工商、市场监管部门审核资格,总局公示的方式,公示相关企业过去两年的合同信用记录,公示期为两年。

（七）企业申报条件

申报参加工商总局"守重"企业公示活动的企业,应当自成立起至申报之日满七年、规模较大、市场占有率较高,且在企业和品牌的社会影响力、合同信用管理、合同行为、合同履约状况、经营效益、社会信誉等方面达到较高水平（详见附件）。

企业所在地区省级工商、市场监管部门已开展"守重"企业公示活动的,申报总局公示的企业,除须满足上述申报条件外,还应当是当地省级工商、市场监管部门已公示的企业。企业所在地区省级工商、市场监管部门未开展"守重"企业公示活动的,按前款规定的企业申报条件办理。

省级及省级以下工商、市场监管部门组织开展"守重"企业公示活动,应参照上述规定,申报上一级工商、市场监管部门公示的企业,应当是下一级工商、市场监管部门已公示的企业。

（八）申报、审核工作流程

申报企业应向住所地省辖市级工商、市场监管部门（包括直辖市所辖区县级工商、市场监管部门）提出申请,通过工商、市场监管部门申报资格审核后,登录工商总局"守重"企业信用标准体系软件,如实填报"守重"企业申报表,并下载打印"守重"企业申报承诺书,加盖企业公章后报送当地省级工商、市场监管部门。当地省级工商、市场监管部门应对企业在公示年度内是否存在被工商、市场监管部门查处、处理的违法违规及失信行为进行审核,再根据总局"守重"企业信用标准体系软件测评结果,在软件系统中向总局报送,并以公函向总局报送当期全部"守重"企业名单。

对于在上一期已被总局公示并申报继续参加总局公示的企业,在其完成软件系统中的填报后,省级工商、市场监管部门对企业公示资格审核未发现问题的,可不再对其填报信息进行测评,在软件系统中直接向总局报送。已连续公示三期的企业继续申报参加总局公示的,按照初次申报程序办理。

（九）公示名单的确定

工商总局综合各地经济发展水平、企业存量、当地"守重"企业公示活动开展情况等因素确定各地公示企业数量，根据各地报送企业在总局"守重"企业信用标准体系软件中的测评结果，确定最终公示名单。

（十）公示内容

工商总局集中公示"守重"企业名单，明示企业的连续公示时间，并在企业承诺同意的前提下对其过去两年的相关合同信用记录进行公示。

"守重"企业公示情况以工商、市场监管部门网站实时公示信息为准。

（十一）公示证明

公示机关向企业配发公示证明。

（十二）其他

各地可根据实际情况，参照本意见制定本地区"守重"企业公示工作规范，规定相应的企业申报条件、工作流程等。

四、加强对公示企业的动态监管并完善社会监督

工商、市场监管部门对"守重"公示企业实施动态监管，对存在失信行为的企业将撤销其公示资格。各地要进一步完善对"守重"公示企业的失信惩戒机制和退出机制，引导企业守信自律。

（十三）抽查

各地应加强对已公示企业的抽查工作，重点检查公示企业是否存在合同失信行为及其他重大失信行为。抽查可以定向抽查和不定向抽查的方式进行，每年抽查总数不少于公示企业数的3%。

上级工商、市场监管部门可以委托下级工商、市场监管部门实施抽查。

（十四）撤销公示

"守重"企业在公示年度内有下列情形之一的，撤销其公示资格，并视情况公示其撤销原因：

1. 企业破产、注销或被吊销营业执照的；
2. 隐瞒真实情况、提供虚假材料骗取公示的；
3. 有重大违法行为，产生严重社会影响的；
4. 企业被举报存在失信行为，经核实属实的；
5. 企业主动申请撤销公示的；
6. 发生合同纠纷，自愿接受工商、市场监管部门行政调解，达成调解协议却拒不执行调解协议的；
7. 其他应当撤销的情形。

各地工商、市场监管部门发现工商总局已公示的"守重"企业存在应撤销公示资格情形的，应主动向总局报告；总局发现已公示的"守重"企业可能存在上述情况的，可以要求当地工商、市场监管部门就有关情况进行核实，当地工商、市场监管部门应将核实情况向总局作书面报告，并就是否撤销该企业公示资格提出意见。

主动申请撤销公示资格的企业，其公示证明失效，两年内不得参加"守重"企业公示；被撤销公示资格的企业，其公示证明失效，四年内不得参加"守重"企业公示。

(十五)对冒充"守重"公示企业行为的处理

对于冒充"守重"公示企业从事生产经营活动的企业,社会公众可以向工商、市场监管部门投诉举报。工商、市场监管部门核实后,按有关法律法规处理,该企业终身不得参加"守重"企业公示。

(十六)完善社会监督

社会公众认为工商、市场监管部门所公示的"守重"企业相关信息与实际情况不符,或被公示企业在公示年度内存在失信行为的,可以向工商、市场监管部门投诉举报。工商、市场监管部门应对收到的投诉举报信息进行核实,对经核实确实存在失信行为的企业,按照第十四条规定进行处理。

五、结合企业信用信息公示全面完善"守重"企业公示各项制度和工作机制

各级工商、市场监管部门要加强信息化建设和制度化建设,进一步完善"守重"企业公示各项工作机制,并结合企业信用信息公示工作,使之上下互补、左右互联,形成整体合力,增强工商、市场监管部门推进企业信用建设的系统性。

(十七)进一步完善"守重"企业信用标准体系和软件系统

各地要加强调查研究、认真总结经验,积极向总局提出合理化建议,使"守重"企业信用标准与时俱进、更加符合信用建设的时代特征,使软件系统评测结果更加客观公正、满足社会监督的要求。

(十八)加大宣传力度,完善激励机制

各地要加大对"守重"企业的宣传力度,切实发挥其示范带动作用。要努力完善"守重"企业激励机制,积极争取各级政府、相关部门和社会组织采取措施支持"守重"企业发展,吸引更多的市场主体参与"守重"企业公示活动。

(十九)加强"守重"企业公示信息化建设

各地要努力建设各级"守重"企业公示网站和"守重"企业公示信息数据库,提升"守重"企业公示活动的社会影响力和推介力度。

(二十)统一"守重"企业信用标准体系

在全系统范围内统一"守重"企业信用标准体系,对于"守重"企业在品牌提升、社会认可、享受优惠政策等各方面都有深远的意义。各地应争取在五年时间内,逐步统一到总局"守重"企业信用标准体系框架中。

(二十一)加强行政指导

各地要结合合同监管职能,注重开展对企业的行政指导,引导企业建立完善合同管理制度,增强企业诚信履约意识。

长期以来,"守重"企业公示活动一直受到广大企业的认可和欢迎。面对全面推进依法治国和深化改革的新形势、新任务,我们要赋予"守重"企业公示活动新的内涵和更加持久的生命力。各地工商、市场监管部门要切实加强领导和组织协调,认真贯彻落实本意见提出的各项要求,结合当地实际,细化落实措施,确保工作到位。

附件:工商总局"守合同重信用"企业信用标准体系

工商总局

2014 年 12 月 17 日

工商总局"守合同重信用"企业信用标准体系

一、信用标准体系

（一）企业和品牌具有社会影响力。产品（服务）的销售区域较广，企业管理水平较高、信息化程度高、知识产权保护意识强，企业规模及管理达到行业领先水平。

（二）合同信用管理体系健全。合同信用管理制度完善，合同信用管理机构健全，合同信用管理机制落实。

（三）合同行为规范。合同签订规范、审查严密、台账完整，积极使用合同示范文本，合同格式条款合法，合同风险防范机制健全，合同争议解决与处理制度完善。

（四）合同履约状况好。按照约定履行合同义务，无恶意违约行为，合同应收款及应付款管理控制水平较高，合同实际履约率高，合同未履行率、合同解除率、合同争议率、合同撤销率、合同违约率低。

（五）经营效益达到较高水平。营业收入增长率、利润率、净资产收益率、资产负债率等方面均达到行业较高水平。

（六）社会信誉好。企业履行社会责任，获得相关社会荣誉，对各类举报投诉积极处理。

二、信用信息项目

（一）企业和品牌具有社会影响力

1. 产品（服务）的销售区域
2. 质量和相关认证
3. 知识产权
4. 经营资质

（二）合同信用管理体系健全

5. 合同信用管理制度
6. 合同信用管理机构
7. 合同信用管理人员专业素质

（三）合同行为规范

8. 书面合同签约率
9. 合同示范文本使用
10. 合同格式条款制订或使用
11. 合同签订授权委托
12. 合同签订审批
13. 合同档案和台账管理
14. 合同争议解决处理
15. 客户资信商账管理

（四）合同履约状况好

16. 收入性合同履约率
17. 支出性合同履约率
18. 期末应收款占收入性合同总额比例
19. 期末应付款占支出性合同总额比例
20. 合同变更率
21. 合同解除率
22. 合同争议率
23. 争议解决率
24. 合同撤销率
25. 合同未履行率

（五）经营效益达到较高水平

26. 营业收入增长率
27. 主营业务利润率
28. 净资产收益率
29. 资产负债率
30. 速动比率
31. 应收账款周转率
32. 逾期账款占应收账款比例
33. 逾期账款占应付账款比例

（六）社会信誉好

34. 社会责任
35. 荣誉记录
36. 举报投诉

江苏省守合同重信用企业公示办法

省各直属工商行政管理局，昆山、泰兴、沭阳工商行政管理局：

随着行政审批制度改革的不断深入和政府职能的逐步转变，国家工商总局于2012年起对"全国守合同重信用企业"的命名工作作了重大改革，由原来的命名方式改为向社会公示的方式。为顺应形势的发展，省工商局就改革我省"重守"企业命名工作于今年6月专门具文请示省政府，得到了省政府的批复同意（省政府办公厅〔2013〕政字778号）。为此，我们重新制定了《江苏省守合同重信用企业公示办法》（以下简称《办法》），现印发给你们，请认真组织学习并贯彻执行，特别要熟悉组织开展全省守合同重信用企业公示与管理工作的新要求、新做法和新的程序性规定，努力推进我省企业守合同重信用活动深入开展，为我省企业信用体系的建设做出新的贡献。

各地在贯彻执行本《办法》过程中有何问题，请及时向省局合同处反馈。

江苏省工商行政管理局
2013年10月15日

江苏省守合同重信用企业公示办法

第一章 总 则

第一条 为推进全省社会信用体系建设，建立健全企业信用管理机制，全面、客观、公正、科学地反映企业信誉状况和信用管理水平，促进企业诚实守信和依法生产经营，提高合同履约率，增强市场竞争能力，同时为了进一步规范守合同重信用企业公示活动，依据《中华人民共和国合同法》和《江苏省合同监督管理办法》的规定，制定本办法。

第二条 江苏省行政区域内依法登记的企业法人和其他有关经济组织适用本办法。

第三条 守合同重信用企业公示活动，是指各级工商行政管理机关根据国家相关法律、法规和规章规定，依企业自愿申请，对符合公示条件的企业的上两个年度合同管理水平和企业信誉以及其他相关信用监管信息，通过外网公示平台向全社会予以公示的企业信用建设的行政指导行为。

第四条 守合同重信用企业是指企业信用管理工作规范有序、市场交易行为诚实守信并符合本办法要求的企业。

第五条 江苏省工商行政管理局对全省守合同重信用企业公示活动实施统一规划、指导、组织和监督。

江苏省的各级工商行政管理机关是本级守合同重信用企业的公示监督机关。主要负责对企业申请资料的审查和受理、上网公示、对公示企业投诉信息的处理和反馈、公示的撤销等工作。

企业信用管理协会可以接受本级工商行政管理机关委托,对申请公示企业的申报资料进行受理、审查和核实,以及对公示企业投诉信息进行处理和反馈。根据需要,可以协助本级工商行政管理机关对申报的守合同重信用企业进行培训,对企业信用状况作出评价,将评价结果报工商行政管理机关审查。

第六条　企业参加公示活动,须向公示监督机关或公示监督机关委托或指定的工商行政管理机关提出申请,经公示监督机关审查和征求意见后,对符合条件的企业在守合同重信用企业公示平台上向社会予以公示,接受社会监督,并依相关规定享受相应的优惠扶持政策。

第七条　守合同重信用企业公示采取集中公示为主的方法,实行分级公示与逐级申报。省级公示工作两年进行一次,省辖市、县(市)、区级公示要求及相关内容结合各地实际自行规定。

第八条　守合同重信用企业公示遵循以下原则:
(一)企业自愿参加的原则;
(二)公正、公平、公开的原则;
(三)非评比达标的原则;
(四)非有偿服务的原则;
(五)非终身制的原则。

第九条　公示机关对被公示的企业发给"守合同重信用企业公示证书"。该证书是企业前两年信用状况的证明,企业可用于洽谈业务、参加各项招投标、对外宣传和企业形象设计,以及参与涉及企业信用的有关社会活动。

第二章　申报与评价

第十条　申报守合同重信用企业,应当同时具备下列条件:
(一)有与经营规模相一致的经营场所;
(二)近两年经济效益良好;
(三)有符合本企业特点的信用管理机构、人员和信用管理制度;
(四)在前两个年度内无不良信用记录。

第十一条　申报省级守合同重信用企业除具备本办法第十条规定的条件外,企业应是省辖市级"守合同重信用企业"。

第十二条　申报守合同重信用企业,应向企业住所所在地工商行政管理机关提交下列材料:
(一)申报表;
(二)有效的企业营业执照副本和各类行政许可的复印件;
(三)企业法定代表人(负责人)签署给申报经办人的授权委托书;
(四)企业信用(合同)管理制度、机构和专(兼)职信用(合同)管理人员相关文件复印件;
(五)本企业上两年度经会计师事务所出具的《资产负债表》、《损益表》和《现金流量表》;
(六)申报省级守合同重信用企业的,提交下级公示机关已经公示的该企业守合同重信用企业证书复印件；

（七）省辖市级以上有关资质证书及荣誉证书复印件；

（八）需要向公示机关提交的其他相关材料。

第十三条　被公示的守合同重信用企业还应当符合以下要求：

（一）企业注重守法经营，信用意识强。重视商业信誉和信用（合同）管理工作，坚持诚实信用的经营理念，企业领导、专（兼）职信用（合同）管理人员和有关业务人员，熟悉与本企业生产经营有关的法律法规、制度，具有较强的信用（合同）管理水平。

（二）信用（合同）管理体系健全。企业建立了科学合理的信用（合同）管理机制，有比较系统、完善、适合本企业特点的信用（合同）管理制度、管理机构和人员，并抓好检查落实。信用（合同）档案保存完整，能及时、准确地提供统计数据和有关资料。

（三）合同行为规范。企业合同的订立应采用书面形式，内容符合有关法律、法规、规章的规定，积极使用合同示范文本。格式合同不得含有不公平或歧视性的条款、内容。

（四）合同履约状况好。企业所签合同，除不可抗力、对方违约以及经双方当事人协商依法变更、解除者外，合同履约率应达到100%。

（五）经营状况良好，效益达到较高水平。通过加强信用（合同）管理工作，在维护自身合法权益、提升经营管理水平和经济效益以及社会效益等方面取得较好效果，企业经营效益达到行业较好水平。

（六）社会信誉好。企业积极履行社会责任，取得相关社会荣誉，对各类举报投诉积极处理。

（七）信用状况通过综合测评。

第三章　公示程序

第十四条　各级工商行政管理机关，应将通过资格审查的申报企业名单，以书面的形式向同级经信委、公安、人力资源和社会保障、建设、环保、税务、质监、安全生产监管、食品药品监管、海关、法院、人民银行等相关行政执法机关征求意见，同时广泛听取社会各界的意见。

第十五条　守合同重信用企业的综合信用测评，是指使用统一标准的测评系统，由具有资信评估资质的依法注册的信用评估机构，对申报企业进行信用测评并出具报告，企业可自主选择评估机构。

第十六条　经审核符合公示条件的省级守合同重信用企业，由江苏省工商行政管理局负责在统一公示平台予以公示，根据情况需要在相关媒体或政务网站予以公告。

第十七条　省级守合同重信用公示企业，经省工商局同意可申请参加国家工商总局守合同重信用公示活动。

第四章　监督管理

第十八条　守合同重信用企业实行属地工商行政管理机关动态监管，在日常管理中发现企业有严重违法违规行为的，经公示机关核实无误，可撤销其公示资格；若发现企业有一般违规行为，应当通知其限期改正，对逾期不改的，发现机关应报请公示机关撤销其公示资格。对被撤销公示资格的企业收回证书。

第十九条 被撤销的企业自被撤销之日起四年内不得重新申报守合同重信用企业。

第二十条 守合同重信用企业名称发生变更的,应向公示机关提交申请报告、工商登记机关的《公司变更核准通知书》和变更后的营业执照副本复印件,经核准后予以换发守合同重信用企业公示证书。

第二十一条 守合同重信用企业在公示有效期遗失公示证书的,企业应凭遗失公告、企业营业执照副本的原件和加盖企业印章的复印件,向管理机关提交补发申请,经审核后补发证书。

第二十二条 守合同重信用企业改制的,属整建制改制,参照第二十条规定办理换发证书手续。属合并或分立,按规定程序重新办理申报手续。

第五章 附则

第二十三条 本办法自发布之日起施行。2007年10月27日颁布实施的《江苏省重合同守信用企业管理办法》(苏工商合〔2007〕403号)同时废止。

第二十四条 本办法由江苏省工商行政管理局负责解释。

苏州市社会信用体系建设规划(2014—2020年)

苏府〔2015〕2号

各市、区人民政府,苏州工业园区、苏州高新区、太仓港口管委会;市各委办局,各直属单位:

《苏州市社会信用体系建设规划(2014—2020年)》已经市政府同意,现印发给你们。请结合实际,认真组织实施。

苏州市人民政府
2015年1月5日

苏州市社会信用体系建设规划
(2014—2020年)

社会信用体系是社会主义市场经济体制和社会治理体制的重要组成部分。它以法律、法规、标准和契约为依据,以健全覆盖社会成员的信用记录和信用基础设施网络为基础,以信用信息应用和信用服务体系为支撑,以树立诚信文化理念、弘扬诚信传统美德为内在要求,以守信激励和失信约束为奖惩机制,目的是提高全社会的诚信意识和信用水平。

加快社会信用体系建设,是苏州培育和践行社会主义核心价值观的重要内容,是完善社会主义市场经济体制的重要基础,是加强和创新社会治理的重要举措,也是转变政府职能,加强事中事后监管的重要手段。依据国务院《社会信用体系建设规划纲要(2014—2020年)》《江苏省2014—2020年社会信用体系建设规划和2013—2015年行动计划》以及苏州市政府《关于进一步加强我市社会信用体系建设的实施意见》,制定本规划。规划期为2014—2020年。

一、发展现状及形势
(一)发展现状。

组织协调机制初步确立。全市形成了市经信委(市信用办)总牵头,市区联动、部门协作的组织架构和推进机制,为全面开展社会信用体系建设奠定了良好基础。苏州市社会信用体系建设领导小组由周乃翔市长担任组长,市政府各部门主要领导担任成员。苏州市公共信用信息中心划归市经信委,具体承担和运行全市基础信用信息数据库和服务平台工作。全市十个(县)市、区均已发文成立了社会信用体系建设领导小组并明确了相应责任部门,形成了两级联动工作体系。

信用政策法规逐步完善。出台了《苏州市公共信用信息归集和使用管理办法(试行)》《苏州市社会信用体系建设工作考核办法(试行)》等文件,制定了《苏州市社会法人失信惩戒办法(试行)》《苏州市自然人失信惩戒办法(试行)》和《苏州市行政管理中使用信用产品实施办法(试行)》。

信用信息化正全力推进。苏州市公共信用信息基础数据库和服务平台一期项目已通过验收。完成了诚信苏州网、数据交换前置子系统、数据处理子系统、业务管理子系统和信用服务子系统的开发,以及法人信用数据库和自然人信用数据库的构建,市区两级11个平台实现了联网,与省信用信息中心、26个市级部门的数据进行了对接。清洗入库法人信用信息1 330余万条,覆盖36万多工商户、56万多纳税户。自然人信用信息库完成框架开发,覆盖1 300万人口,含35类4 400余万条数据。

企业贯标工作全面展开。市经信委将企业信用管理贯标工作纳入全市工业转型升级工作目标任务,并列入对各(县)市区经信委(局)年度目标考核,建立了市、区(市)、街道园区三级贯标工作网络,形成了"市里抓示范、区县抓贯标、中介抓辅导、企业抓对标"的工作格局。市信用办制定了贯标工作方案,明确了贯标和示范创建的主要内容、实施步骤及时间进度要求。目前苏州有省级信用管理示范企业8家,市级126家,贯标和示范企业数量在全省遥遥领先。

试点创建工作成效明显。太仓成为省级社会信用体系建设试点县,市信用办认真指导太仓开展社会信用体系建设,推动太仓按照省信用办关于社会信用体系建设试点县要求,建立机构,完善制度,启动信用信息系统建设,扎实开展各项试点工作。目前,太仓企业信用信息系统建设已与苏州市级系统同步启动。

局部跨进省级先进行列。市信用办开展了政府投资和使用国有资金项目的信息公开和诚信体系建设工作,建成开通各级工程建设领域项目信息和信用信息公开共享专栏78个,发布项目信息23 625条,项目信用信息30.4万条,法人不良行为信息500条,从业人员不良信息125条。在全省率先建成了多网络数据交换接口,实现了部门和市级平台间信息的自动推送和归集,以及基于项目编码的项目全过程信息的实时动态公开。

信用服务市场悄然兴起。目前,在市信用办备案的信用中介机构有18家。市经信、工商、质监、人社等部门率先应用了信用信息和信用产品。在市长质量奖评审、市级劳动保障信誉单位评定、市级新型工业化(循环经济)和节能扶持项目申报、市重合同守信用法人申报、市级工业产业转型升级专项资金项目申报、市级"能效之星"法人评审、市级信用管理示范法人评审等工作中,查询和核实申报单位三年内的信用信息记录,并作为评审的重要依据。

苏州市社会信用体系建设刚刚启动,各项任务还十分艰巨,一些问题亟待解决,例如部门之间发展还不平衡,部门联动机制尚未建立,信用产品应用还需进一步拓展,信用服务体系还不发达。

(二)面临的形势。

从国际看,世界经济正处于深度调整期,将延续缓慢复苏态势,对苏州市社会信用体系建设提出了机遇与挑战。经济市场化和全球化深入发展,科技进步日新月异,生产要素流动和产业转移进一步加快,资本市场和产权交易规模不断扩大,信用工具和产品将得到越来越多的运用,法人和自然人信用消费将加速发展。苏州要想有效地参与国际市场竞争,全面提升对外开放能力,就必须按照国际惯例,加快社会信用体系建设,大力发展信用经济。

从国内看,党的十八届三中全会对社会信用体系建设作出了新的战略部署,国务院发布了《社会信用体系建设规划纲要(2014—2020年)》。推进简政放权、转变政府职能对社会信用体系建设提出了迫切要求。长三角地区社会信用体系建设将进一步加快推进,江苏将加快构建与全省经济社会发展相适应的社会信用体系,使"诚信江苏"建设继续走在全国前列。这就要求苏州要在更高起点上,按照更高的要求加快建设社会信用体系。

从苏州看,今后一段时期是苏州经济社会转型发展、率先基本实现现代化的关键时期。苏州经济已进入一个新的发展阶段,面临着保持经济持续平稳增长和加快经济转型升级的双重任务。苏南现代化、苏州"三区三城"建设要迈上新台阶,以提高经济发展质量和效益为中心,统筹做好稳增长、调结构、促改革、惠民生等各项工作,对苏州社会信用体系建设提出了迫切的要求。

二、总体思路

(一)指导思想。

全面推动苏州社会信用体系建设,必须坚持以邓小平理论、"三个代表"重要思想、科学发展观为指导,按照党的十八大、十八届三中全会、十八届四中全会精神,以守信受益、失信惩戒、诚信自律为导向,以信用记录为基础,以加强信用监管为关键,以信用产品应用为核心,以行业和区域建设为支撑,促进政务诚信、商务诚信、社会诚信和司法公信的协调发展,弘扬诚信文化,建设符合国际惯例、适应中国国情、体现苏州特色的社会信用体系,打造"诚信苏州",提高全社会诚信意识和信用水平,改善苏州经济社会发展环境。

(二)基本原则。

统筹规划,适应转型。要着眼全局,通盘考虑苏州社会信用体系建设。围绕苏州经济社会转型发展的需要,分部门、分地区、分阶段推进社会信用体系建设。

政府推动,市场运作。充分发挥政府部门在政策引导、资金扶持、带头应用等方面的作用。通过营造公平竞争的市场环境,来培育和发展苏州信用服务业。

社会参与,开放合作。充分调动苏州各级政府部门、企事业单位和社会公众参与社会信用体系建设的积极性,接受江苏省信用管理部门的指导、加强与其他省市的合作。

强化应用,注重实效。立足苏州实际,加强重点领域信用建设,实现重点领域重点突破。开展信用信息共享和部门联动应用,推进信用产品社会化应用。

(三)发展目标。

到2016年,全市社会信用意识明显提升,政府公信力、法人诚信度和自然人诚信度明显提高,社会信用环境明显改善,信用服务业蓬勃发展,初步形成"体系完整、分工明确、高效运行、监管有力"的社会信用体系。

到2020年,建立起符合国际惯例、具有苏州特色、与苏州经济社会发展水平相适应的社会信用体系,苏州成为信用管理制度完善、信用服务业发达的城市,成为我国社会信用体系建设的先行区和示范区。

三、推进重点领域诚信建设

（一）加快推进政务诚信建设。

政务诚信是社会信用体系建设的关键，各类政务行为主体的诚信水平，对其他社会主体诚信建设发挥着重要的表率和导向作用。

要把政务诚信建设与机关作风建设、转变政府职能结合起来，从依法行政、政务公开、服务承诺等多个领域推进政务诚信建设，构建"有诺必践，取信于民"的诚信政府，提升政府公信力，树立政府公开、公平、清廉的诚信形象。

坚持依法行政，规范政府部门的行政行为。各级政府部门要依照法定职责和程序履行职能，把依法行政贯穿于决策、执行、监督、服务的全过程，规范行政处罚自由裁量权。

全面推进政务公开。创新政府信息公开手段，让行政权力在阳光下运行。大力推动政务信用信息公开，方便社会查询市场主体信用状况。贯彻落实《政府信息公开条例》和《法人信息公示暂行条例》，严格执行国务院和江苏省政府有关要求，将适用一般程序做出的行政处罚案件信息一律在20个工作日内向社会主动公开。在保护商业秘密和自然人隐私的基础上，依法依规向社会公开信用信息。

加强对权力运行的社会监督和约束。健全权力运行制约和监督体系，确保决策权、执行权、监督权既相互制约又相互协调。完善政府决策机制和程序，提高决策透明度。进一步推广重大决策事项公示和听证制度，拓宽公众参与政府决策的渠道。

发挥政务诚信的示范作用。要加强自身诚信建设，以政府的诚信施政，带动全社会诚信意识的树立和诚信水平的提高。在行政许可、政府采购、招投标、社会保障、科研管理、干部任免、申请政府资金支持等领域率先使用信用信息和信用产品。

建立政府守信践诺机制。实行政府服务承诺制和行政问责制，把政务履约和守诺服务纳入政府绩效考评指标体系。把发展规划和政府工作报告有关经济社会发展目标落实情况以及为人民群众办实事的践诺情况作为评价政务诚信水平的重要内容。严格履行政府向社会做出的承诺，认真兑现政策承诺，履行签订的各类合同。

深入开展公务员诚信教育。编制公务员诚信手册，举办公务员信用知识培训班，强化公务员的诚信意识，提高公务员的履职信用水平。

（二）深入推进商务诚信建设。

商务诚信是有效维护商务关系、降低商务运行成本、改善商务环境的基本条件，是各类商务主体可持续发展的生存之本，也是各类经济活动高效开展的基础保障。

要按照"强化外部监督，规范内部管理，规避信用风险，促进诚信经营"的原则，引导法人诚信经营，培育诚信守法的市场主体，改善苏州商业环境。

生产领域信用建设。建立健全安全生产信用承诺制度、信用信息公告制度、失信行为惩戒制度、市场准入和退出信用审核机制，促进法人落实安全生产主体责任。以食品、药品和日用消费品为重点，加强各类生产经营主体生产和加工环节的信用管理。完善12365产品质量投诉举报机制，建立产品质量诚信报告、失信黑名单披露、市场禁入和退出制度。

商贸流通领域信用建设。推进批发、零售、商贸、物流、餐饮、住宿及居民服务等行业的信用建设,开展法人信用分类管理。鼓励法人建立供货商商品质量承诺和信用档案制度,建设商品质量追溯系统。严厉查处制假售假、传销、虚假广告、以次充好、服务违约等失信行为,对典型案件、重大案件予以曝光,增加法人失信成本,营造诚信经商的市场环境。支持商贸企业信用融资,发展商业保险理赔,规范预付消费行为。鼓励法人扩大信用销售,促进信用消费。推进外经贸领域信用建设,加强对外贸易、对外援助、对外投资合作等领域的信用信息管理、信用风险监测预警和法人信用分级分类管理。借助苏州电子口岸,建立完善进出口企业信用评价体系、信用分类管理和联合监管制度。

金融领域信用建设。鼓励苏州金融保险机构进一步扩大信用记录的覆盖面,创新金融信用产品。严厉打击金融欺诈、恶意逃废银行债务、内幕交易、制售假保单、骗保骗赔、披露虚假信息、非法集资、逃套骗汇等失信行为。

税务领域信用建设。加强公开涉税信息的提供,配合做好信息的比对和应用,提高税源监控水平,实现综合治税。建立黑名单制度,严厉打击偷逃税款等失信行为。建立纳税信用等级评定和发布制度,加强税务领域信用分类管理,发挥信用评定差异对纳税人的奖惩作用。推进纳税信用与其他社会信用联动管理,提升纳税人税法遵从度。

价格领域信用建设。引导法人加强价格自律,规范价格行为。实行明码标价和收费公示制度,提高价格政策的透明度,维护消费者的价格知情权。深入开展"价格、计量诚信单位"创建活动,严厉查处巧立名目虚假优惠、虚假折扣等价格欺诈行为以及捏造和散布涨价信息、价格垄断等失信行为。督促经营者加强内部价格管理,根据经营者条件建立健全内部价格管理制度。

工程建设领域信用建设。推进工程建设领域项目信息公开和诚信体系建设,在"诚信苏州网"设立项目信息和信用信息公开共享专栏。建立建筑和房地产相关企业和从业人员的信用档案,实行单位和人员信用关联管理。建立相关企业和从业人员信用评价机制和失信责任追究制度,严厉打击肢解发包、转包、违法分包、拖欠工程款和农民工工资、签订"阴阳合同"等失信行为。对发生重大建筑工程质量安全事故或其他重大失信行为的法人给予严惩。组织开展建筑企业、房地产开发商、物业公司、房地产中介机构等信用评级,加强与其他部门的信用联动。

政府采购领域信用建设。加强政府采购信用管理,强化联动惩戒,保护政府采购当事人的合法权益。制定供应商、评审专家、政府采购代理机构以及相关从业人员的信用记录标准。依法建立政府采购供应商不良行为记录名单,对列入不良行为记录名单的供应商,在一定期限内禁止参加政府采购活动。完善政府采购市场的准入和退出机制,充分利用工商、税务、金融、检察等其他部门提供的信用信息,加强对政府采购当事人和相关人员的信用管理。

招标投标领域信用建设。扩大招标投标信用信息公开和共享范围,建立涵盖招标投标情况的信用评价体系,健全招标投标信用信息公开和共享制度。进一步贯彻落实招标投标违法行为记录公告制度,推动完善奖惩联动机制。依托电子招标投标系统及其公共服务平台,实现招标投标和合同履行等信用信息的互联互通、实时交换和整合共享。加强对投标单位、招标代理机构及其从业人员以及评标专家的信用监管。

交通运输领域信用建设。完善信用考核标准,实施分类考核监管,推进交通建设市场、交通运输市场诚信体系建设。将各类交通运输违法行为列入失信记录,建立相关法人和从业人员的信用档案,形成适应交通运输行业特点的诚信激励和失信惩戒机制。积极引导第三方机构参与信用考核评价,逐步建立交通运输管理机构与社会信用评价机构相结合,具有监督、申诉和复核机制的信用考核评价体系。

国土领域信用建设。推进土地市场、测绘和地理信息行业诚信建设。加强对土地评估机构、地质勘查单位、土地估价师的信用监管,组织开展信用评级工作。在土地审批、资质审批中实行信用报告、信用承诺和信用审查制度。

电子商务领域信用建设。建立健全电子商务信用管理和信用评估制度,加强电子商务法人自身开发和销售信用产品的质量监督。推行电子商务主体身份标识制度,完善网店实名制。加强网店产品质量检查,严厉查处制假售假、传销活动、虚假广告、以次充好、服务违约等欺诈行为。打击内外勾结、伪造流量和商业信誉的行为,对失信主体建立行业限期禁入制度。促进电子商务信用信息与社会其他领域相关信息的交换和共享,推动电子商务与线下交易信用评价。开展电子商务网站可信认证服务工作,推广应用网站可信标识,为电子商务用户识别假冒、钓鱼网站提供手段。

统计领域信用建设。建立法人诚信统计承诺制度、统计违法案件公开通报制度和统计违法单位黑名单制度。将统计调查单位和统计中介机构的失信行为纳入信用数据库。以查处弄虚作假为重点,强化统计执法检查,严厉打击干预统计、弄虚作假、拒报、乱报等行为。将统计失信法人名单档案及其违法违规信息纳入金融、工商等行业和部门信用信息系统,将统计信用记录与法人融资、政府补贴、工商注册登记等直接挂钩,切实强化对统计失信行为的惩戒和制约。在涉外调查机构资质认定中实行信用承诺和信用审查。开展苏州社会信用状况调查和统计工作。

中介服务业信用建设。建立完善中介服务机构及其从业人员的信用记录和披露制度,实施信用分类管理。重点加强公证仲裁类、律师类、会计类、担保类、鉴证类、检验检测类、评估类、认证类、代理类、经纪类、职业介绍类、咨询类、交易类等中介服务机构的信用监管。

会展、广告领域信用建设。推动展会主办机构诚信办展,践行诚信服务公约。加强广告业诚信建设,打击各类虚假广告,并追究虚假广告制作、传播单位的法律责任。建立信用档案和违法违规单位信息披露制度,推广信用服务和产品的应用。

企业诚信管理制度建设。实施"万企贯标、百企示范"工程,建立贯标示范企业"绿卡"制度。建立企业诚信承诺制度,引导企业照章纳税、严格履约,保证产品质量和服务品质,不生产和销售假冒伪劣商品,不拖欠员工工资,不做假账等。充分发挥行业协会的作用,加大诚信企业示范宣传和典型失信案件曝光力度。鼓励企业设立信用管理部门和"信用管理师"岗位,制定信用管理制度,购买信用产品和信用服务,防范信用风险,把"诚信经营、诚信用工"作为企业文化的重要内容。鼓励企业建立客户档案、开展客户诚信评价,将客户诚信交易记录纳入应收账款管理、信用销售授信额度计量。强化企业在发债、借款、担保等债权债务信用交易及生产经营活动中诚信履约。加强供水、供电、供气、公交、地铁等关系人民群众日常生活行业企业的自身信用建设。

（三）全面推进社会诚信建设。

社会诚信是社会信用体系建设的基础，社会成员之间只有以诚相待、以信为本，才会形成和谐友爱的人际关系，才能促进社会文明进步，实现社会和谐稳定和长治久安。

要以法律法规为约束、以道德文化为导引，提高苏州城乡居民的诚信水平，形成"讲信用"的良好社会风气。

医疗卫生和计划生育领域信用建设。加强医疗卫生机构信用管理和行业诚信作风建设，建立诚信医疗服务体系。医疗卫生机构要遵循"合理检查、合理用药、合理治疗、合理收费"的准则。建立执业医师、药师、护士等医护人员的信用档案，加强对医护人员的信用监管，惩戒收受贿赂、过度诊疗等违法和失信行为。药品生产和流通法人要对药品安全进行承诺，保障人们用药安全，严厉打击制售假药行为。建立药品价格、医疗服务价格公示制度，开展诚信医院、诚信药店创建活动。加强计生领域诚信建设，开展人口和计划生育信用信息共享工作，把超生、拖欠社会抚养费等纳入自然人信用数据库。

人力资源和社会保障领域信用建设。建立用人单位恶意欠薪等重大违法行为的公示制度，引导法人诚信用工。组织开展用人单位、人力资源服务机构、劳务派遣单位的信用评级工作，打击各种黑中介、黑用工。在养老、医保等社会保险方面加强对参保人员、用人单位、社会保险服务机构的信用监管，规范参保缴费行为，严厉打击各类骗保行为。

教育、科研领域信用建设。加强教师和科研人员诚信教育，实行信用承诺制度。加强学生诚信教育，培养诚实守信良好习惯。建立教育机构及其从业人员、教师和学生、科研机构和科技社团及科研人员的信用评价制度，将信用评价与考试招生、学籍管理、学历学位授予、科研项目立项、专业技术职务评聘、岗位聘用、评选表彰等挂钩。把学历造假、论文抄袭、学术不端、招生作弊等列入教师和科研人员档案，把考试作弊列入学生档案。

民政领域信用建设。建立健全社会救助政策实施中的申请、审核、退出等各环节的诚信制度。构建居民家庭经济状况核对信息系统，建立和完善低收入家庭认定机制，加强对申请条件的审核，强化对社会救助的动态管理，加强对低保申领人的信用监管，将失信和违规的自然人纳入信用黑名单并进行公示。把诚信建设列入社会组织的章程，鼓励社会组织加强自身内部信用管理以及对会员的信用监管和惩戒。促进社会组织信息公开，加强诚信自律，提高社会公信力。支持苏州信用协会建设。

住房和城乡建设领域信用建设。建立健全保障性住房政策实施中的申请、审核、退出等各环节的诚信制度，加强对保障性住房申请人的信用监管，将严重失信和违规的自然人纳入信用黑名单并进行公示。加强对物业公司的信用监管，将严重失信和违规的物业公司纳入信用黑名单并进行公示。

文化、体育、旅游领域信用建设。制定文化市场诚信管理措施，加强对文化法人的信用监管。制定职业体育行业诚信从业准则，在参赛、转会等方面推进职业体育从业人员、俱乐部和中介机构的第三方信用评估。制定旅游从业人员诚信准则，建立游客投诉记录和公共制度，推进旅行社、景区/景点以及宾馆等旅游服务机构的第三方信用评估。

知识产权领域信用建设。把专利侵权、商标侵权、软件盗版等行为纳入法人信用数据库,建立知识产权侵权行为联合惩戒机制。建立知识产权服务机构信用档案,组织开展知识产权服务机构信用评级工作。

节能环保领域信用建设。建立排污企业的环保信用档案,组织开展企业环境行为信用评价工作,定期发布评价结果,并组织开展动态分类管理,根据企业的信用等级予以相应的鼓励、警示或惩戒。建立企业环境行为信用信息共享机制,加强与银行、证券、保险、商务等部门的联动,对环保失信企业企业、实际控制人、主要股东及关联人实施联合惩戒。在绿色企业评定等工作中实行信用审查制度。加强对环评机构和环评工程师的信用监管,建立环境影响评价报告责任追究制度。加强对重点用能单位以及从事能源审计、节能评估、合同能源管理等节能服务机构及其从业人员的信用监管,向全社会定期发布信用评级结果。加强对环资项目评审专家从业情况的信用考核管理。

水利领域。加强水利工程建设市场的信用监管。在水利工程开工审批、取水许可审批等审批事项中实行信用报告、信用承诺和信用审查制度。加强对水文水资源调查评价机构、建设项目水资源论证机构、水土保持方案编制机构、水利工程质量检测单位的信用监管。

社会组织诚信建设。健全社会组织信息公开制度,引导社会组织提升运作的公开性和透明度,规范社会组织信息公开行为。把诚信建设内容纳入各类社会组织章程,强化社会组织诚信自律,提高社会组织公信力。发挥行业协会(商会)在行业信用建设中的作用,加强会员诚信宣传教育和培训。

自然人信用建设。加强重点人群职业信用建设,建立公务员、法人法定代表人、律师、会计从业人员、注册会计师、统计从业人员、注册税务师、审计师、评估师、认证和检验检测从业人员、证券期货从业人员、上市公司高管人员、保险经纪人、医务人员、教师、科研人员、专利服务从业人员、项目经理、新闻媒体从业人员、导游、执业兽医等人员信用记录,推广使用职业信用报告,引导职业道德建设与行为规范。

互联网领域信用建设。实行网络实名制,加强对互联网企业和网民的信用监管,推进网络诚信建设。建立网络信用评价体系,对互联网企业的服务经营行为、网民的网上行为进行信用评估,记录信用等级。建立涵盖互联网企业、网民的网络信用档案,积极推进建立网络信用信息与社会其他领域相关信用信息的交换共享机制,推动网络信用信息在社会各领域推广应用。建立网络信用黑名单制度,把有网络欺诈、造谣传谣、侵害他人合法权益等行为的法人和自然人列入黑名单,对列入黑名单的法人和自然人采取行业禁入、网上行为限制等措施,并通报相关部门并进行公开曝光。

(四)大力推进司法公信建设。

司法公信是社会信用体系建设的重要内容,是树立司法权威的前提,是社会公平正义的底线。

法院公信建设。施行庭审承诺制度。依托"天平工程",实现省—市—区(县级市)三级法院审判信息共享。建立执行案件、被执行人信息查询制度,推进强制执行案件信息公开。建立判决执行联动机制,提高判决执行效率。整合诉讼信息,并纳入法人和自然人信用数据库,严厉打击诉讼失信与规避执行等行为。通过各类民商事纠纷案件的审理工作,引导法人诚信经营、诚信用工。

检察公信建设。进一步深化检务公开,明确检务公开的范围和内容,创新检务公开的手段和途径。强化人民检察院的独立办案权和公信力。推行"阳光办案",严格管理制度,强化内外部监督,建立健全专项检查、同步监督、责任追究机制。建立行贿犯罪档案查询制度,实现行贿犯罪档案查询的制度化、规范化、程序化和常态化。建立行贿犯罪档案查询与应用联动机制,加大查办和预防职务犯罪力度。

公共安全领域公信建设。全面推行"阳光执法",依法及时公开执法办案的制度规范、程序时限等信息,对于办案进展等不宜向社会公开,但涉及特定权利义务、需要特定对象知悉的信息,应当告知特定对象,或者为特定对象提供查询服务。整合公安系统内部的各类信用信息资源,深入开展信用信息联动应用。与市信用办开展人口基础数据交换和信用数据交换,支持自然人信用数据库建设。将消防安全不良记录纳入法人信用数据库,将诈骗犯罪、违反交通规则、使用假身份证等不良记录纳入自然人信用数据库。

司法行政系统公信建设。提高社区矫正机构规范化、制度化水平,维护相关人员的合法权益。大力推进司法行政部门信息公开,进一步规范和创新律师、公证、基层法律服务、法律援助、司法鉴定等信用信息管理和披露手段。

司法执法和从业人员信用建设。建立苏州各级公安、司法行政等工作人员信用档案,依法依规将徇私枉法、办人情案和金钱案以及不作为等不良记录纳入档案,并作为考核评价和奖惩依据。推进律师、公证员、基层法律服务工作者、法律援助人员、司法鉴定人员等诚信规范执业。建立司法从业人员诚信承诺制度。

健全促进司法公信的制度基础。推进执法规范化建设,严密执法程序,坚持有法必依、违法必究和法律面前人人平等,提高司法工作的科学化、制度化和规范化水平。充分发挥人大、政协和社会公众对司法工作的监督作用,完善司法机关之间的相互监督制约机制,强化司法机关的内部监督,实现以监督促公平、促公正、促公信。

四、加强诚信教育与诚信文化建设

诚信宣传教育是社会信用体系建设的内在要求,是培育和践行社会主义核心价值观的重要内容。要把诚信建设纳入到精神文明创建活动中,贯穿到政风、行风评议中,充分利用广播、电视、报刊、互联网等媒体,开展诚信宣传和教育活动,营造"守信者荣、失信者耻、无信者忧"的氛围,使诚信意识深植人心,形成"以诚实守信为荣、以见利忘义为耻"的良好社会风尚。

(一)加快信用专业人才培养。

鼓励和支持苏州本地有条件的高校设置信用管理专业或开设相关课程,在研究生培养中设立信用管理研究方向,与信用服务机构合作建立学生实训基地。与高校及科研机构合作,组织开展苏州社会信用体系建设重大问题研究。

加强信用服务专业高级人才引进和培养力度,形成一支业务过硬、熟悉市场的信用服务人才队伍。支持相关从业人员参加"信用管理师"培训和资格考试,搭建学习和交流平台,壮大苏州信用管理专业人才队伍,为苏州社会信用体系建设提供人力资源支撑。

（二）普及诚信教育。

把诚信教育贯穿公民道德建设和精神文明创建全过程。建好用好道德讲堂，倡导爱国、敬业、诚信、友善等价值理念和道德规范。开展群众道德评议活动，对诚信缺失、不讲信用现象进行分析评议，引导人们诚实守信、遵德守礼。

在各级各类教育和培训中进一步充实诚信教育内容。大力开展信用宣传普及教育"进机关、进企业、进学校、进社区、进乡镇、进家庭"活动。组织举办社会信用体系建设业务培训班、经验交流会、工作现场会。政府网站要发挥示范带头作用，开设信用专栏，宣传诚信典型，曝光失信黑名单。

（三）加强诚信文化建设。

弘扬诚信文化。以社会成员为对象，以诚信宣传为手段，以诚信教育为载体，大力倡导诚信道德规范，弘扬中华民族积极向善、诚实守信的传统文化和现代市场经济的契约精神，形成崇尚诚信、践行诚信的社会风尚。

树立诚信典型。充分发挥苏州电视台、苏州诚信网、苏州人民广播电台等媒体的宣传引导作用，结合道德模范评选和各行业诚信创建活动，树立社会诚信典范，使社会成员学有榜样、赶有目标，使诚实守信成为全社会的自觉追求。

深入开展诚信主题活动。有步骤、有重点地组织开展"诚信活动周"、"质量月"、"安全生产月"、"诚信宣传月"、"3·5"学雷锋活动日、"3·15"国际消费者权益保护日、"6·14"信用记录关爱日、"12·4"全国法制宣传日等公益活动，突出诚信主题，营造诚信和谐的社会氛围。

大力开展重点行业领域诚信问题专项治理。深入开展道德领域突出问题专项教育和治理活动，针对诚信缺失问题突出、诚信建设需求迫切的行业领域开展专项治理，坚决纠正以权谋私、造假欺诈、见利忘义、损人利己的歪风邪气，树立行业诚信风尚。

五、加快推进信用信息化建设

完善的信用记录是社会信用体系得以有效运转的前提和基础，完备的信用信息系统是社会信用体系建设的基础设施和重要保障。要加强信用记录建设，制定信用信息目录，整合现有信用信息资源，形成全面覆盖的社会成员信用记录。加强信用记录的采集、传输、管理、处理、共享、分析和可视化，并按照规范做好信息安全保障工作。进一步拓展和深化信用信息应用，以需求为导向，不断拓展信用信息目录，提高信用数据质量，健全信用信息交换共享机制。

（一）深化一网三库一平台建设。

一网是指"诚信苏州网"，三库是指苏州市政府信息资源库、苏州市法人信用数据库和苏州市自然人信用数据库，一平台是指苏州市公共信用信息平台。

一网三库一平台由市信用办统一组织建设，其中"诚信苏州网"、苏州市公共信用信息平台由市信用信息中心负责建设。苏州市政府信息资源库由市发展改革委负责建设。苏州市法人和自然人信用数据由市级部门和区（市）政府分级采集、入库。苏州市公共信用信息平台与江苏省信用信息平台对接，与市级部门行业信用信息系统对接，与区县信用信息系统对接。

已建信用信息系统的区（市），应接入苏州市公共信用信息平台，没有建立信用信息系统的区(市),不再单独建设信用信息系统,由市信用办统一组织建设。

各地区、各部门都建立信用记录采集的制度,把信用记录归集到信用数据库。所有具有行业监管职责的部门都要建立信用信息系统。按照信用信息的属性,结合保护自然人隐私和商业秘密,加强信用信息在采集、共享、使用、公开等环节的分类管理。

(二)推进行业信用信息系统建设。

加强重点领域信用记录建设。以房地产、旅游、电子商务、中介服务、劳务派遣、劳务外包、食品安全、金融、商贸、工程建设等领域为重点,完善行业信用记录和从业人员信用档案。

建立行业信用信息数据库。以数据和应用标准化为原则,依托苏州市各项电子政务重大工程,整合行业内的信用信息资源,实现信用记录的电子化存储,加快建设行业信用信息系统,加快推进行业间信用信息互联互通。各行业协会分别负责本行业信用信息的组织与发布。

苏州各级司法、行政机关要加快建立健全本行业信用记录,完善行业信用信息系统。在履行市场监管和公共服务职责过程中,让每个社会成员的信用行为都留下真实、准确、可追溯的信用记录。

支持苏州市商业银行、证券公司、保险公司、信用担保公司、小额贷款公司等地方金融机构建设客户信用数据库和信用信息系统。支持信用服务机构根据市场需求依法征信。

引导和支持行业协会、网站、新闻媒体等社会组织和市场化的征信机构依法建立市场主体的信用记录。充分发挥社会和市场的力量,收集和整合各个领域、各个环节的信用记录,使信用记录不留死角、不留盲区。

(三)促进信用信息的交换与应用。

以需求为导向,在保护隐私、责任明确、数据及时准确的前提下,按照风险分散的原则,建立横向和纵向的信用信息交换、共享机制,依托苏州市公共信用信息平台,依法推进市级平台与各地区、各部门信用信息系统的数据交换和共享,逐步形成覆盖苏州全部信用主体的信用信息网络,组织开展跨部门的信用联动应用。

各行业主管部门要对信用信息进行分类分级管理,确定查询权限,特殊查询需求特殊申请。依法依规开放公共信用信息资源,鼓励信用服务机构对公共信用信息资源进行开发利用,推进信用信息产品在市场交易、市场监管、社会治理等领域的应用。深化信用信息产品在食品安全、旅游、住房、电子商务、中介服务、工程建设、劳务派遣、劳务外包等行业以及企业法人代表、个体工商户、导游、注册会计师、律师、资产评估师、保险代理人、医生、记者、工程监理师等人群的应用。

六、完善社会信用体系运行机制

运行机制是保障社会信用体系各系统协调运行的制度基础。其中守信激励和失信惩戒机制直接作用于各个社会主体信用行为,是社会信用体系运行的核心机制。要通过制度设计使人不愿失信、不敢失信、不能失信。

(一)构建守信激励和失信惩戒机制。

加强对守信主体的奖励和激励。加大对守信行为的表彰和宣传力度。按规定对诚信法人和模范自然人给予表彰,通过新闻媒体广泛宣传,营造守信光荣的舆论氛围。工商、税务、质监等行政部门要深化信用信息和信用产品的应用,对诚实守信者实行优先办理、简化程序等"绿色通道"支持激励政策。

加强对失信主体的约束和惩戒。综合运用市场性惩戒、行政监管性惩戒、行业性惩戒、司法性惩戒和社会性惩戒等手段,切实加大对失信主体的约束和惩戒力度。建立严重违法失信黑名单公开曝光制度,把信用状况作为各类准入门槛的基本内容。在市场准入、资质认定、行政审批、政策扶持等方面进行信用核查,结合监管对象的失信类别和程度,使失信者受到惩戒。建立失信信息记录和披露制度,使失信者在市场交易中受到制约。对违规的失信者,由所在行业协会按照情节轻重,实行警告、行业内通报批评、公开谴责等惩戒措施。对严重失信行为进行公开曝光,通过社会舆论谴责对失信者产生震慑力。对涉嫌违法犯罪的失信行为,依法追究当事人的民事或刑事责任。

建立信用联合惩戒机制,研究制定相关政策,提高失信成本。通过开展信用信息共享,建立跨地区、跨部门信用联合奖惩机制,使守信者处处受益、失信者寸步难行。具有行业监管职责的部门都要制定失信行为联合惩戒办法,依法出台具体的惩戒措施。

建立失信行为有奖举报制度。切实落实对举报人的奖励,采取有效措施保护举报人的合法权益。促进守信激励和失信惩戒工作规范化、制度化。

(二)建立健全信用法律法规和标准规范体系。

健全的法规制度和标准体系既是社会信用体系有效运行的重要基础,又是社会信用体系建设的重要保障。要建立健全信用法规和标准体系,不断提升信用建设制度化、规范化水平。

推进信用法制化。坚持亟需、管用、小步快跑的原则,研究制定一批苏州地方性法规、政府规章或规范性文件,使信用信息归集、查询、共享、公开、应用以及信息安全保障和主体权益保护等有法规可依。实行信用承诺制度,把信用记录建设和失信惩戒纳入相关政策文件。鼓励有关政府部门制定自身职能范围内的信用监管、信用评级等方面的规章制度。

推进信用标准化。依据有关国家标准、行业标准、江苏省标准,建立并完善苏州市社会信用体系建设的标准规范体系,包括信用数据标准、信用服务规范等。进一步完善《苏州市信用信息标准数据字典》,支持专业机构研究建立行业信用评级标准。采用国家统一代码制度,加强法人和自然人的信用管理。

(三)培育和规范信用服务市场。

以征信机构和评级机构为代表的信用服务机构是社会信用体系建设的重要组成部分,是推动社会信用体系良性运转的重要动力。要研究制定针对信用服务机构的支持政策,开放信用信息,激发市场需求。

发展各类信用服务机构。引进、重组、培育和发展一批信用服务机构,逐步建立公益机构和商业机构互为补充、基础服务和增值服务相辅相成的信用服务组织体系。支持信用服务机构发展信用调查、信用评级、信用保险、信用担保、信用管理咨询和培训等业务,形成层次多样、业务各有侧重、差异化竞争的信用服务市场群体。对信用服务机构技术创新、产品研发等活动进行必要的资金扶持,完善苏州信用服务产业链。

促进信用评级行业发展。引进国内外知名信用评级机构,培育和发展苏州本地信用评级机构。探索创新双评级、再评级制度,规范信用评级市场,提高信用评级机构的公信力。鼓励苏州本地评级机构参与制定国家信用评级标准,加强与外地信用评级机构的交流与合作。

推动信用产品广泛应用。鼓励信用服务产品开发和创新,拓展信用服务产品应用范围,加大信用服务产品在社会治理和市场交易中的应用。政府部门要带头使用信用产品,购买信用服务。在行政管理中实行信用报告、信用承诺和信用审查制度。在公共资源交易、财政资金项目申报、补助补贴发放等方面使用第三方信用报告。

建立政务信用信息有序开放制度。明确政务信用信息的开放分类和基本目录,有序扩大政务信用信息对社会的开放。依法向符合条件的信用服务机构开放公共信用数据资源,鼓励信用服务机构对公共信用数据资源进行开发利用。

加强信用服务市场监管。加强信用服务机构的备案管理,完善监管制度,明确监管职责,切实维护市场秩序。制定信用服务相关法律法规,建立信用服务机构准入与退出机制,实现从业资格认定的公开透明。建立信用服务机构和从业人员的信用记录,加强对信用服务机构的信用监管,营造有利于信用服务机构公平竞争的市场环境。

推动信用服务机构完善法人治理。强化信用服务机构内部控制,完善约束机制,提升信用服务质量。

加强信用服务机构自身信用建设。信用服务机构要确立行为准则,加强规范管理,提高服务质量,坚持公正性和独立性,提升公信力。鼓励各类信用服务机构设立首席信用监督官,加强自身信用管理。

加强信用服务行业自律。建立信用服务机构和从业人员基本行为准则和业务规范,强化自律约束,全面提升信用服务机构诚信水平。

(四)保护信用信息主体权益。

健全信用信息主体权益保护机制。充分发挥行政监管、行业自律和社会监督在信用信息主体权益保护中的作用,综合运用法律、经济和行政等手段,切实保护信用信息主体的合法权益,防止信用信息被滥用。加强对信用信息主体的引导和教育,不断增强其维权意识。

建立自我纠错、主动自新的社会鼓励与关爱机制。以建立针对未成年人失信行为的教育机制为重点,通过对已悔过改正旧有轻微失信行为的社会成员予以适当保护,形成守信正向激励机制。

建立信用信息侵权责任追究机制。制定信用信息异议处理、投诉办理、诉讼管理制度及操作细则。进一步加大执法力度,对信用服务机构泄露国家秘密、商业秘密和侵犯自然人隐私等违法行为,依法予以严厉处罚。通过各类媒体披露各种侵害信息主体权益的行为,强化社会监督作用。

明确信用信息记录主体的责任,保证信用信息的客观、真实、准确和及时更新。

(五)强化信用信息安全管理。

加强信息安全基础设施建设,对"一网三库一平台"采取有效的信息安全保护措施。完善信用信息保护和网络信任体系,建立健全信用信息安全监控体系。加大信用信息安全监督检查力度,对苏州市公共信用信息中心和苏州信用服务机构的信息安全状况进行督查,防止信用信息泄密事件发生。对"一网三库一平台"开展信用信息安全风险评估,实行信息安全三级等级保护。开展信用信息系统的安全认证,加强信用信息系统的安全管理。建立和完善信用信息安全应急处理机制和信息安全事件责任追究机制。

加强信用服务机构信用信息安全内部管理。强化信用服务机构信息安全防护能力,加大安全保障、技术研发和资金投入,高起点、高标准建设信用信息安全保障系统。依法制定和实施信用信息采集、整理、加工、保存、使用等方面的规章制度。

七、重点工程

(一)苏州社会信用信息化推进工程。

对"诚信苏州网"进行升级改造,提供信用记录查询服务。开通手机版网站,方便人们通过手机上网浏览信息。开发信用类App,为政府部门、授权的信用服务机构、授权用户提供信用信息检索服务。

加快完善苏州市政府信息资源库、苏州市法人信用数据库和苏州市自然人信用数据库,到2019年实现信用记录全覆盖。建立规范化、常态化的信用信息归集机制,及时更新信用数据库。各级政府部门要及时把本部门在行使职能过程中产生的信用记录输入信用数据库。运用市级数据交换平台与各相关部门共享和交换信用数据。与江苏省公共信用信息系统进行数据交换。

加快建设苏州市公共信用信息平台。把"诚信苏州"网作为其前台,政府信息资源库、法人信用数据库和自然人信用数据库为其提供数据支撑,增强平台的功能,提高平台的性能,充分发挥信用数据输入、查询检索、统计分析等功能。

(二)苏州市信用数据质量提升工程。

依据有关国家标准、江苏省标准和行业标准,研究制定苏州市信用数据标准,包括苏州市信用元数据标准、苏州市信用数据字典标准等。加强苏州市信用数据质量管理,提高信用数据的全面性、准确性、一致性,对信用数据进行及时更新。

(三)苏州市信用部门联合惩戒工程。

依托苏州市公共信用信息平台,在旅游、住房、食品安全、中介服务、法院执行、商贸流通、电子商务等领域开展多部门失信联合惩戒工作。研究制定这些领域的失信联合惩戒制度,在每个领域建立失信联合惩戒工作组,开展跨部门信用信息共享和联合惩戒工作。

(四)苏州市旅游行业信用监管工程。

加强对旅行社、宾馆酒店、租车公司等旅游相关法人和导游等从业人员的信用监管,建立信用档案,实施机构和从业人员信用关联管理,实行信用报告、信用承诺和信用审查制度。制定苏州旅游从业人员诚信准则,健全游客投诉记录制度。组织开展旅行社、景区或景点信用评价工作。建立外地来苏州游客的信用记录。对发生严重失信行为的法人和自然人列入黑名单并进行公示。

(五)苏州市住房行业信用监管工程。

加强对苏州房地产开发商、物业公司、房地产中介机构等房地产相关企业和从业人员的信用监管,建立信用档案,实行机构和从业人员信用关联管理制度。严厉打击骗取保障性住房、骗取购房款或租房款、签订"阴阳合同"、物业公司损害业主利益以及其他违规违约等失信行为。对发生严重失信行为的法人和自然人列入黑名单并进行公示。

（六）苏州市食品安全信用监管工程。

实行食品安全承诺制度。建立食品安全信用信息系统，加强对苏州食品生产、检测、销售等相关企事业单位和从业人员的信用监管。严厉打击生产有毒食品、销售过期食品等失信行为。对发生严重失信行为的法人和自然人列入黑名单并进行公示。

（七）苏州信用服务业培育发展工程。

研究制定促进苏州信用服务业发展的专项扶持政策。面向征信、信用评级、信用信息检索分析、信用管理、社会信用领域专项咨询等，开展信用服务品牌机构创建工作，扶持一批基础好、能力强、口碑好、业绩突出的信用服务机构。适时建设苏州信用服务产业园，促进苏州信用服务业集聚发展。支持苏州市法人征信公司先行先试建设信用数据库和征信系统，提供专业的信用服务。

八、保障措施

（一）加强组织协调。

进一步理顺苏州社会信用体系建设体制机制，加强能力建设。加强政府部门之间的沟通和协调，建立横向和纵向的信用信息联动应用机制。进一步强化苏州市社会信用体系建设领导小组及其办公室的指导、协调、考核和监督等职能，建立工作通报和协调制度，及时研究解决苏州市社会信用体系建设中的重大问题。各有关单位应根据本规划的《任务分解表》，组织落实有关任务，明确具体任务的责任部门和责任人，密切配合市信用办的相关工作。组建苏州信用协会，加强行业自律，充分发挥各类社会组织的作用。

（二）加大资金投入。

根据苏州社会信用体系建设需要，把应由政府负担的经费纳入财政预算予以保障，包括信用信息系统建设和运行维护，重点领域创新示范，制定相关政策法规和标准规范，购买政策研究和工程咨询服务，开展宣传、教育和培训，奖励信用管理贯标法人，扶持信用服务机构等方面的费用。引导社会资金进入信用服务业，形成社会信用体系建设多元化的投融资体系。

（三）推动创新示范。

按照国家和江苏省信用办的工作部署，结合苏州实际情况，从区域、行业/领域、企业三个层面组织开展信用创新示范工作。在企业层面，继续组织开展省级、市级信用管理示范企业创建工作。

在行业/领域层面，组织开展重点领域和行业信用信息应用示范。选择旅游、工程建设、电子商务、食品安全、政府采购、招投标等行业，开展信用产品创新应用示范工作，完善行业信用记录，探索建立行业禁入和市场退出制度。在法院执行、食品药品安全、环境保护、安全生产、产品质量、工程建设、电子商务、公共资源交易等领域试点推行信用报告制度，建立信用联合惩戒机制。

在区域层面，争取更多的区（市）成为江苏省社会信用体系建设试点县，组织开展社会信用体系建设苏州市级示范区创建工作。争取苏州成为国家级社会信用体系建设示范区。

（四）推动区域合作。

积极参加长三角地区社会信用体系一体化建设，与长三角地区城市开展信用数据交换、跨地区信用监管。推动信用服务机构产品互认，促进长三角地区信用服务市场共同发展。在政策法规和标准规范制定、信用信息共享等方面加强与长三角地区城市、国内外其他城市的交流与合作。

（五）加强督查考核。

把社会信用体系建设工作纳入到全市机关作风效能建设考核范畴，并作为目标责任考核和政绩考核的重要内容。组织开展苏州社会信用体系建设水平和绩效评估工作。市信用办要做好规划实施的监督、考核和跟踪评估工作，及时发现问题并提出整改意见。对成效突出的地区、部门和单位，按规定予以表彰。对推进不力、失信现象多发地区、部门和单位的负责人，按规定实施行政问责。

苏州市各级政府部门要结合本地区、本部门的实际情况，依据本规划制定具体的工作方案，以主动作为的姿态、务实创新的作风、具体管用的方法推动社会信用体系建设，通过共同努力使苏州社会信用体系建设走在全省、全国前列。

附录三　苏州市"守合同重信用"企业认定大事记

苏州市"守合同重信用"企业认定大事记

2002 年

苏州市人民政府发布《关于命名 2000—2001 年度苏州市守合同重信用企业的通知》(苏府〔2002〕21 号)。

"苏州精细化工集团有限公司"等 100 家企业被苏州市人民政府命名为苏州市第一批守合同重信用企业。

2004 年

苏州市人民政府发布《关于命名苏州市守合同重信用企业的通知》(苏府〔2004〕115 号)。

"张家港市港星新型建材有限公司"等 365 家企业被苏州市人民政府命名为苏州市第二批守合同重信用企业。

2005 年

苏州市人民政府发布《关于命名苏州市守合同重信用企业的通知》(苏府〔2005〕119 号)。

"苏州供电公司"等 809 家企业被苏州市人民政府命名为苏州市第三批守合同重信用企业。

2007 年

苏州市人民政府发布《关于命名苏州市守合同重信用企业的通知》(苏府〔2007〕58 号)。

"苏州市振翔特种消防装备有限公司"等 753 家企业被苏州市人民政府命名为苏州市第四批守合同重信用企业。

2009 年

苏州市人民政府发布《关于命名苏州市第五批守合同重信用企业的通知》(苏府〔2009〕107 号)。

"苏州市乐天科技有限公司"等 465 家企业被苏州市人民政府命名为苏州市第五批守合同重信用企业。

2011 年

苏州市人民政府发布《关于命名苏州市第六批守合同重信用企业的通知》(苏府

〔2011〕62号）。

"江苏长建建筑安装工程有限公司"等228家企业被苏州市人民政府命名为苏州市第六批守合同重信用企业。

2013年

1. 苏州市人民政府发布《关于命名苏州市第七批守合同重信用企业的通知》（苏府〔2013〕117号）。

"苏州市剑园绿化工程有限公司"等258家企业被苏州市人民政府命名为苏州市第七批守合同重信用企业。

本年度对苏州市已认定的市级"守重"企业1808家进行了复查。

2. "常熟市双乐彩印包装有限公司"等107家企业被江苏省工商局首次公示为2011—2012年度省级"守合同重信用"企业，197家原省级"守重"企业通过2012年度复查，合计当年度，苏州市有304家省级"守合同重信用"企业。

3. 苏州市2010—2011年度公示国家级"守合同重信用"企业有41家。

2014年

1. 本年度对苏州市已认定的市级"守重"企业1522家进行了复查。

2. 苏州市省级"守重"企业192家通过省级复查。

3. 苏州市2012—2013年度公示国家级"守合同重信用"企业24家，继续公示的国家级"守合同重信用"企业有39家，合计当年度，苏州市共有国家级"守重"企业63家。

2015年

1. 苏州市人民政府发布《关于命名苏州市第七批守合同重信用企业的通知》（苏府〔2015〕83号）。

"苏州市富城拍卖有限公司"等205家企业被苏州市人民政府命名为苏州市第八批守合同重信用企业。

本年度对苏州市已认定的市级"守重"企业1377家进行了复查。

2. "张家港市巨桥毛纺织染有限公司"等73家企业被江苏省工商局公示为2013—2014年度省级"守合同重信用"企业，"江苏金陵体育器材股份有限公司"等246家企业被江苏省工商局继续公示为2013—2014年度省级"守合同重信用"企业。苏州工业园区有省级"守合同重信用"企业34家，张家港市保税区有省级"守合同重信用"企业12家，合计当年度，苏州市共有省级"守合同重信用"企业309家。

3. 截至2015年度，苏州市共有共有市级"守重"企业1582家，省级"守重"企业308家，国家级"守合同重信用"企业63家。

2016年

2016年6月，国家工商行政管理总局向社会公示了2014—2015年度"守重"企业共6023家，其中2014—2015年度首次公示的"守重"企业1959家，已在2012—2013年度公示、申请继续公示的"守重"企业4064家。其中，苏州市新增24家2014—2015年度首次公示的"守重"企业，至此，苏州市共有国家级"守重"企业87家。

附录四　苏州市"守合同重信用"企业名单（省级和国家级）

苏州市"守合同重信用"企业名单（省级和国家级）

（截止到2015年度，苏州市共有省级国家级"守重"企业371家，其中，国家级"守重"企业63家，省级"守重"企业308家。）

2013—2014年度公示的省级"守合同重信用"企业名单

序号	企业名称	辖区	国家级标记	所属行业
1	江苏金陵体育器材股份有限公司	张家港	国家级	文教、工美、体育和娱乐用品制造业
2	江苏永联精筑建设集团有限公司	张家港		市政设施管理
3	江苏永钢集团有限公司	张家港	国家级	金属制品业
4	张家港玉成精机股份有限公司	张家港		金属加工机械制造
5	江苏华宇飞凌包装机械有限公司	张家港		通用设备制造业
6	江苏海狮机械集团有限公司	张家港		纺织、服装和皮革加工专用设备制造
7	张家港市兆丰城建有限公司	张家港		房屋建筑业
8	张家港市鹿苑建筑工程有限公司	张家港		房屋建筑业
9	江苏银河电子股份有限公司	张家港		计算机制造业
10	江苏华恒科技发展有限公司	张家港		其他未列明专业技术服务业
11	江苏华大离心机制造有限公司	张家港		其他通用设备制造业
12	江苏东渡纺织集团有限公司	张家港		纺织服装、服饰业
13	张家港华峰电接插元件有限公司	张家港		电子元件制造业
14	江苏新美星包装机械股份有限公司	张家港		通用设备制造业

续表

序号	企业名称	辖区	国家级标记	所属行业
15	张家港金利织带有限公司	张家港		棉纺织及印染精加工
16	江苏金厦建设集团有限公司	张家港		其他土木工程建筑
17	江苏兴安建设集团有限公司	张家港		建筑安装业
18	江苏振龙减震器有限公司	张家港		金属制品业
19	苏州南洋电缆有限公司	张家港		电线、电缆、光缆及电工器材制造
20	江苏澳洋纺织实业有限公司	张家港		纺织服装、服饰业
21	江苏怡成屏障科技有限公司	张家港		工程技术研究和试验发展
22	江苏联冠科技发展有限公司	张家港		通用设备制造业
23	张家港市乐万家房地产调剂有限公司	张家港	国家级	房地产中介服务
24	华润张家港百禾医药有限公司	张家港		医药和医疗器材批发
25	江苏培达塑料有限公司	张家港		塑料制品业
26	江苏天翔电气有限公司	张家港		专用设备制造业
27	张家港市国际购物中心有限责任公司	张家港		其他批发业
28	张家港市商业大厦有限责任公司	张家港		纺织、服装及家庭用品批发
29	江苏华青流体科技有限公司	张家港		其他通用零部件制造
30	张家港市双山建筑工程有限公司	张家港		房屋建筑业
31	长江润发机械股份有限公司	张家港	国家级	专用设备制造业
32	苏州天沃科技股份有限公司	张家港		专用设备制造业
33	长江润发(张家港)浦钢有限公司	张家港		金属制品业
34	张家港市巨桥毛纺织染有限公司	张家港		纺织业
35	张家港市天江精密模具制造有限公司	张家港		通用设备制造业
36	江苏港洋实业股份有限公司	张家港		毛纺织及染整精加工
37	张家港市园林建设工程有限公司	张家港		其他土木工程建筑
38	澳洋集团有限公司	张家港		纺织业
39	张家港华菱医疗设备股份公司	张家港		专用设备制造业
40	江苏金叶科教设备有限公司	张家港		研究和试验发展
41	常熟市顺盛印刷包装厂有限公司	常熟		印刷

续表

序号	企业名称	辖区	国家级标记	所属行业
42	常熟市常力紧固件有限公司	常熟		其他未列明金属制品制造
43	常熟市长江不锈钢材料有限公司	常熟		金属制造业
44	常熟市宝鼎服装有限责任公司	常熟		纺织、服装及家庭用品批发
45	常熟风范电力设备股份有限公司	常熟	国家级	金属结构制造
46	常熟华东汽车有限公司	常熟		汽车制造业
47	常熟市电缆厂	常熟		电线、电缆、光缆及电工器材制造
48	江苏嘉洋华联建筑装饰有限公司	常熟		建筑装饰业
49	江苏亿通高科技股份有限公司	常熟		互联网和相关服务
50	常熟开关制造有限公司（原常熟开关厂）	常熟	国家级	电子器件制造
51	常熟市汽车饰件股份有限公司	常熟	国家级	汽车零部件及配件制造
52	江苏新泰针织有限责任公司	常熟		机织服装制造
53	常熟长城轴承有限公司	常熟		泵、阀门、压缩机及类似机械制造
54	江苏沙家浜建筑有限公司	常熟		建筑安装业
55	常熟市南方厨房设备有限责任公司	常熟		批发业
56	江苏白雪电器股份有限公司	常熟		通用设备制造业
57	中利科技集团股份有限公司	常熟	国家级	电线、电缆、光缆及电工器材制造
58	常熟市三恒建材有限责任公司	常熟		非金属矿物制品业
59	常熟凯兰针织有限公司	常熟		化纤织造加工
60	常熟市金龙装饰有限公司	常熟		建筑装饰业
61	常熟市双乐彩印包装有限公司	常熟	国家级	塑料零件制造
62	江苏常铝铝业股份有限公司	常熟		有色金属压延加工
63	江苏金土木建设集团有限公司	常熟	国家级	房屋建筑业
64	常熟江南玻璃纤维有限公司	常熟		砖瓦、石材等建筑材料制造
65	常熟市良益金属材料有限公司	常熟	国家级	金属制日用品制造
66	常熟市群英针织制造有限责任公司	常熟		纺织业
67	常熟市龙腾特种钢有限公司	常熟		炼钢

附录四 苏州市"守合同重信用"企业名单(省级和国家级) 329

续表

序号	企业名称	辖区	国家级标记	所属行业
68	常熟纺织机械厂有限公司	常熟		纺织、服装和皮革加工专用设备制造
69	常熟市鼓风机有限公司	常熟		通用设备制造业
70	常熟棉纺织有限公司	常熟		化学纤维制造业
71	常熟市杨园园林工程有限公司	常熟	国家级	绿化管理
72	江苏隆力奇集团有限公司	常熟		日用化学产品制造
73	常熟市华能水处理设备有限责任公司	常熟		电气机械和器材制造业
74	江苏梦兰集团有限公司	常熟	国家级	纺织业
75	常熟市雪韵飘时装有限公司	常熟		机织服装制造
76	常熟市交电家电有限责任公司	常熟		机械设备、五金产品及电子产品批发
77	常熟建工建设集团有限公司	常熟		房屋建筑业
78	常熟市开拓催化剂有限公司	常熟		日用化学产品制造
79	常熟涤纶有限公司	常熟		纤维索纤维原料及纤维制造
80	常熟明辉焊接器材有限公司	常熟		有色金属合金制造
81	常熟市无缝钢管有限公司	常熟		黑色金属铸造
82	苏州市剑园绿化工程有限公司	常熟		绿化管理
83	常熟大为交通科技有限公司	常熟		机动车、电子产品和日用产品修理业
84	常熟市恒信粘胶有限公司	常熟		橡胶和塑料制品业
85	常熟市农业生产资料有限公司	常熟		批发业
86	江苏港城建设工程有限公司	常熟		建筑装饰业
87	常熟佳发化学有限责任公司	常熟		合成材料制造
88	江苏省常熟环通实业有限公司	常熟		金属制品业
89	常熟市耀星玻纤绝缘制品有限公司	常熟		纺织业
90	常熟市新苑地建筑装饰工程有限公司	常熟		建筑装饰业
91	苏州华瑞建筑装饰工程有限公司	常熟		建筑装饰业
92	江苏五洋集团有限公司	太仓	国家级	矿产品、建材及化工产品批发
93	苏州新阳光机械制造有限公司	太仓		采矿、冶金、建筑专用设备制造

续表

序号	企业名称	辖区	国家级标记	所属行业
94	太仓市市政工程有限公司	太仓	国家级	其他土木工程建筑
95	雅鹿控股股份有限公司	太仓		纺织服装、服饰业
96	江苏泰昌电子有限公司	太仓		电子元件制造业
97	苏州舒适家具有限公司	太仓		木质家具制造
98	太仓市兰燕甲板敷料涂料有限公司	太仓		基础化学原料制造
99	太仓诚信化工有限公司	太仓		基础化学原料制造
100	太仓市开林油漆有限公司	太仓	国家级	基础化学原料制造
101	太仓市明辉装饰装潢有限公司	太仓	国家级	建筑装饰业
102	苏州银鹿服饰有限公司	太仓		机织服装制造
103	苏州圣祖时装有限公司	太仓		机织服装制造
104	太仓协大申泰羊毛衫有限公司	太仓		机织服装制造
105	苏州恒昇城建园林发展有限公司	太仓		其他土木工程建筑
106	苏州金辉纤维新材料有限公司	太仓		棉纺织及印染精加工
107	太仓市新佳化纤有限公司	太仓		棉纺织及印染精加工
108	振华建设集团有限公司	昆山		其他未列明建筑业
109	江苏城南建设集团有限公司	昆山	国家级	房屋建筑业
110	江苏五环建设有限公司	昆山		房屋建筑业
111	江苏凯宫机械股份有限公司	昆山		通用设备制造业
112	优德精密工业（昆山）股份有限公司	昆山		金属工具制造
113	昆山市鹿通路桥工程有限公司	昆山		铁路、道路、隧道和桥梁工程建筑
114	昆山市金都建设有限公司	昆山		房屋建筑业
115	昆山商厦股份有限公司	昆山		批发业
116	昆山市城市建设综合开发总公司	昆山		房地产开发经营
117	昆山市星球装饰有限责任公司	昆山		建筑装饰业
118	昆山市华鼎装饰有限公司	昆山		建筑装饰业
119	昆山市水利建筑安装工程有限公司	昆山		架线和管道工程建筑
120	昆山利通天然气有限公司	昆山		燃气生产和供应业
121	通力电梯有限公司	昆山		通用设备制造业

续表

序号	企业名称	辖区	国家级标记	所属行业
122	江苏中大建设集团有限公司	昆山		房屋建筑业
123	昆山市华特装饰工程有限公司	昆山		建筑装饰业
124	江苏振昆建设集团有限公司	昆山		房屋建筑业
125	昆山昆众汽车销售服务有限公司	昆山		汽车、摩托车修理与维护
126	江苏小小恐龙儿童用品集团有限公司	昆山		玩具制造
127	昆山樱花涂料科技有限公司	昆山		基础化学原料制造
128	昆山生隆科技发展有限公司	昆山		电子器件制造
129	昆山市华新电路板有限公司	昆山	国家级	电子器件制造
130	裕腾建设集团有限公司	昆山		市政设施管理
131	昆山市望族房产开发有限公司	昆山		房地产开发经营
132	正中路桥建设发展有限公司	昆山	国家级	土木工程建筑业
133	昆山市天工建设工程有限公司	昆山		房屋建筑业
134	新江建设集团有限公司	昆山		建筑安装业
135	海光环境建设集团有限公司	昆山		建筑装饰业
136	昆山市城市生态森林公园有限公司	昆山		绿化管理
137	昆山市振通建设工程有限公司	昆山		其他土木工程建筑
138	江苏自勤建设发展有限公司	昆山		市政设施管理
139	好孩子儿童用品有限公司	昆山		自行车制造
140	昆山市开源环境建设有限公司	昆山		土木工程建筑业
141	江苏新民纺织科技股份有限公司	吴江区	国家级	纺织业
142	江苏华佳控股集团有限公司	吴江区	国家级	房屋建筑业
143	盛虹集团有限公司	吴江区	国家级	棉纺织及印染精加工
144	吴江赴东纺织集团有限公司化纤分厂	吴江区		投资与资产管理
145	吴江祥盛纺织染整有限公司	吴江区		棉纺织及印染精加工
146	吴江路懿纺织有限公司	吴江区		纺织业
147	江苏鹰翔化纤股份有限公司	吴江区		纺织业
148	亨通集团有限公司	吴江区	国家级	通信设备制造

续表

序号	企业名称	辖区	国家级标记	所属行业
149	江苏亨通线缆科技有限公司	吴江区		电线、电缆、光缆及电工器材制造
150	江苏新恒通投资集团有限公司	吴江区		电线、电缆、光缆及电工器材制造
151	吴江市金丰木门厂	吴江区		木制品制造
152	苏州东方铝业有限公司	吴江区		金属制品业
153	康力电梯股份有限公司	吴江区	国家级	电子和电工机械专用设备制造
154	苏州科达液压电梯有限公司	吴江区		专用设备制造业
155	苏州市黄浦空调净化设备有限公司	吴江区		其他专用设备制造
156	苏州市飞乐净化科技有限公司	吴江区		金属制品业
157	吴江市神力医疗卫生材料有限公司	吴江区		卫生材料及医药用品制造
158	江苏达胜热缩材料有限公司	吴江区		橡胶制品业
159	苏州太湖电工新材料股份有限公司	吴江区		基础化学原料制造
160	江苏永鼎股份有限公司	吴江区		通信光缆电缆设备制造
161	苏州兴亚净化工程有限公司	吴江区		建筑安装业
162	吴江市震洲喷气织造厂	吴江区	国家级	机织服装制造
163	苏州鑫吴钢结构工程有限公司	吴江区		建筑安装业
164	通鼎互联信息股份有限公司	吴江区	国家级	电线、电缆、光缆及电工器材制造
165	吴江市八都建筑有限公司	吴江区	国家级	房屋建筑业
166	吴江市华祥金属型材厂	吴江区		纺织专用设备制造
167	苏州市腾龙建筑有限公司	吴江区		房屋建筑业
168	江苏恒宇纺织集团有限公司	吴江区		纺织业
169	新申集团有限公司	吴江区		机织服装制造
170	通鼎集团有限公司	吴江区		通信设备制造
171	吴江市明港道桥工程有限公司	吴江区		铁路、道路、隧道和桥梁工程建筑
172	苏州震纶棉纺有限公司	吴江区		化纤织造加工
173	江苏爱富希新型建材股份有限公司	吴江区		石膏、水泥制品及类似制品制造
174	江苏华顶建设工程股份有限公司	吴江区		建筑安装业

续表

序号	企业名称	辖区	国家级标记	所属行业
175	吴江源欣绿化工程有限公司	吴江区		其他土木工程建筑
176	苏州桃花源绿化工程有限公司	吴江区		绿化管理
177	苏州南林景观绿化工程有限公司	吴江区		绿化管理
178	标准缝纫机菀坪机械有限公司	吴江区		其他专用设备制造
179	吴江市联东市政工程有限公司	吴江区		建筑安装业
180	科林环保装备股份有限公司	吴江区	国家级	通用设备制造业
181	苏州祥盛建设工程有限公司	吴江区		其他土木工程建筑
182	中国电信股份有限公司吴江分公司	吴江区		电信、广播电视和卫星传输服务
183	国网江苏省电力公司苏州市吴江供电公司	吴江区		电力、热力生产和供应业
184	江苏景宏国际拍卖有限公司	吴江区		其他商业服务业
185	吴江市金康电力器材有限公司	吴江区		其他电气机械及器材制造
186	金利油脂(苏州)有限公司	吴江区		植物油加工
187	格朗富(苏州)集团有限公司	吴江区		机械设备、五金产品及电子产品批发
188	吴江市中威纺织品有限公司	吴江区		纺织、服装及家庭用品批发
189	江苏恒舞传媒有限公司	吴江区		广告业
190	吴江变压器有限公司	吴江区		通用设备制造业
191	江苏七宝光电集团有限公司	吴江区		电线、电缆、光缆及电工器材制造
192	吴江市固友木门厂	吴江区		木制品制造
193	苏州市东山冶金机械厂	吴中区		专用设备制造业
194	苏州市怡峰建设工程有限公司	吴中区		房屋建筑业
195	苏州市兴林园林绿化工程有限公司	吴中区		其他未列明建筑业
196	苏州制氧机股份有限公司	吴中区		通用设备制造业
197	苏州市邓尉工业设备安装有限公司	吴中区		架线和管理工程建筑
198	苏州市吴中区庭山碧螺春茶叶有限公司	吴中区		精制茶加工
199	江苏神王集团有限公司	吴中区		金属丝绳及其制品制造
200	苏州市新吴城集团有限公司	吴中区		电力、热力生产和供应业

续表

序号	企业名称	辖区	国家级标记	所属行业
201	苏州闪联高压电器有限公司	吴中区		电气机械和器材制造业
202	江苏吴中实业股份有限公司	吴中区		机织服装制造
203	苏州市普华电力工程有限公司	吴中区		建筑安装业
204	苏州市吴中区宝带建筑有限公司	吴中区		房屋建筑业
205	江苏澳华电器集团有限公司	吴中区		电线、电缆、光缆及电工器材制造
206	苏州凯达路材股份有限公司	吴中区	国家级	铁路、道路、隧道和桥梁工程建筑
207	苏州宏盛苏作园林有限公司	吴中区	国家级	其他未列明建筑业
208	苏州营财物业管理工程服务有限公司	吴中区	国家级	物业管理
209	苏州金诚科技有限公司	吴中区	国家级	专业技术服务业
210	苏州天马精细化学品股份有限公司	吴中区	国家级	基础化学原料制造
211	江苏吴中集团有限公司	吴中区	国家级	投资与资产管理
212	苏州市华迪净化系统有限公司	吴中区	国家级	采矿、冶金、建筑专用设备制造
213	苏州太湖美药业有限公司	吴中区	国家级	非金属矿物制品业
214	苏州市腾发钢结构工程有限公司	吴中区	国家级	金属结构制造
215	苏州利达市政工程有限公司	吴中区		铁路、道路、隧道和桥梁工程建筑
216	苏州东瑞制药有限公司	吴中区		化学药品制剂制造
217	苏新园林建设工程（苏州）有限公司	吴中区		绿化管理
218	苏州市广视广告装璜公司	吴中区		广告业
219	苏州海格园林建设集团有限公司	吴中区		土木工程建筑业
220	苏州顺龙建设集团有限公司	吴中区		房屋建筑业
221	苏州市众合市政景观工程有限公司	吴中区		铁路、道路、隧道和桥梁工程建筑
222	江苏吴中医药集团有限公司	吴中区		投资与资产管理
223	苏州市顺浩建设园林工程有限公司	吴中区		房屋建筑业
224	吴通控股集团股份有限公司	相城区		电子器件制造
225	苏州宝新无缝钢管有限公司	相城区		金属结构制造

续表

序号	企业名称	辖区	国家级标记	所属行业
226	江苏碧海安全玻璃科技股份有限公司	相城区		玻璃制品制造
227	苏州新雅印务包装有限公司	相城区		印刷
228	苏州金久特种钢管有限公司	相城区		钢压延加工
229	苏州罗普斯金铝业股份有限公司	相城区		有色金属压延加工
230	苏州上声电子有限公司	相城区		电子元件制造业
231	苏州相城建设监理有限公司	相城区		其他未列明建筑业
232	苏州纽康特液压升降机械有限公司	相城区		通用设备制造业
233	苏州美罗升降机械有限公司	相城区		其他通用零部件制造
234	江苏宏福纺织品有限公司	相城区		纺织业
235	飞龙精工科技(苏州)有限公司	相城区		电线、电缆、光缆及电工器材制造
236	法泰电器(江苏)股份有限公司	相城区		电线、电缆、光缆及电工器材制造
237	江苏鑫宇装饰有限公司	相城区	国家级	建筑、安全用金属制品制造
238	江苏新安电器有限公司	相城区	国家级	计算机、通信和其他电子设备制造业
239	苏州科斯伍德油墨股份有限公司	相城区		基础化学原料制造
240	江苏苏鑫装饰(集团)公司	相城区		建筑、安全用金属制品制造
241	苏州申联玩具有限公司	相城区		玩具制造
242	苏州朗力福保健品有限公司	相城区		医药制造业
243	苏州苏明装饰股份有限公司	相城区		建筑装饰业
244	江苏江南高纤股份有限公司	相城区	国家级	纺织业
245	苏州相亭绿化建设工程有限公司	相城区		林业
246	江苏迪飞达电子有限公司	相城区		其他电子设备制造
247	苏州金宏气体股份有限公司	相城区		基础化学原料制造
248	苏州裕丰装饰门窗有限公司	相城区		建筑、安全用金属制品制造
249	苏州华维电网工程有限公司	相城区		建筑安装业
250	苏州美瑞德建筑装饰有限公司	姑苏区	国家级	建筑装饰业
251	德合集团有限公司	姑苏区	国家级	食品、饮料及烟草制品批发
252	苏州金鼎建筑装饰工程有限公司	姑苏区	国家级	建筑装饰业

续表

序号	企业名称	辖区	国家级标记	所属行业
253	中亿丰建设集团股份有限公司	姑苏区	国家级	房屋建筑业
254	苏州市电讯工程有限公司	姑苏区		居民服务业
255	苏州长发商厦有限责任公司	姑苏区		纺织、服装及家庭用品批发
256	苏州市远联建设发展有限公司	姑苏区		房屋建筑业
257	苏州市长城钢模板厂	姑苏区		金属制品业
258	苏州市石路国际商城有限责任公司	姑苏区		综合零售
259	苏州工业设备安装集团有限公司	姑苏区		建筑安装业
260	苏州市蓝林特种工程安装有限公司	姑苏区		建筑安装业
261	苏州第一建筑集团有限公司	姑苏区	国家级	房屋建筑业
262	苏州第五建筑集团有限公司	姑苏区		房屋建筑业
263	苏州人民商场股份有限公司	姑苏区		批发业
264	苏州东南化工有限公司	姑苏区		其他化工产品批发
265	江苏景雄科技有限公司	姑苏区		科技推广和应用服务业
266	国网江苏省电力公司苏州供电公司	姑苏区		电力、热力生产和供应业
267	苏州水木清华设计营造有限公司	姑苏区	国家级	建筑装饰业
268	苏州市皮市运输有限公司	姑苏区		道路运输业
269	苏州市龙凤金店有限责任公司	姑苏区		珠宝首饰零售
270	苏州市沧浪绿化工程有限公司	姑苏区		居民服务业
271	苏州市沧浪市政工程有限公司	姑苏区	国家级	建筑安装业
272	苏州现代建设监理有限公司	姑苏区	国家级	其他未列明服务业
273	苏州市东吴物业管理有限公司	姑苏区	国家级	机动车、电子产品和日用产品修理业
274	苏州城展市政工程有限公司	姑苏区		市政设施管理
275	江苏文正工程有限公司	姑苏区	国家级	建筑安装业
276	索菲装饰装潢(苏州)有限公司	姑苏区		建筑装饰业
277	苏州市名人建筑装饰工程有限公司	姑苏区		建筑装饰业
278	苏州卓越建设项目管理有限公司	姑苏区	国家级	咨询与调查
279	苏州市政园林工程集团有限公司	姑苏区		工矿工程建筑
280	苏州中恒通路桥建设有限公司	姑苏区		铁路、道路、隧道和桥梁工程建筑业

续表

序号	企业名称	辖区	国家级标记	所属行业
281	苏州恒发进出口有限责任公司	姑苏区		贸易经纪与代理
282	江苏长建建设有限公司	姑苏区		建筑安装业
283	苏州联信工程管理咨询有限公司	姑苏区		其他企业管理服务
284	苏州绿世界园林发展有限公司	姑苏区		绿化管理
285	苏州和信建设咨询有限公司	姑苏区		其他专业咨询
286	苏州建设(集团)有限责任公司	姑苏区		建筑安装业
287	苏州建筑工程监理有限公司	姑苏区		房屋建筑业
288	苏州尚美家具有限公司	姑苏区		纺织、服装及家庭用品批发
289	苏州巴洛克建筑装饰工程有限公司	姑苏区		建筑装饰业
290	苏州建设监理有限公司	姑苏区		房屋建筑业
291	江苏建院营造有限公司	姑苏区		房屋建筑业
292	苏州市晨阳工程监理咨询有限公司	姑苏区		其他未列明服务业
293	苏州荣诚建筑安装有限公司	姑苏区		建筑装饰业
294	苏州市城建开发监理有限公司	姑苏区		咨询与调查
295	苏州市天和工程管理咨询有限公司	姑苏区		咨询与调查
296	苏州锦燕装饰工程有限公司	姑苏区		建筑装饰业
297	苏州依士达物业管理有限公司	姑苏区		物业管理
298	苏州基业生态园林股份有限公司	姑苏区		建筑装饰业
299	苏州市意诚房地产物业有限公司	姑苏区		物业管理
300	苏州市华安普电力工程有限公司	高新区		建筑安装业
301	苏州东菱振动试验仪器有限公司	高新区		专用仪器仪表制造
302	苏州市双虎高分子材料有限公司	高新区	国家级	合成纤维制造
303	苏州固锝电子股份有限公司	高新区	国家级	电子器件制造
304	苏州市天灵中药饮片有限公司	高新区		医药制造业
305	苏州东方水处理有限责任公司	高新区		其他水利管理业
306	苏州建鑫建设集团有限公司	高新区		建筑安装业
307	苏州塑料九厂有限公司	高新区		塑料制品业
308	苏州市新世纪彩印有限公司	高新区		印刷
309	星景生态建设投资(苏州)有限公司	高新区		投资与资产管理

续表

序号	企业名称	辖区	国家级标记	所属行业
310	苏州正亚建设发展有限公司	高新区		房屋建筑业
311	苏州广林建设有限责任公司	高新区	国家级	房屋建筑业
312	苏州金螳螂怡和科技股份有限公司	高新区	国家级	市政道路工程建设
313	苏州柯利达装饰股份有限公司	高新区		建筑装饰业
314	苏州天平建设监理有限公司	高新区		市政设施管理
315	苏州市新昌建筑市政工程有限公司	高新区		房屋建筑业
316	苏州天狮建设监理有限公司	高新区		其他未列明服务业
317	苏州三联建设顾问有限公司	高新区		商业服务业
318	苏州东大建设监理有限公司	高新区		房屋建筑业
319	苏州吴林园林发展有限公司	高新区		绿化管理
320	苏州工业园区建设监理有限责任公司	工业园区		房屋建筑业
321	苏州景原工程设计咨询监理有限公司	工业园区		广告业
322	苏州旭智设计营造有限公司	工业园区		广告业
323	苏州工业园区智宏工程管理咨询有限公司	工业园区		建筑装饰和其他建筑业
324	捷高科技（苏州）有限公司	工业园区		瓦砖石材等建筑材料制造
325	苏州市华丽美登装饰装潢有限公司	工业园区	国家级	建筑装饰业
326	苏州工业园区景观绿化工程有限公司	工业园区		绿化管理
327	苏州建园建设工程顾问有限责任公司	工业园区		咨询与调查
328	苏州鹏云置业集团有限公司	工业园区		商务服务业
329	AEM科技（苏州）股份有限公司	工业园区		电子器件制造
330	中新苏州工业园区开发集团股份有限公司	工业园区		物业管理
331	苏州富士电梯有限公司	工业园区		专用设备制造业
332	江南嘉捷电梯股份有限公司	工业园区	国家级	专用设备制造业
333	苏州江南嘉捷机电技术研究院有限公司	工业园区	国家级	研究与试验发展

续表

序号	企业名称	辖区	国家级标记	所属行业
334	苏州元泰工程有限公司	工业园区		工程技术
335	苏州天华超净科技股份有限公司	工业园区	国家级	纺织服装服饰业
336	苏州工业园区锦丰集团有限公司	工业园区		房地产业
337	苏州市谨业园林装饰设计工程有限公司	工业园区		建筑装饰业
338	苏州嘉都设计营造有限公司	工业园区		广告业
339	迪诺曼(苏州)科技服务有限公司	工业园区		机动车、电子产品修理业
340	苏州工业园区建屋发展集团有限公司	工业园区		房地产业
341	江苏国贸酝领智能科技股份有限公司	工业园区		建筑装饰业
342	苏州工业园区新工产业管理服务有限公司	工业园区		房地产业
343	倍思特食品(苏州)有限公司	工业园区		食品制造业
344	苏州一光仪器有限公司	工业园区		计算机通讯电子设备制造业
345	苏州国贸嘉和建筑工程有限公司	工业园区		建筑装饰业
346	苏州市时代工程咨询设计管理有限公司	工业园区		批发业
347	苏州华成集团有限公司	工业园区	国家级	机械设备、五金及电子产品批发
348	江苏苏净集团有限公司	工业园区		其他专用设备制造
349	苏州中园创业投资有限公司	工业园区		投资与资产管理
350	苏州市建筑装饰股份有限公司	工业园区		房屋建筑业
351	苏州工业园区金月金属制品有限公司	工业园区		金属及金属矿批发
352	苏州建筑工程集团有限公司	工业园区		房屋建筑业
353	苏州东港集团有限公司	工业园区		房屋建筑业
354	苏州工业园区展望广告策划有限公司	工业园区		广告业
355	苏州工业园区邻里中心发展有限公司	工业园区		商务服务业
356	苏州合展设计营造有限公司	工业园区		房屋建筑业

续表

序号	企业名称	辖区	国家级标记	所属行业
357	苏州金螳螂建筑装饰股份有限公司	工业园区		房屋建筑业
358	苏州新同创汽车空调有限公司	工业园区		汽车零部件及配件制造
359	张家港保税区恒泰工程建设咨询有限公司	保税区		科学研究和技术服务业
360	华奇（中国）化工有限公司	保税区		化学原料和化学制品制造业
361	攀华集团有限公司	保税区	国家级	有色金属冶炼和压延加工业
362	张家港保税区澳丰毛纺有限公司	保税区		纺织业
363	中粮东海粮油工业（张家港）有限公司	保税区		农副食品加工业
364	齐力建设集团有限公司	保税区		土木工程建筑业
365	江苏丰宝成建设有限公司	保税区		房屋建筑业
366	江苏锦港机械有限公司	保税区		通用设备制造业
367	江苏栋国进出口有限公司	保税区		批发和零售业
368	江苏国泰华亿实业有限公司	保税区		批发和零售业
369	张家港市江南锅炉压力容器有限公司	保税区		通用设备制造业
370	江苏双腾管业有限公司	保税区		橡胶和塑料制品业
371	张家港保税区纺织原料市场有限公司	保税区	国家级	租赁和商务服务业

苏州市 2014—2015 年度首次公示的国家级"守合同重信用"企业

（2016年6月，国家工商行政管理总局向社会公示了2014—2015年度"守重"企业，其中首次公示的"守重"企业1959家，苏州市新增首次公示的国家级"守重"企业24家。）

序号	企业名称	辖区	国家级标记	所属行业
1	江苏吴中医药集团有限公司	吴中区	国家级	医药业
2	苏州相亭绿化建设工程有限公司	相城区	国家级	绿化管理
3	苏州顺龙建设集团有限公司	吴中区	国家级	房屋建筑业
4	常熟长城轴承有限公司	常熟	国家级	泵、阀门、压缩机及类似机械制造
5	通鼎集团有限公司	吴江区	国家级	通信设备制造
6	江苏亨通线缆科技有限公司	吴江区	国家级	电线电缆光缆及电工器材制造
7	格朗富（苏州）集团有限公司	吴江区	国家级	机械设备、五金产品及电子产品批发
8	苏州祥盛建设工程有限公司	张家港	国家级	市政设施管理
9	吴江市固友木门厂	吴江区	国家级	木制品制造
10	苏州震纶棉纺有限公司	吴江区	国家级	化纤织造加工
11	昆山市开源环境建设有限公司	昆山	国家级	土木工程建筑业
12	优德精密工业（昆山）股份有限公司	昆山	国家级	金属工具制造
13	宏大建设集团有限公司	昆山	国家级	土木工程建筑业
14	苏州绿世界园林发展有限公司	姑苏区	国家级	绿化管理
15	苏州市城建开发监理有限公司	姑苏区	国家级	咨询与调查
16	苏州建筑工程监理有限公司	高新区	国家级	房屋建筑业
17	苏州吴林园林发展有限公司	高新区	国家级	绿化管理
18	迪诺曼（苏州）科技服务有限公司	工业园区	国家级	机动车、电子产品修理业

续表

序号	企业名称	辖区	国家级标记	所属行业
19	江苏苏净集团有限公司	工业园区	国家级	其他专用设备制造
20	齐力建设集团有限公司	保税区	国家级	土木工程建筑业
21	吴江市明港道桥工程有限公司	吴江区	国家级	铁路、道路、隧道和桥梁工程建设
22	江苏隆力奇集团有限公司	常熟	国家级	日用化学产品制造
23	江苏永鼎股份有限公司	吴江区	国家级	通信光缆电缆设备制造
24	江苏神王集团有限公司	吴中区	国家级	金属丝绳及其制品制造